秘书实务项目化实训

主　编　邓云川　李海舟
副主编　刘纯怡　李静贤　王义然

同济大学出版社·上海
TONGJI UNIVERSITY PRESS·SHANGHAI

内 容 提 要

本书根据秘书职业工作岗位的能力要求设计，基于实际工作过程，将秘书学专业知识及职业工作内容逐一分解为训练项目，采用项目训练的方法，以完成典型工作任务的形式，实现培养学生秘书职业工作能力、提升学生专业综合素养的目的。

全书共分为八个项目，包括秘书职业认知、秘书形象设计、秘书办事能力、秘书办文能力、秘书办会能力、秘书商务活动组织能力、秘书信息处理能力和秘书办公设备使用能力。

本书可作为应用型本科院校和高职高专院校秘书学、文秘、行政管理等专业的秘书实务类课程教材，也可供在职秘书人员参考使用。

图书在版编目（CIP）数据

秘书实务项目化实训/邓云川，李海舟主编；刘纯怡，李静贤，王义然副主编.—上海：同济大学出版社，2023.12
ISBN 978-7-5765-0011-0

Ⅰ.①秘… Ⅱ.①邓… ②李… ③刘… ④李… ⑤王… Ⅲ.①秘书学—高等学校—教材 Ⅳ.① C931.46

中国国家版本馆 CIP 数据核字（2023）第 241438 号

秘书实务项目化实训

主　编 邓云川　李海舟	**副主编** 刘纯怡　李静贤　王义然	
责任编辑 杨　艳	**助理编辑** 竺奕辰　**责任校对** 徐春莲	**封面设计** 潘向蓁

出版发行　同济大学出版社　www.tongjipress.com.cn
　　　　　（地址：上海市四平路1239号　邮编：200092　电话：021-65985622）
经　　销　全国各地新华书店
印　　刷　上海安枫印务有限公司
开　　本　787mm×1092mm　1/16
印　　张　19.25
字　　数　384 000
版　　次　2023年12月第1版
印　　次　2023年12月第1次印刷
书　　号　ISBN 978-7-5765-0011-0

定　　价　65.00元

本书若有印装质量问题，请向本社发行部调换　　　版权所有 侵权必究

PREFACE 前言

　　生活在一个快节奏、高效率的时代，人们的工作呈现出突发、灵活、复杂的特征，这就需要人们具有良好的组织能力、沟通能力和专业技术知识。秘书承担着协助领导处理日常事务，协调各个部门工作的重任。秘书工作是组织日常工作的重要组成部分，是实现组织职能的重要手段。掌握秘书学专业知识，提高秘书工作能力，有利于优化组织机构职能体系，提高组织行政效率和公信力。随着科技进步和社会发展，我国的秘书职业教育和培训日益专业化、规范化，新媒体时代的到来更是对秘书工作提出了新的挑战，这就要求秘书职业教育及时研究新情况，培养适应社会需要的新人才。

　　"秘书实务"是秘书学专业的核心课程，是培养学生专业核心能力和职业素养的重要课程。它属于实践型课程，具有应用性、实践性、专业性的特点。本书为该课程的配套实训教材，基于实际工作过程，围绕学生学习的内容与未来职业的要求，设计项目任务。学生以团队合作的方式，完成项目任务。学生经过多次的实训练习，能较好地熟悉未来的工作场景，积累工作经验，培养工作能力。

　　本书分为八个项目：秘书职业认知、秘书形象设计、秘书办事能力、秘书办文能力、秘书办会能力、秘书商务活动组织能力、秘书信息处理能力和秘书办公设备使用能力。本书充分考虑到教学的设计与安排，按照任务介绍、理论要点、相关链接、拓展阅读、课后训练的体例编排，便于教师设计以学生为中心的教学活动，调动学生学习的积极性和主动性，同时也便于学生自主学习，完成项目任务。

　　本书注重理论联系实际，一方面培养学生掌握基本的秘书学理论和专业知识，熟悉秘书工作流程；另一方面着重培养学生的秘书职业工作能力与实际操作能力，提升学生的专业综合素质。

本书的编写人员为邓云川、李海舟、刘纯怡、李静贤、王义然。学生韩诗誉、徐梦琳、任小艺、林秋怡、陆天兰、施锦鹦、李庆、汤绍乐、刘芮彤等参与核稿与礼仪示范等工作。

由于编者编写水平和能力有限，本书难免存在错漏和不妥之处，敬请广大读者批评指正。

编者

2023 年 3 月

CONTENTS

目录

前言

项目一　秘书职业认知 ·· 1
　　任务一　了解社会需求 ·· 1
　　任务二　认识秘书职业 ·· 5
　　任务三　规划秘书职业 ··· 11
　　任务四　应聘秘书岗位 ··· 16

项目二　秘书形象设计 ··· 31
　　任务一　职业形象 ··· 31
　　任务二　仪容 ··· 34
　　任务三　服饰 ··· 42
　　任务四　仪态 ··· 57

项目三　秘书办事能力 ··· 73
　　任务一　办公室布置 ··· 73
　　任务二　接待客人 ··· 80
　　任务三　接打电话 ··· 84
　　任务四　日程安排 ··· 87
　　任务五　印信管理 ··· 91
　　任务六　值班工作 ··· 94
　　任务七　邮件管理 ··· 99

　　　　任务八　办公用品管理……………………………………………………103
　　　　任务九　突发事件处理……………………………………………………107

项目四　秘书办文能力……………………………………………………………112
　　　　任务一　认知文书……………………………………………………………112
　　　　任务二　事务文书写作………………………………………………………126
　　　　任务三　商务文书写作………………………………………………………144
　　　　任务四　党政机关公文处理…………………………………………………158
　　　　任务五　党政机关公文写作…………………………………………………166

项目五　秘书办会能力……………………………………………………………184
　　　　任务一　认知会议……………………………………………………………184
　　　　任务二　会前准备……………………………………………………………191
　　　　任务三　会中服务……………………………………………………………200
　　　　任务四　会议善后……………………………………………………………209

项目六　秘书商务活动组织能力…………………………………………………217
　　　　任务一　商务旅行安排………………………………………………………217
　　　　任务二　接待方案制订………………………………………………………222
　　　　任务三　签字仪式……………………………………………………………229
　　　　任务四　庆典活动……………………………………………………………234
　　　　任务五　新闻发布会…………………………………………………………241

项目七　秘书信息处理能力………………………………………………………251
　　　　任务一　收集信息……………………………………………………………251
　　　　任务二　信息分析与处理……………………………………………………257
　　　　任务三　调查研究……………………………………………………………266

项目八　秘书办公设备使用能力…………………………………………………279
　　　　任务一　打印机使用与管理…………………………………………………279
　　　　任务二　复印机使用与管理…………………………………………………285
　　　　任务三　传真机使用与管理…………………………………………………287

任务四　数码相机使用与管理 …………………………………… 289
任务五　扫描仪使用与管理 ………………………………………… 292
任务六　投影仪使用与管理 ………………………………………… 294
任务七　视频会议 …………………………………………………… 296

参考文献 ………………………………………………………………… 298

项目一　秘书职业认知

要成为一名优秀的秘书，首先要了解自己所从事的是什么样的职业；其次要清楚从事秘书职业所需要具备的知识、能力和素质，并能对职业生涯进行规划和管理。只有科学、全面地认识秘书职业，才能对将要从事的职业产生认同，进而激发对工作的热情。

秘书是一个什么样的职业？用人单位对秘书人员有什么要求？你能为自己将要从事的职业进行规划、管理吗？相信通过本项目的学习实践，你将对秘书职业有一个正确的认识。

任务一　了解社会需求

实训目标

1. 了解用人单位对秘书人员的需求情况及招聘要求。
2. 认同秘书职业，具备职业自豪感。

实训任务及要求

1. 利用网络或招聘会等渠道，调查了解用人单位对秘书人员的需求情况。
2. 收集不少于5家单位招聘秘书岗位的信息，归纳用人单位对秘书岗位的招聘条件及要求。
3. 将相关信息整理制作成演示文稿（PPT），在班上进行交流。
4. 学生分组完成该任务，4人一组。各人先完成自己的任务，最后汇总展示小组成果。

实训考核

1. 小组考核（表1-1）。

表1-1 实训任务完成情况考核表（学生用）

考核点	分值	评分人1	评分人2	评分人3	平均分
积极参与并承担具体任务	3				
有团队协作意识，服从小组工作安排	3				
任务完成质量好、效率高	4				
合计	10				

2. 教师考核（表1-2）。

表1-2 实训任务完成情况考核表（教师用）

考核点	分值	得分	评语
按时完成任务	2		
团队分工合理，成员团结合作	4		
任务完成质量好、效率高，展示效果好	4		
合计	10		

理论要点

一、秘书工作的起源

"秘书（secretary）"一词源于拉丁文"secretarius"，意思是"可靠的职员"。简单来说，秘书即直接为领导提供服务的人员。凡是有管理组织、有领导的地方就有秘书。

秘书的出现有两个前提：一是管理组织的出现。秘书是随着社会生产力的发展，社会管理组织、领导和公务活动的出现而出现的。二是文字的出现。有文字才有公文，公文是实施管理的重要工具，而公文的撰写、管理等主要由秘书承担。秘书同公文是密不可分的。

在我国古代，"秘书"一词最早出现于东汉，指宫中密藏的书籍。秘书的含义由物变为人，始于东汉桓帝设置的秘书监（相当于现在的档案馆馆长或图书馆馆长）一职。至曹魏时期，魏国首设秘书令，其任务是"典尚书奏事"，秘书成为机要之职。随着文书和拟制、处理文书的人员出现，各种从事秘书工作的职位、秘书机构和秘书工作制度也就出现了。

二、秘书的分类

（一）根据服务的对象分类

根据服务对象的不同，秘书可以分为公务秘书和私人秘书。公务秘书是指在国家行政部门、企事业单位或社会团体中从事公务的秘书，服务的对象是集体。他们的工作重点有两方面：一是服务机关内部，二是服务领导者个人。私人秘书一般是指由个人雇聘，专门为个人服务的秘书。目前我国较多的是公务秘书。

（二）根据工作的内容分类

根据工作内容的不同，秘书可以分为行政秘书、机要秘书、事务秘书、外文秘书等。

（三）根据担任的职务分类

根据担任职务的不同，秘书可以分为秘书长、办公厅（室）主任、秘书处（科）长、科员等。这种分类仅仅表明秘书部门的领导层次，而不带专业性质。

> **拓展阅读**
>
> **先做秘书后做领导**
>
> 曾经有人这样形容秘书的工作："秘书没有玫瑰的咄咄逼人，但有着百合的清雅，鸢尾的优美，鼠耳草的敏锐，矢车菊的温柔可爱，山楂花的守口如瓶，西洋樱草的成熟。"
>
> 秘书并不是一个吃青春饭的职业，而是一份使人受益终身的事业。
>
> 许多著名企业的高级管理人员就是从秘书做起的，一步步发展和完善自我，最后取得事业的辉煌。比如，美国惠普公司前首席执行官卡莉·菲奥莉娜就是从秘书工作开始其职业生涯的；还有国内著名的女强人吴士宏，她最早在国际商业机器公司（IBM）工作的日子里，也只是一名文秘。
>
> 现实工作需要秘书既是领导的好帮手，又为领导出谋划策；既懂得维系人际关系，又善于解决各种复杂的人际矛盾；既能将各种棘手的事情处理得圆满，又能在不越权的情况下把握好办事的分寸；既能掌握精湛的办公技能，又具有扎实的文字功底……
>
> 为什么面对一样的工作机遇，一样的发展平台，有的秘书在很短的时间内平步

青云，成为老板眼前的红人，进入团队的领导层；而有的秘书虽然付出很多，却始终得不到领导的青睐，甚至还沦为公司裁员的对象？

显然，如何做一名好秘书，这里面的学问可谓博大精深，除了拥有足够的"硬件设施"以外，还应具备良好的沟通能力、组织能力、协调能力、判断能力、预见能力、决策能力以及随机应变能力……这些都需要多年的学习和磨炼，需要你用心去想、去琢磨、去体会。

更重要的是，秘书在做好自己本职工作的基础上，还要有从一名普通秘书成长为卓越领导的"野心"。在平时的秘书工作中，要端正态度，找准位置，修炼内功，获得领导赏识，把握升职机会。

与其他职位相比，秘书有许多天然优势：跟领导接触频繁，能在领导面前充分展露自己的才干，能让领导更直接全面地了解自己，等等。因此，秘书有更多的机会接受培训，被提拔的概率也更大。

对秘书来说，要珍惜向领导们学习的机会，学习他们的经商之道、处事之法，同时利用好表现自己才华的天时地利，逐渐从普通秘书升任为高级秘书、总裁秘书、业务经理，最后进入领导层，成为一名卓越的领导。

华为集团总裁任正非曾说过："秘书的价值是由自己的呼喊而产生的。如果你们不对自己作出正确定位的话，也不会有任何救世主来为你们做这些，这就是说：命运掌握在自己手里，命运的改变靠自己……一定要注意，提升你们的不是经理，也不是员工，而是你们自己，只有你们自己才能创造自己的历史，创造自己的前途和机遇。这些问题，要在工作中慢慢去体会，克服自身缺点，表现自己的优点，发挥强项，使得自己适应时代潮流。"

（资料来源：张俊杰、赵亚虎，《先做秘书后做领导》，石油工业出版社，2010年，有改动。）

华为技术有限公司2023届应届生招聘（秘书）

岗位职责：

（1）协助领导进行日常事务管理和工作关系的有效维护。合理安排领导的日程（会议、接待、出差等），帮助领导管理时间，聚焦主业务；有效维护领导内外部工作关系。

（2）协助业务推进及任务跟踪。主管会议的组织、记录，会议决议的落实及跟进；跟踪重点业务进展，推进相关工作有效进行。

（3）助力高绩效团队建设和活力氛围营造。协助所在组织营造有活力、有温度的团队工作环境和氛围，助力高绩效团队建设。

（4）推动组织运作效率提升。推动管理流程优化和运作效率提升，提高部门运作及员工工作的效率。

岗位要求：

（1）本科学历，专业不限。

（2）能够熟练操作 Office 办公软件。

（3）具有较好的服务意识和亲和力，善于学习，乐于挑战。

（4）有较强的沟通及组织策划能力，有大型活动策划经验者优先。

（5）可以将英语作为工作语言，掌握其他外语会有加分。

（资料来源：华为招聘官网，https://career.huawei.com/reccampportal/portal5/campus-recruitment-detail.html?jobId=217021，有改动。）

课后训练

登录招聘类网站，查阅秘书类岗位招聘信息，整理分析招聘单位类型、岗位设置、岗位数量、岗位职责、招聘条件等信息，完成一份简要的用人单位秘书类职位招聘调查报告。

任务二　认识秘书职业

实训目标

1. 了解秘书职业，能正确认识秘书职业的地位及价值。

2. 能正确认识秘书的职业角色，熟悉秘书工作内容及职责。

3. 培养职业认同感。

实训任务及要求

1. 利用网络查阅《秘书国家职业标准》，并了解国内外对秘书职业的界定。

2. 收集秘书在职场中的 2 个成功事例,分析其成功原因及所具备的素质。

3. 将相关信息整理制作成演示文稿(PPT),在班上进行交流。

4. 学生分组完成该任务,4 人一组。各人先完成自己的任务,最后汇总展示小组成果。

实训考核

1. 小组考核(表 1-3)。

表 1-3　实训任务完成情况考核表(学生用)

考核点	分值	评分人 1	评分人 2	评分人 3	平均分
积极参与并承担具体任务	3				
有团队协作意识,服从小组工作安排	3				
任务完成质量好、效率高	4				
合计	10				

2. 教师考核(表 1-4)。

表 1-4　实训任务完成情况考核表(教师用)

考核点	分值	得分	评语
按时完成任务	2		
团队分工合理,成员团结合作	4		
任务完成质量好、效率高,展示效果好	4		
合计	10		

理论要点

一、秘书职业

《秘书国家职业标准》(2006 年版)明确定义,秘书是指从事办公室程序性工作,协助上司处理政务及日常事务并为决策及实施提供服务的人员。

秘书岗位是与领导岗位相伴而生的,有了领导才有秘书的存在。秘书与领导的关系是一种有别于同事关系的特殊关系,对这种关系处理得好坏事关秘书工作和全局工作的成败。一般机关单位的秘书都不是某个领导的专门秘书,而是要为整个机关单位领导群体服务的,其工作具有综合性的特点。

秘书服务的根本对象是领导者；秘书活动的基本内容是处理信息和事务；秘书活动的根本性质是辅助性。

二、秘书工作内容

2003年国家劳动和社会保障部（今人力资源和社会保障部）颁布的《秘书国家职业标准》将秘书工作分为五方面内容：商务沟通、办公室事务和管理、常用事务文书、会议与商务活动以及信息与档案。2006年新修订版将秘书工作整合为三类：会议管理，包括会前筹备，会中服务，会后落实；事务管理，包括接待，办公环境管理，办公室日常事务管理，办公用品与设备的使用和管理，信息管理，商务活动实施；文书拟写与处理，包括文书拟写，收文、发文处理，文档管理。

秘书工作主要为参谋和办事，即辅助管理和综合服务。具体包括：

（1）文书撰写（领导口述或会议记录、整理，文件起草、修改、润色等）；

（2）文书制作（打字、复印、编排、装订等）；

（3）文书处理（收发、传递、办理、保管、立卷等）；

（4）档案管理（归档、鉴定、管理、提供等）；

（5）会议组织（准备、记录、文件、善后等）；

（6）调查研究（计划、实施、分析、研究等）；

（7）信息资料工作（收集、整理、提供、储存等）；

（8）信访工作（群众来信来访或顾客投诉处理等）；

（9）接待工作（日常来访与计划来访接待、安排、服务等）；

（10）协调工作（政策、地区、部门、人际关系等）；

（11）督查工作（政策推行或决议实施的督促、检查等）；

（12）日程安排（为领导安排工作日程、会晤及差旅事宜等）；

（13）日常事务（通讯、联络、值班、生活管理等）；

（14）办公室管理（环境、设备、经费等）；

（15）其他临时交办事项。

> **相关链接**
>
> **《中华人民共和国职业分类大典》**
>
> 我国第一部《中华人民共和国职业分类大典》（以下简称《大典》）颁布于1999年。由于经济社会的不断发展，我国社会职业构成发生了很大变化。为适应发展需要，

2021年4月《大典》修订工作正式启动。新修订的《大典》将职业归为8个大类、79个中类、449个小类和1 636个细类（职业）。

第一大类为党的机关、国家机关、群众团体和社会组织、企事业单位负责人；第二大类为专业技术人员；第三大类为办事人员和有关人员；第四大类为社会生产服务和生活服务人员；第五大类为农、林、牧、渔业生产及辅助人员；第六大类为生产制造及有关人员；第七大类为军队人员；第八大类为不便分类的其他从业人员。

（资料来源：中华人民共和国人力资源和社会保障部，http://www.mohrss.gov.cn/SYrlzyhshbzb/zcfg/SYzhengqiuyijian/202207/t20220714_457833.html。）

职业资格和职业资格证书

职业资格是对从事某一职业所必备的学识、技术和能力的基本要求。

职业资格包括从业资格和执业资格。从业资格是指从事某一专业（工种）所需的学识、技术和能力的起点标准。执业资格是政府对某些责任较大，社会通用性强，关系公共利益的专业（工种）实行的准入控制，它是依法独立开业或从事某一特定专业（工种）所需的学识、技术和能力的必备标准。

职业资格证书是劳动就业制度的一项重要内容，也是一种特殊形式的国家考试制度。它是指按照国家制定的职业技能标准或任职资格条件，通过政府认定的考核鉴定机构，对劳动者的技能水平或职业资格进行客观公正、科学规范的评价和鉴定，对合格者授予相应的国家职业资格证书。

职业资格证书分为五个等级：初级（五级）、中级（四级）、高级（三级）、技师（二级）和高级技师（一级）。

（资料来源：https://baike.baidu.com/item/%E8%81%8C%E4%B8%9A%E8%B5%84%E6%A0%BC/257838?fr=aladdin。）

拓展阅读

从助手到知音——领导秘书成长境界谈

郑 波

作为领导专职秘书，大体可经历四重境界的成长：做助手之责，理日常琐事；

行管家之事，分领导之忧；处高参之位，助科学决策；觅知音之境，成莫逆之交。

领导秘书主要为领导服务，其作用好坏直接影响各项工作的开展，必须不断提高自身修养，向着更高境界迈进。笔者在此谈一谈秘书成长的四重境界。

第一重境界：助手

这重境界主要是指秘书刚进入秘书岗位，协助领导处理日常事务，发挥助手作用，方便领导从琐事中解放出来，集中精力想大事、干大事。

特点：一是辅助性。秘书始终以领导工作为中心，急领导之所急、忧领导之所忧。二是被动性。秘书以领导意志为主，围绕领导时间运转，随时等待领导召唤。三是繁杂性。秘书工作琐碎繁杂，常常一事未完，多事又来，应接不暇。

标准：一是办事高效。要紧抓快办，不让一个文件积压，不让一个电话拖延，不让一项工作耽误。二是服务过硬。工作要积极主动，凡事想在领导前头，干在领导心头，做到让领导满意。三是准确反馈。要积极主动，勤动脑筋，大胆工作，对于领导交办的事情，尽心尽力并且件件有回音。

忌讳：一是越权越位。秘书要忠实地做好服务，不可擅自做主代领导行使职责。二是粗心大意。秘书考虑不周到、不细致，粗心大意不仅容易让人挑毛病、找问题，而且还会影响工作的开展。三是信口开河。秘书经常接触领导，了解的情况比别人多、比别人早，不能随意传递小道消息，更不能谎报情况。

第二重境界：管家

在这重境界，领导已对秘书充分信任，放手让其处理大部分日常事务。这时，秘书要起到管家的作用，把领导的事情当作自己的家事来做。

特点：一是举轻若重。每件事都要明确做什么、为什么做、谁来做、何时做、何处做、怎么做、做到什么程度，即用"5W2H"分析法办完办好。二是周到细致。对每个环节和步骤都要前思后想、深思细想，真正做到周全细致，避免疏漏。三是善于协调。秘书要同方方面面保持良好沟通，注意谦虚低调，主动汇报、衔接。遇到冲突时尽可能寻找重合点，让各方都能满意认可，从而方便领导开展工作。

标准：一是遵规守纪。党纪国法是最大的规矩，要时常提醒自己能干什么、不能干什么，做到知法、知理、知畏。二是井井有条。要权衡大事小事、急事缓事，要项目化管理、链条式推进，有条不紊开展各项工作。三是敬业奉献。要极其用心地对待每项工作，做到精准精细精到，不管何时，只要有命令，马上就办，办出水平。

忌讳：一是狐假虎威。秘书处在聚光灯下，需要格外小心谨慎，不可以身居"要职"呼风唤雨。二是优柔寡断。若出现超出预见、难以料理的事情，不可瞻前顾后、顾虑重重。三是心理失衡。秘书时常身处矛盾交汇处，难免受到委屈，但切忌愤愤不平。

第三重境界：高参

进入这重境界的秘书已经是领导左右手，须在领导需要时给出恰当建议，辅助领导作出科学合理的决策。

特点：一是信得过。领导需要与人商量问题时，第一时间想到的就是高参，秘书要成为信得过的高参并设身处地为领导出谋划策。二是离不开。秘书接到工作，能在第一时间作出较为准确的判断，提出应变方案，供领导决策参考。三是用得上。秘书要准确吃透文件精神和上级领导指示，当领导需要时，可以随时提出解决问题的思路及方案。

标准：一是超前。要善于站在时代潮头看问题，敏锐判断时代发展大势，紧紧围绕领导关注的重点，结合具体工作给出富有预见性的方案。二是精准。要筛选、捕捉领导最关心、最急切需要解决的问题，多谋并参，供领导选择。三是实用。要在决策前站在全局和领导的高度出主意，决策中拾遗补阙、完善决策，决策后站在受众的角度审视，提高可操作性。

忌讳：一是不合口味。习惯从自身出发，提的意见建议到不了领导的心坎上。二是不合时宜。已经出台的政策、已经解决的诉求再提出来就不合适。三是不合实情。看到别地的好经验，不作本土化调研，不经深思熟虑就提出。

第四重境界：知音

这是一重可遇不可求的境界，在这重境界，秘书真正走进了领导思想深处，懂得了领导的心之所想，与领导成为友谊深厚的莫逆之交。

特点：一是"鼓其志"。领导在实现蓝图的过程中，难免遇到困难，尤其是当超前的理念和思路不为大多数人所接受时，内心会失落，这时秘书应劝慰领导，坚定其前行的信心。二是"暖其心"。如果面对接二连三的不顺，领导的心理承受能力也会趋于极限，这时秘书要以领导接受的方式走进其心里，帮助其重新燃斗志。三是"去其烦"。秘书要争取理解领导的忧愁和烦恼，选择合适的沟通途径和方式，帮助领导解决难题。

标准：一是格局同步。俗话说，再大的饼也大不过烙它的锅。秘书要走出自己的小圈子，与领导格局同步同向。二是思维同频。思维决定思路，秘书要学会用好科学的领导思维方式，达到与领导同频共振。三是方法协调。秘书须跟得上领导的工作节奏，遇到问题时应根据领导常用的工作方法，提前准备好领导需要的资料和工具。

忌讳：一是彼此不分。秘书切勿以为领导视自己为知音，就彼此不分，随意闯入领导个人世界。二是过度表现。秘书不可因为领导信任，就在人前炫耀自己博学多才，而把领导晾在一边。三是强行提出某些不合理要求，让领导左右为难。

（资料来源：郑波.从助手到知音——领导秘书成长境界谈［J］.秘书工作，2019（03）：56-57，有改动。）

课后训练

组织一次主题为"我心中的秘书"的演讲活动，设立组织方3人、评委3人、演讲选手5人。组织方负责组织会场及服务工作，评委负责制定评分标准及进行评分和点评，演讲选手按照抽签顺序依次上台演讲。其他学生提交一篇演讲稿。

任务三　规划秘书职业

实训目标

1. 了解秘书职业规划。
2. 能结合自己的实际情况编写职业生涯规划书。
3. 正确认识自己，认同专业，形成正确的人生观和价值观。

实训任务及要求

1. 以大学4年和工作2年内为时间段，编写一份职业生涯规划书。
2. 把职业生涯规划书制作成电子文档并打印，在班上互相交流。
3. 学生独立完成该任务。

实训考核

实训任务完成情况考核表见表1-5。

表1-5 实训任务完成情况考核表

考核点	分值	得分	评语
格式：规范、简洁	3		
内容：目标明确，计划可行，实事求是	5		
语言：表达清楚，无语病	2		
合计	10		

理论要点

一、什么是职业规划

根据中国职业规划师协会的定义，职业规划是对职业生涯乃至人生进行持续的系统的计划的过程。一个完整的职业规划由职业定位、目标设定和通道设计三个要素构成。

通俗地说，职业规划是指个人根据就业环境和本人实际情况，对个人主客观条件进行测定、分析、总结，尤其是在对兴趣、爱好、个性、能力、价值观、特长、经历以及存在的不足等各方面进行综合分析的基础上，确定个人的职业奋斗目标，并为实现这一目标制订行动计划的过程。

二、职业规划的意义

美国哈佛大学曾做过一个非常著名的调查，以一批智力、学历、环境等条件相差不多的大学毕业生为对象，了解他们是否有明确的人生目标。调查结果为：27%的人没有目标，60%的人目标模糊，10%的人有清晰的短期目标，只有3%的人有清晰而长远的目标。25年后，哈佛大学对这批大学生进行了跟踪调查，结果显示：3%有清晰而长远目标的人几乎都成为了社会各界的成功人士；10%有短期目标的人生活在社会的中上层，生活状态稳步上升；60%目标模糊的人生活稳定，但没什么成绩；剩下27%的人工作与生活很不如意。他们之间的根本差别就在于25年前是否有明确的职业发展目标。

对于大学生来说，职业规划有助于大学生明确人生的发展方向，帮助大学生树立正确的人生观、价值观和就业观；有助于大学生正确地认识自我，客观地分析自己的专业特长、兴趣爱好、个性特征、已有的优势和潜在的能力，促使大学生自觉提高综合素质；有助于提高大学生的就业竞争力，促使大学生分析就业形势，了解就业政策，熟悉就业程序，主动适应社会需要，不断提高就业能力，从而实现自己的人生价值。

三、如何进行职业规划

（一）自我评估，找出自己的职业特点

自我评估的内容主要包括兴趣、气质、性格、个性、学识水平、思维方式、价值观、情商和潜能等，可以通过各种测试量表进行测试、评估。评估的目的是要明确三个问题：第一，我是谁？第二，我想做什么？第三，我能做什么？

在进行自我评估时，要善于借助"角色建议"。在职业生涯发展中，会有一些人对你提出建议或意见，要善于听取他们的建议，以便清醒地认识自己。

（二）分析社会和组织环境，确定自己的位置

每个人都处在一定的客观环境之中，因此，在制订职业生涯规划时，要分析环境的特点、环境的发展变化情况、自己与环境的关系、自己在环境中的地位、环境对自己提出的要求和环境对自己有利与不利的条件等，并结合本专业的就业形势、社会需求程度、未来职业发展要求等可能影响职业发展的外部力量加以衡量、评估，积极地利用有利的客观条件，灵活规避不利条件，使职业生涯规划具有科学性和可行性。

（三）选定职业，确定职业目标

目标的选择是职业生涯发展的关键，明确的目标可以成为追求成功的强大动力。目标确定一般要经历以下三个步骤：①在正确评价自我和客观环境的基础上选择职业，决定向哪个方向发展；②确定职业目标，并把该目标具体详细地写出来；③制订相应的行动计划，包括长期计划、中期计划和短期计划等。

（四）选定职业生涯路线，决定发展方向

职业生涯路线是指一个人选定职业后向什么方向实现自己的职业目标，是向专业技术方向发展，还是向行政管理方向发展等。发展方向不同，要求就不同。因此，在做职业生涯规划时必须对此作出选择，以便安排今后的学习和工作。

职业生涯路线选择是人生发展的重要环节，可以从三方面考虑：一是个人希望向哪一条路线发展，主要考虑自己的价值、理想、成就动机，确定自己的目标取向；二是个人适合向哪一条路线发展，主要考虑自己的性格、特长、经历、学历等条件，确定自己的能力

取向；三是个人能向哪一条路线发展，主要考虑自身所处的社会环境、政治环境、经济环境、组织环境等，确定自己的机会取向。其重点是对职业生涯选择要素进行系统分析，要在对上述三方面要素进行综合分析的基础上确定自己的职业生涯路线。

（五）制订相应的行动计划和落实措施

在确定职业生涯目标和路线后，就要制订相应的行动方案来落实。要把目标转化为具体的实施方案和措施，包括拟订实施方案（如长期方案、中期方案和短期方案等）、平衡职业目标与其他目标（如生活目标、家庭目标等）之间的关系等。制订周详的行动方案，就是将前面步骤中列举出的职业、职业需求、个人特点、客观环境等要素制作成相应的表格或用文字表述出来，形成直观材料，并对照该材料，按照时间顺序制订相关程序、注意事项、控制手段等内容，以此形成一套具体完备、灵活有效、可行性强的职业生涯规划方案。

（六）评估、反馈和调整

职业生涯规划具有动态性的特点，它是一个持续不断的探索过程。一般来讲，大学生对自身和外界环境不太了解，最初确定的职业生涯目标往往比较模糊或抽象，有时甚至是错误的。经过一段时间实践后，有意识地回顾自己的得失，可以检验自己的职业定位与职业方向是否合适，在实施职业生涯规划的过程中，自觉地总结经验，吸取教训，评估职业生涯规划。通过不断的反馈修正对自我的认知，修正分阶段职业目标与最终职业目标的偏差，保证职业生涯规划的有效开展，增强自己实现职业目标的信心。职业生涯规划内容的修订主要包括：职业的重新选择；职业生涯路线的重新设定；职业生涯目标的修正；实施策略的变更。

拓展阅读

智联CEO给职场人的一封信

亲爱的兄弟姐妹们：

你们好！

当我在麦肯锡工作时，就曾想与大家来分享一些职场心得。而今在我成为智联招聘首席执行官（CEO）的第四个年头，这种欲分享的心情似乎更加迫切。我不敢说阅人无数，也不敢说阅历丰富。只希望通过这封信，让你们在职场路上走得更好。

进入职场，首先是要学会找份"好工作"。智联一直说：好工作上智联招聘。但是究竟什么是好工作？大概有七个考量维度：薪水、福利保障、家庭因素、个人能力提升、职业发展规划、个人影响力、个人兴趣爱好。这更像是一道选择题，每个人心中的"好工作"都不同，有人追求物质第一，有人追求精神满足，有人追求事业成功，有人追求家庭和睦，小富即安。选一份你自己认为的"好工作"是一切成功的开始。

第二，我要提醒的是，初入职场前五年的积累很重要。人生就像一个三角形，越往上走，选择范围越窄。职场前五年对人一生影响很大，因为人在工作中会形成思维定式，并因此产生强大的惯性。没有积累却想重新调整职业规划，很可能会遭遇职场的瓶颈，生活压力、既有知识、经验、思维方式都会成为你的障碍。

第三，坚持学习。职场上拼的是悟性和工作中再学习的能力。读万卷书、行万里路、阅万般人、高人指路，这些都是很好的学习方式。始终坚持空杯心态，不断接受新的知识和经验，你的人生境界将不知不觉与别人拉开差距，职场之路也会风生水起。

第四，学会快乐地工作。现在越来越多的人工作得不快乐，春节长假结束后微博上有三千多万条不想上班的心声，今天的职场人越来越没有幸福感，必须从"职场雾霾"中走出来。"职场雾霾"是人心的雾霾，不会自动散去，只要你认为你选对了路，就抬起头面对困难，"职场雾霾"自然会消失；如果你觉得必须重新调整，那就不要再耽误你的青春。

人生有1/4的时间会在工作中度过。你开心，或不开心，工作就在那里，不多不少。低头苦干是标配，抬起头来更不可或缺。抬起头，用积极快乐的心态去面对工作，会让你的生命更加灿烂！

最后，祝每位职场中的兄弟姐妹都能做个"抬头族"，定义自己的成功，每天都有新进步！

智联招聘CEO 郭盛（Evan Guo）

（资料来源：https://www.diyifanwen.com/lizhi/zhichanglizhi/14513113413630441 2154.htm，有改动。）

课后训练

组织一次小组讨论，主题为"我是否适合从事秘书工作？"。

学生6人一组，设1位组长，负责组织讨论。组员一起分析秘书职业的优点和缺点，同时，每人结合自身的优势和劣势，谈一谈自己是否适合从事秘书工作。各组推选1名代表，在班上进行交流发言。

任务四　应聘秘书岗位

实训一：制作公司招聘启事

实训目标

1. 能根据公司发展需要拟写招聘启事。
2. 能设计面试问题。
3. 培养自信心和诚信意识。

实训任务及要求

1. 4人一组，模拟为公司开展招聘工作，确定公司名称和工作业务等。
2. 撰写招聘启事，内容包括公司情况介绍、所招岗位与岗位要求。提前在班上发布、宣传招聘启事。

实训考核

1. 小组考核（表1-6）。

表1-6　实训任务完成情况考核表（学生用）

考核点	分值	评分人1	评分人2	评分人3	平均分
格式：规范、简洁	3				
内容：岗位设置合理，描述清晰	5				
语言：表达清楚，无语病	2				
合计	10				

2. 教师考核（表1-7）。

表1-7 实训任务完成情况考核表（教师用）

考核点	分值	得分	评语
格式：规范、简洁	3		
内容：岗位设置合理，描述清晰	5		
语言：表达清楚，无语病	2		
合计	10		

理论要点

一、启事

启事是机关团体、单位或个人向社会公众陈述事项、告知音讯、请求协助时所使用的告知性文书。启事可以张贴于宣传栏等公共场所，或在报刊、电视等媒体上传播。

二、启事的种类

根据内容事项的不同，可以将启事分为寻找、征招、周知和声明四类。

（一）寻找类启事

寻找类启事是为了求得公众的响应和协助，包括寻人启事、寻物启事、招领启事等。

（二）征招类启事

征招类启事是为了求得公众的配合与协作，包括招生、招考、招聘启事，征文、征订、征集设计启事等。

（三）周知类启事

周知类启事是为了开展工作和业务，把某些事项公之于众，以便让公众知晓，包括开业启事、迁址启事、变更启事、婚庆启事等。

（四）声明类启事

声明类启事是为了完成法律程序，启事事项经声明公开、登报后，当事人对其引起的事端不再承担法律责任,包括遗失启事、更正启事和其他声明启事等。

三、启事的写作结构

启事一般包括标题、正文和落款三个部分。

(一)标题

一般直接写文种,如"启事";也可由告启者+事由+文种构成,如"商山文学社征稿启事"等。

(二)正文

简要说明启事缘由,详细说明要告知的具体事项,即把发布启事的原因、目的、内容、要求等事项写清楚。如征文启事要写明征文目的、内容、体裁、对象、要求和办法等,结尾可写清发布启事者的名称、地址和联系方式等。

(三)落款

在正文右下方写启事者名称和日期。

> **相关链接**
>
> **名企面试最看重的七个关键能力**
>
> 1. 忠诚度
>
> 企业往往会看重应聘学生对忠诚度的看法,尤其是一些国有大型企业,更为重视员工的忠诚度。比如在康佳集团的招聘中,面试官就曾提出"请分析职业技能和忠诚度哪个对企业更重要"的问题。
>
> 2. 实践能力
>
> 在注重学生学习成绩的同时,相当多的企业非常重视应聘者的实践经历。比如,通用电气(中国)有限公司就表示他们要招聘的绝不是简单的"学习机器"。在校期间实习、兼职、做家教都是积累社会经验的好机会,这些都会受到企业的重视。
>
> 3. 团队协作精神
>
> 经营规模庞大的名企往往非常重视员工的团队协作精神。比如,联想集团人力

资源部的有关负责人就表示，该公司尤其欢迎具有团队协作精神的应聘者。

4. 创新精神

对于大型企业来说，离开了创新，就等于失去了生命力，因此应聘者是否具有创新精神也是重点要考察的。如联想集团在面试中就十分重视应聘者的创新精神和能力。

5. 对企业文化的认可程度

企业在招聘过程中常常会考虑到应聘者是否能够认可和适应该企业的价值观和企业文化，这将决定应聘者是否能够很好地为企业服务。例如通用电气（中国）有限公司在招聘中要看应聘者是否喜欢、是否认同其公司的价值观，即"坚持诚信、注重业绩、渴望变革"。

6. 人际交往能力和良好的沟通能力

比如，毕博管理咨询有限公司人力资源部的经理透露，毕博在招聘过程中非常重视应聘者的沟通技巧，因为作为未来的咨询师，应聘者一定要具有与客户沟通、协调的能力。

7. 对新知识、新能力的求知态度和学习能力

一位企业负责人表示，应届毕业生往往不具备直接进行业务操作的能力，基本上都要经过系统的培训，所以学习能力和求知欲应该是重点考察的内容。很多企业都坚持这一原则。通用电气的公关总监表示，公司不是很在乎应届生与公司要求之间的差距，因为他们对于自己的培训体系非常自信，只要有强烈的求知欲和学习能力就一定可以通过系统的培训脱颖而出，所以在面试中这两项考核十分关键。此外，UT斯达康、欧莱雅、安永等企业都表示是否具备良好的学习能力和强烈的求知欲是企业十分重视的。

（资料来源：https://m.jingliren.org/zc/44232.html，有改动。）

实训二：撰写求职信和简历

实训目标

1. 了解求职信、求职简历的特点及写作结构。
2. 能撰写求职信，设计求职简历。

3. 培养自信心和诚信意识。

4. 养成做事认真细致的品质。

实训任务及要求

1. 查阅相关资料，了解求职信及简历写作的相关知识。

2. 总结自己的专业学习情况，根据应聘岗位撰写求职信、设计求职简历。

3. 个人独立完成该任务，把求职信和简历制作成电子文档并打印，在班上互相交流。

实训考核

实训任务完成情况考核表见表 1-8。

表 1-8　实训任务完成情况考核表

考核点	分值	得分	评语
格式：规范、简洁	3		
内容：结合实际，有针对性，突出特点	5		
语言：表达清楚，无语病	2		
合计	10		

理论要点

一、求职信

（一）概念

求职信又称自荐信或自荐书，是求职者向用人单位介绍自己的情况以求录用的专用性文书。它是毕业生求职材料中十分关键的文字材料。

撰写求职信是为了起到毛遂自荐的作用，好的求职信可以拉近求职者与人事主管之间的距离，以获得面试机会。

（二）写作结构

求职信一般分为标题、称谓、正文、附件和落款五部分。

1. 标题

标题应醒目、简洁。一般直接写文种，如"求职信"或"自荐信"。

2. 称谓

若用人单位明确，可直接写上单位名称，用"尊敬的"加以修饰，后以领导职务或统称"领导"落笔。若单位不明确，则用统称"尊敬的贵单位（公司或学校）领导"。

3. 正文

一般包括开头语、简介、条件展示、愿望决心等内容。

（1）开头语。说明你所应聘的具体职位，得到职位信息的途径。如："我近日在××招聘网上获悉贵公司正在招聘技术部项目经理一职，特寄简历敬请斟酌。"

（2）简介。介绍个人基本情况，主要包括教育经历、基本能力素质等。

（3）条件展示。条件展示是自荐信的关键内容，应说明能胜任职位的各种能力，目的是表明自己具有相应专业知识和社会实践经验，具有与工作要求相关的特长、能力和性格。总之，要让对方感到你能胜任这个工作。在介绍自己的特长和个性时，一定要突出与所申请职位有关联的内容，千万不能写上那些与职位毫不沾边的内容。比如，在应聘业务代表一职时，在求职信中写上"本人好静，比较内向"等对业务无助益的性格特征。

（4）愿望决心。表明自己希望加入公司的诚意，礼貌地提出希望参加面试的请求。

4. 附件

附件包括证明材料等。应另起一行，左空两个字符，写清附件名称信息。

5. 落款

落款包括求职者姓名及日期，居于右下方。

二、求职简历

（一）概念

简历即对履历的简要陈述，又称履历表，常用于个人求职、申请，也可作为求职者的经历简述。

求职简历是求职者用以取得面试或面谈机会的工具，它一般记载一个人的教育背景、专业特长以及实践经验，有时会补充个人特质、求职意向等信息。

（二）写作结构

求职简历格式较固定，一般由个人基本情况、学历情况、工作经验情况和求职意向四部分构成。

1. 个人基本情况

应列出自己的姓名、性别、年龄、籍贯、政治面貌、学校、专业、婚姻状况、健康状况、爱好与兴趣和联系方式等。

2. 学历情况

应写明曾在某某学校某某专业学习，并列出所学主要课程及学习成绩，在学校和班级所担任的职务，在校期间所获得的各种奖励和荣誉等。

3. 工作经验情况

若有工作经验，最好详细列明。若没有，可把在校的实践、实习、兼职情况列入。

4. 求职意向

求职意向即求职目标或个人期望的工作职位，表明你希望通过求职得到什么样的职位以及你的奋斗目标，可以和个人特长等合写。

相关链接

求职信

尊敬的人事部张先生：

您好！

我是××师范大学人文学院秘书学专业的本科毕业生王小明。从贵公司网站上了解到贵公司正在进行招聘后，我对贵公司办公室的秘书岗位十分感兴趣。

在校期间，我主修了"秘书理论与实务""应用文写作""会议组织与管理""文书与档案管理""办公信息化实务"和"社交礼仪"等相关课程。经过四年的专业理论知识学习，我取得了优异的成绩，曾两次获得国家奖学金，两次获得校级"三好学生"荣誉称号。

我积极参加实习实训活动。我曾在20××年暑假期间到××市××区××街道办事处实习了两个月，参与了社区办公文档整理、简报撰写、活动组织、走访调查等工作。工作中我认真踏实，主动向前辈学习，得到了同事们的好评，获得了"优秀实习生"的称号。我热爱秘书职业，在文书写作、活动组织、信息处理等方面具有较扎实的专业知识和实践操作能力。

我还积极参加学生社团活动。我是校青年志愿者协会办公室主任，是学院秘书事务所会务部部长，参与组织了协会和事务所的各类活动。社团活动培养了我良好的团队合作精神，也让我的沟通能力得到了锻炼。

我通过了大学英语六级考试，获得了商务秘书资格证、全国计算机二级证书，能熟练运用 Office 办公软件，能剪辑制作小视频等。

扎实的专业基础、较强的适应能力、良好的沟通和协调能力，使我对未来的工作充满了信心。如果有幸被贵公司录用，我将以百倍的热情和勤奋踏实的工作来回报公司的知遇之恩，为公司的发展贡献自己的力量。

非常希望有机会能与您进一步面谈，恭盼回音。最后，衷心祝愿贵公司事业发达、蒸蒸日上！

此致

敬礼！

求职人：王小明
20××年××月××日

求职简历模板

基本信息

姓　　名	王小明	性　　别	男	（照片）
民　　族	汉	政治面貌	共产党员	
籍　　贯	云南昆明	出生年月	2001.08	
本科毕业院校	××师范大学	专　　业	秘书学	
求职意向	办公室文员、经理助理	联系电话	***********	

教育背景

2016.9—2019.7　××省××第一中学　高中
2019.9—2023.7　××师范大学　秘书学专业　本科

技能概要

英语：2020年通过大学英语四级考试；2021年通过大学英语六级考试
计算机：2020年通过全国计算机等级考试（二级VF）；能够熟练操作办公软件
普通话水平：2020年通过国家普通话水平测试（二级甲等）
教师资格证：2022年获得高级中学教师资格证

奖励与荣誉

奖学金类：
2021.10　××师范大学××奖学金
2022.10　××师范大学××奖学金

学术类：
2021.12　××师范大学学术讲座"××讲坛"征文大赛优秀奖，征文《××××》一文刊载于《××师范大学学报》
其他证书类：
2020.9　××师范大学学生会工作"先进个人"
2021.6　××师范大学校级优秀班干部
2022.6　××师范大学省级优秀毕业生

§ **学生工作经历**
2020.9—2022.6　××师范大学学生会文艺部副部长

✎ **教学及社会实践活动**
专业教学类：
2021.3—2021.4　在××小学进行教学实习，讲授《古诗二首》一课，获得一致好评
社会实践类：
2021.6—2021.9　多次参加××省妇联家庭教育实验研究中心开展的公益行动，与家长探讨当今中学生教育中出现的一些问题
2022.10—2022.12　在××市××写作培训学校担任教师，承担文章批改、讲评工作，课余时间多次在外兼职，做过促销员、家教等工作

◆ **自我评价**
具备良好的专业素质，性格稳重，做事认真，有责任感，积极向上，具有较强的组织协调能力和团队合作精神

实训三：招聘面试活动

实训目标

1. 能设计有针对性的面试题目。

2. 能综合考察面试者，作出恰当评价。

3. 具备良好的形象管理意识。

实训任务及要求

1. 将学生分为招聘者和面试者两组，模拟招聘单位的小组负责组织面试活动。

2. 每个模拟招聘单位安排4名面试学生，面试学生需提前把自己的求职信和简历递交给模拟招聘单位。

3. 课堂上模拟面试过程，模拟招聘单位负责人评价面试学生，并公布面试结果。

实训考核

1. 面试者自评（表1-9）。

表1-9　实训任务完成情况自评表（面试者）

考核点	分值	得分	评语
形象：着装正规，端庄大方	3		
自我介绍：条理清晰，重点突出；问题回答：表达清晰，针对问题，自信得体	7		
合计	10		

2. 面试单位考核（表1-10）。

表1-10　实训任务完成情况考核表（面试单位）

考核点	分值	得分	评语
形象：着装正规，端庄大方	3		
问题：结合实际，有针对性，能考察面试者素质和与岗位的匹配度	7		
合计	10		

理论要点

一、面试

面试是用人单位考察选拔人才的重要方式。它是用人单位专门组织，在一定的场景下，以面试官对应聘者的观察和双方的交谈为主要手段，综合考察测评应聘者的知识、能力、经验和综合素质等的考试活动。

面试给用人单位和应聘者提供了进行双向交流的机会，能使用人单位和应聘者之间相互了解，让双方更准确地作出聘用与否、受聘与否的决定。

二、面试类型

（一）结构化面试

结构化面试是指根据特定职位的胜任要求，遵循固定的程序，采用专门的题库、评价标准和评价方法，通过面试官与应聘者面对面的言语交流等方式，评价应聘者是否符合招聘岗位要求的人才测评方法。

（二）无领导小组讨论

无领导小组讨论是指由一组应聘者组成一个临时工作小组，讨论给定的问题，并作出决策。由于小组是临时拼凑的，因此并不指定谁是负责人，目的在于考察应聘者的表现、性格、特长及其适合的岗位工作等。

（三）半结构化面试

半结构化面试是指面试构成要素中有的内容作统一的要求，有的内容则不作统一的规定，也就是在预先设计好的试题（结构化面试）的基础上，面试官向应聘者又提出一些随机性的试题。

（四）情景面试

情景面试又叫情景模拟面试或情景性面试。面试题目主要是一些情景性的问题，即给定一个情景，看应聘者在特定的情景中是如何反应的。在经验性情景面试中，主要是问一些与应聘者过去的工作经验有关的情景问题。

（五）压力面试

压力面试是指将应聘者置于紧张的气氛中，人为施加心理压力，测试应聘者承受压力、调节情绪及应变的能力。

三、面试内容

1. 仪表形象

考察应聘者的外貌、气色、着装、精神状态等。仪表端庄、衣着整洁、举止文明、自信大方的人会给人留下好印象。

2. 专业知识

考察应聘者专业知识的深度和广度，其专业知识是否符合所应聘职位的要求。

3. 工作实践经验

考察应聘者的工作经历、工作经验、专业能力等。通过对应聘者工作实践经验的了解，可以进一步考察应聘者的责任心、业务能力、问题处理能力、遇事的应变能力等。

4. 口头表达能力

考察应聘者能否将自己的思想、观点、意见等清晰流畅地表达出来。

5. 问题分析能力

考察应聘者能否对面试官提出的问题进行分析，抓住实质，有逻辑、有条理地表达出来。

6. 反应能力和自我控制能力

考察应聘者对突发问题的应答是否机智敏捷，对于意外事件的处理是否得当，遇到情绪问题时是否能理智、冷静地应对。

此外，面试还会考察应聘者的人际交往能力、工作态度、求职动机、兴趣爱好等。

四、面试流程

（一）面试准备

面试官确认工作说明书、查阅背景材料、列出问话提纲、设计提问方法、对重点问题或疑点做记号、制订评价表、准备面试资料和布置环境。应聘者整理准备个人相关材料，针对具体的面试形式、内容做相应准备，确认面试着装、时间地点等。

（二）开始面试

面试官确认应聘者信息、面试顺序等，做好组织工作。应聘者首先进行自我介绍，然后以一般社交话题开始交谈。

（三）正式面试

面试官根据先易后难的原则，广泛而深入地发问；察言观色，密切注意应聘者的行为与反应；注意所问的问题、问题间的变换、问话时机及对方的答复；给应聘者提问机会，并回答应聘者的提问。应聘者认真聆听面试问题，依据自身实际情况诚实、全面地回答，注意言行合宜、表现得体。

（四）结束面试

面试官表示面试即将结束，询问应聘者是否要提问，并给应聘者补充说明或修正错误的机会；随后稍作总结，表示面试结束。应聘者确认不再有疑问，向面试官致意后按要求离场。

(五)面试评价

面试官根据面试记录,使用面试评分表对应聘者进行评估。

五、面试技巧

第一,了解用人单位情况。应聘者应提前了解用人单位的经营业务、工作制度、岗位职责等情况,以帮助其更有针对性地回答面试官的问题。

第二,准备好相关物品。应聘者准备的物品包括简历、身份证、个人证书、签字笔等。

第三,注重礼仪形象。应聘者应注意着装、走姿、站姿、坐姿、握手、问候、开关门、微笑等礼仪,做到谦和有礼、端庄大方、自信得体,给人留下良好印象。

第四,不要迟到。应聘者应提前10~15分钟到场等候。

第五,表达清晰,诚实回答。应聘者的说话声音要洪亮,让面试官听得清楚;说话速度舒缓适中;不要有过多的肢体动作。对于面试官提出的问题,应聘者要诚实回答,不可隐瞒或编造。

第六,做好收尾。应聘者在面试结束时应诚心感谢面试官;两周后若没有回音,可主动联系用人单位,询问面试结果并表达谢意。

> **相关链接**
>
> **应聘者面试小技巧**
>
> 1. 保持良好的心态和积极向上的精神面貌。要亲切和善,富于热情。人们都喜欢聘请容易相处且积极向上的人。
>
> 2. 主动递交自己的简历。递交时注意两点:一是双手递上,以示尊重;二是注意纸面的朝向,应正向对着面试官。
>
> 3. 自我介绍很重要。要想在若干候选人里脱颖而出,自我介绍就需要足够新颖,但请注意不要照抄别人成功的案例。符合自己性格和风格的介绍才是最成功的。同时,需要说明自己为何适合所应聘的职位。
>
> 4. 回答问题紧张时,放慢说话速度。紧张更容易导致说话过快,此时,可暂停两秒,尽量放慢语速,这能让心情慢慢舒缓。
>
> 5. 恰当的语言表达标志着应聘者的成熟程度和综合素养。语言表达反映思想、知识和修养。首先,要口齿清晰,声音洪亮;其次,表达内容要有条理,让别人容易理解应聘者的意思和看法;最后,要注意听者的反应,能随机应变。

6. 开好头结好尾。最初和最后的一分钟是面试中最关键的，它决定了应聘者留给面试官的第一印象和临别印象。

拓展阅读

一位女大学生的面试故事

一名刚毕业的女大学生到一家公司应聘财务会计工作。面试时，因为公司想招聘具有丰富工作经验的资深会计人员，所以女大学生遭到拒绝。但她并没有因此灰心离开。她恳切地对面试官说："请再给我一次机会，让我参加完笔试。"

面试官拗不过她，就让她参加了笔试。结果，她很顺利地通过了笔试。最后，由人事经理亲自复试。

由于这位女大学生的笔试成绩最好，所以人事经理对她颇有好感。但是，女大学生说自己没有工作经验，唯一的会计工作经验是在学校掌管过学生会财务，这让人事经理有些失望，毕竟他们需要的是有经验的财务会计。

不得已，人事经理只能对她说："今天就面试到这里，如果有消息，我会打电话通知你。"

女大学生从座位上站了起来，向人事经理点了点头，并从口袋里掏出一元钱双手递给人事经理："不管我是否被录用，都请您给我打个电话。"人事经理从来没有见过这种情况，一下子呆住了，不过他很快回过神来问："你怎么知道我们不给没有录取的人打电话呢？""您刚才自己说了，有消息就打，那言下之意就是没录取就不打了。"人事经理似乎对这个年轻的女大学生产生了浓厚的兴趣，又问："如果你没被录取，我打电话的话，你想知道些什么呢？"

"请告诉我，我在什么地方没有达到公司的要求，我在哪方面不够好，我好改进。"

"那一元……"还没等人事经理说完，女大学生微笑着解释说："给没有被录取的人打电话不属于公司的正常开支，所以应该由我来付电话费，请您一定打来。"

人事经理马上微笑着说："请你把一元钱收回。我不会打电话了，因为我现在就正式通知你，你被录取了，明天就可以来上班。"就这样，女大学生用一元钱敲开了机遇大门。

一开始女大学生被拒绝，如果她没有坚毅的性格，没有诚信的表现，没有积极的上进心，没有公私分明的品德，她就不可能得到人事经理的认可。她的一切表现，让人事经理相信她具备财务人员该有的品行，所以破例录取了她。

当我们面对拒绝时，要多动一下脑筋。不论我们要做什么，都要把握适当的分寸和尺度，一旦错过了最好的时机，我们可能一无所得。所以，不是所有的拒绝都把我们拒之千里之外，不是所有的拒绝都否认我们原本的能力和实力，拒绝是在考验我们，也在使我们的心志成熟，甚至也在暗示我们有更大的峰回路转的机会。

（资料来源：https://www.xiaohongshu.com/discovery/item/6121d6440000000021034aed，有改动。）

课后训练

学生5人一组，每人设计一份简历模板。组内互评，推选1份优秀简历模板，课上由学生代表交流展示。

项目二 秘书形象设计

秘书形象是秘书人员内在素质和外在表现的综合反映，既表现为个人容貌、服饰、仪态等外在表现，也反映出个人气质、性格特征、思想品质、学识才智、审美修养等内在素质。秘书形象既能体现个人风采，也能反映出其所代表组织的管理水平和服务水平，直接关系到社会公众对组织的评价。

什么是秘书形象设计？秘书形象设计的重要性体现在哪些地方？如何进行秘书形象的设计、塑造与维护？本项目我们将围绕秘书人员的仪容、服饰、仪态三个主要形象要素进行学习实践，通过掌握得体、规范的职业形象设计，为个人的职业生涯发展以及构建良好的组织形象助一臂之力。

任务一 职业形象

实训情境

周五下午 3 点，秘书学专业应届毕业生赵丽接到某贸易有限责任公司人事部王主任打来的电话，通知她已应聘上该公司的总经理秘书岗位，并请她于下周一上午 8:30 到公司报到上班。挂掉电话后赵丽开心极了，毕竟这是她毕业后的第一份工作。但同时她有些困惑：初入公司，怎样能够给领导、同事、客户留下良好的第一印象呢？

实训目标

1. 明确秘书人员个人职业形象设计的重要性。
2. 了解职业形象设计的要素。

实训任务及要求

1. 3~5人一组,讨论秘书良好的职业形象应从哪些方面体现及具体原因。
2. 各组根据讨论内容绘制思维导图(A3白纸)。
3. 各组依次在班上展示本组的思维导图,并选一名学生代表阐述绘制思路。

实训考核

1. 小组考核(表2-1)。

表2-1 实训任务完成情况考核表(学生用)

考核点	分值	评分人1	评分人2	评分人3	平均分
积极参与并承担具体任务	3				
有团队协作意识,服从小组工作安排	3				
任务完成质量好、效率高	4				
合计	10				

2. 教师考核(表2-2)。

表2-2 实训任务完成情况考核表(教师用)

考核点	分值	得分	评语
按时完成任务	2		
团队分工合理,成员团结合作	4		
任务完成质量好、效率高,展示效果好	4		
合计	10		

理论要点

一、秘书职业形象

在职场中,个人职业形象既能体现个人的职业风采,也能体现企业和行业的整体形象。人们习惯于通过员工的具体职业形象,来识别、接纳企业和行业的整体形象。

秘书职业形象是指秘书人员在商务活动中留给公众的总体印象。秘书职业形象不仅代表企业形象、产品形象、服务形象,在跨地区、跨文化交往中甚至还代表国家形象。因此,秘书人员应当具有标准、良好的职业形象。

二、秘书职业形象设计的重要性

职业形象是秘书人员的第一张名片。在当今竞争日益激烈的社会中，企业对自身的形象以及其员工的形象越发重视。专业的形象、良好的气质以及社会交往礼仪已成为个人在当今职场取得成功的重要手段，同时也已成为企业形象的重要表现。

秘书职业形象塑造的重要性体现在两个方面：从个人的角度来看，秘书职业形象塑造有助于提高秘书人员的自身修养，美化自身，美化生活，并能很有效地促进社会交往，改善人际关系。从企业的角度来说，良好的秘书职业形象不仅可以塑造良好的企业形象，提高顾客满意度和美誉度，还能达到提升企业的经济效益和社会效益的最终目的。秘书人员是社会化和组织化的个人，其个人形象的优劣直接影响组织形象的塑造。

三、秘书职业形象设计要素

在社会交往活动中，人们对美的关注不再仅仅局限于一张脸，而是开始讲求从发型、妆容到服饰的整体和谐以及个人气质的培养。西方学者的一项研究表明，一个人给他人的第一印象，其中55%由外表、穿着、打扮决定；38%是肢体语言及语气，而谈话内容只占到7%。在某种程度上可以说，职业形象决定职业生涯，职业形象决定人生命运。

那么应该如何设计秘书职业形象呢？秘书职业形象是秘书人员外表与内在气质的统一。形象美是一种和谐美，个人的整体形象一般可通过个人的仪容、服饰和仪态三个要素来衡量。因此，我们要随时随地注意自己的一言一行，时刻从仪容、服饰和仪态三方面检查自己是否符合礼仪规范，以塑造自己良好的职业形象。

拓展阅读

"璞玉"变"美玉"

林明花大学毕业后进入中信集团工作。她为人实在，做事勤快，总经理对她的工作能力和工作表现很满意，一年后，即提拔她为总经理助理。然而美中不足的是她生活过于简朴，穿着打扮有点"土"。其实林明花相貌清秀端正，故同事们都戏称她为"璞玉"。

有一次，总经理受邀出席一家外资企业的年会。为了让林明花见见世面，总经理要她第二天下午陪同他前往，并特地嘱咐她好好地打扮一下，特许她明天上午可以晚来一会儿。她嘴里答应着，心想打扮什么，穿着整齐干净就行了。

第二天一早，林明花照常准时上班，仍旧穿着她那身不怎么漂亮的职业装，洗得倒挺干净的，脸上也没化妆，要说与平常有什么不同的话，就是换了一双新皮鞋。同事们一见她的样子就说："你这就叫'打扮'？这样肯定不行的，你快回去换件漂亮的衣服，化化妆吧。"林明花听了后，只是笑笑，任凭同事们怎么说，就是不为所动，继续做她的工作。

早上9:30，总经理来到助理办公室，见到她这个样子，很严肃地对她说："人应该朴实，但也要讲究场合。你是我的助理，代表的也是公司的形象，所以把自己的外表收拾得干净漂亮去出席会议，也是你的工作内容之一。"说完，总经理马上把公司里公认的穿着打扮最有品位的王秘书叫过来，交给她一个任务，就是陪林明花去打扮，并特批装扮费用从公司的置装费里出，一定要保证在中午吃饭前完成任务。王秘书欣然领命。接下来王秘书带林明花去商场挑选衣服，又去美容院化妆和美发。经过一番专业的包装，最后出现在大家面前的林明花完全像换了一个人，既端庄又大方。同事小张嘴快地说："咱们的'璞玉'被雕琢成一块'美玉'了。"听到大家对自己新形象的赞赏，林明花自己也感觉非常不错，心想：总经理说得对，以后我得多学习学习这方面的知识了。

（资料来源：https://ishare.iask.sina.com.cn/f/57ccPourv99.html，有改动。）

课后训练

1. 观察身边的人，思考一个人的外表和形象在社会交往中起着怎样的作用？
2. 观看一部职场题材的影视作品，分析其中主要角色的职业形象设计都有哪些要素。

任务二 仪容

实训情境

周五上午，市场部秘书张芸接到办公室主任李伟的电话，通知她下周一和部门经理王成刚去参加一个重要的商务洽谈会，并强调此次会议洽谈成果对公司下半年的经营非常重要。这是张芸入职以来第一次代表公司外出参加会议，因此她早早就开始认真准备洽谈资料，并准备这个周末去做个美容，再去理发店修剪一下自己略长的刘海。

实训目标

1. 掌握面部和发型修饰的基本要求和要点，能进行符合职场环境的仪容修饰。
2. 掌握化妆的原则和一般程序。

实训任务及要求

1. 请设计一套适合参加商务活动的妆容和发型。
2. 3～5人一组，将长、短发女生和男生搭配组合，每组选2名学生作为参加活动的人员。
3. 由组内其他学生为选出的学生完成仪容修饰。
4. 各组按照完成该任务的先后顺序进行展示。

实训考核

1. 小组考核（表2-3）。

表2-3 实训任务完成情况考核表（学生用）

考核点	分值	评分人1	评分人2	评分人3	平均分
积极参与并承担具体任务	3				
有团队协作意识，服从小组工作安排	3				
任务完成质量好、效率高	4				
合计	10				

2. 教师考核（表2-4）。

表2-4 实训任务完成情况考核表（教师用）

考核点	分值	得分	评语
按时完成任务	2		
团队分工合理，成员团结合作	4		
任务完成质量好、效率高，展示效果好	4		
合计	10		

理论要点

一、仪容

　　仪容是指一个人的外在容貌，包括头部、面部、手部等直接裸露在外的部位。对秘书人员形象的首要要求就是仪容美。仪容美的具体含义主要有三层：首先，要求仪容自然美。保持大方和自然是仪容美的根本所在。其次，要求仪容修饰美。它是指依照规范与个人条件，对仪容进行必要的修饰，扬长避短，设计、塑造美好的个人形象。最后，要求仪容内在美。它是指通过努力学习，不断提高个人的文化素养和思想道德水准，培养自己高雅的气质与美好的心灵。真正意义上的仪容美，应当是上述三个方面的高度统一。忽略其中任何一个方面，都会使仪容不够美。

二、仪容清洁

　　干净清爽是仪容美的基本要求。要做到干净清爽就要掌握仪容清洁的相关知识及方法。

（一）脸部清洁

　1. 用温水湿润脸部

　用温水洗脸，这样既能保证毛孔充分张开，又不会使皮肤的天然水分过分流失。

　2. 使洗面奶充分起沫

　在向脸上涂抹洗面奶之前，一定要先在手心把洗面奶充分打起泡沫，这是最重要的一步。如果洗面奶起沫不充分，不但达不到清洁效果，还会使其残留在毛孔内引起皮肤过敏。

　3. 轻轻按摩

　将洗面奶泡沫涂在脸上以后要轻轻打圈按摩，按摩时不要太用力，这样做可以避免产生皱纹。一般打圈按摩15次左右为宜，要让泡沫遍及整个面部。

　4. 清洗洗面奶

　清洗要做到干净彻底。

　5. 检查发际

　清洗完毕，还要照一照镜子，检查发际周围是否有残留的洗面奶。

　五步洗脸的方法有很多功效，比如防皱、美白等，但需要长期坚持才有效果。

（二）手部清洁

　1. 手要常清洁

　手是人体与外界接触最多的部位，秘书人员工作时经常要与他人行握手礼，或者向他人递送文件和办公用品。为了自己和他人的健康,应该常洗手,干净温暖的手会给人以亲切、愉快之感。

2. 手要常保养

手部皮肤过于粗糙,与他人行握手礼时会给对方以生硬、粗重之感,造成对方心理上的疏远。

3. 指甲常修剪

秘书人员指甲的长度是以将手心朝向自己的面部,每个手指的指尖分别与视线平行时,看不到指甲为标准。剪完指甲应该用小锉刀将指甲的边角磨光修好。女士可以适当选择颜色淡雅的指甲油。剪指甲、涂指甲油等工作应该私下进行,不可以当着别人的面做。

(三) 口腔清洁

坚持早晚刷牙,保持牙齿清洁、洁白,使口中无异物、无异味,嘴角无泡沫。在参加重要活动或接待重要客户之前,尽量避免食用带有强烈气味的食品,如韭菜、大蒜、臭豆腐等。必要时可以用口香糖或漱口水来减少口腔异味,但应注意,在正式场合与人交谈时嚼口香糖是不礼貌的,应避免。

(四) 体毛的修剪

男士在职业场合不要留胡须,耳毛、鼻毛、胸毛不要外露。所以,男士要做到每日修面剃须。女士在职业场合不要露出腋毛,特别是在夏季穿短袖上衣时要引起注意。如果手和腿上有比较重的体毛,也要经常剃除或褪毛,不可让其外露。

三、仪容修饰

俗话说:"三分长相,七分打扮。"虽然容貌是天生的,但是我们可以通过认真地修饰,让自己的容貌在他人眼中变得更美丽。

(一) 化妆

化妆是一门技术,也是一门艺术,更是一项重要礼节。人们在职场中装扮自己,一方面展示了自己的风采,另一方面表示对他人的尊重。秘书人员更要注意运用好这一礼节。

女士在平时工作中最适宜化淡妆,通过恰当的淡妆修饰展现自然、清新、大方的美。如果出席特殊的晚宴、舞会等也可以选择化浓妆以塑造庄重、高贵、典雅的形象。

化淡妆基本步骤如下。

1. 打粉底

用海绵蘸取粉底,在额头、面颊、鼻部、唇周和下颌等部位,采用印按的手法,由上至下涂抹均匀。在鼻翼两侧、下眼睑、唇周围等海绵难以涂抹均匀的细小部位可用手指进行调整。

2. 定妆

用粉扑将定妆粉扑在面部,但不要用粉扑在妆面上来回摩擦,这样会破坏粉底。最后用掸粉刷将多余的定妆粉掸掉,动作要轻,以免破坏妆面。定妆要牢固,扑粉要均匀。

3. 修饰眉毛

从眉腰处开始,顺着眉毛的生长方向,描画至眉峰处,形成上扬的弧线;从眉峰处开始,顺着眉毛的生长方向,斜向下画至眉梢,形成下降的弧线;由眉腰向眉头处进行描画。

4. 涂眼影

在上眼睑处,用两种或两种以上的眼影色彩由内眼角向外眼角横向排列搭配晕染,可充分展现眼睛的动感,使眼睛生动有神而具有立体感。

5. 画眼线

闭上眼睛,用一只手在上眼睑处轻推,使上睫毛根充分暴露出来,用眼线笔进行描画;画下眼线时,眼睛向上看,由外眼角向内眼角进行描画。

6. 修饰睫毛

先夹睫毛。眼睛向下看,将睫毛夹夹到睫毛根部,使睫毛夹与眼睑的弧线相吻合,夹紧睫毛5秒左右后松开,不移动夹子的位置连做2～3次,使弧度固定;用睫毛夹在睫毛的中部夹一次,顺着睫毛上翘的趋势,夹5秒左右后松开;最后用睫毛夹在睫毛的前端再夹一次,时间为2～3秒,形成自然的弧度。然后涂睫毛膏。涂上睫毛时,眼睛向下看,睫毛刷由睫毛根向上、向外转动;涂下睫毛时,眼睛向上看,先用睫毛刷的刷头横向涂抹,再由睫毛根部向下、向外转动睫毛刷。

7. 刷腮红

选取合适的腮红,从颧骨处向四周晕染扫匀,使颜色越来越淡,直到与肤色自然相接。

8. 画唇

秘书人员应选择颜色淡雅、自然的口红,涂上唇时先涂唇的内侧,然后涂外侧;涂下唇时先涂中央,后涂两侧。

男士在必要时也可以化妆。比如当眉毛有残缺时,可以用眉笔补一补。男士在化妆时切记要淡雅、自然,最好不要有化妆的痕迹。

(二) 发型

发型选择同面部化妆一样,要考虑场合,还要考虑自身特点。秘书人员的发型选择要把握简约整洁、庄重大方的原则。

1. 男士发型选择

长度要求：前发不要过双眉，侧发不要过上耳廓，后发不要过衣领。鬓角不长于耳朵的中部，不要剃光头。

风格要求：不要过分地追求时尚，更不要标新立异。正确示例如图 2-1 中的男士发型，从左往右依次为正面、侧面、背面。

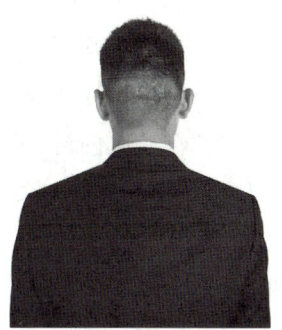

图 2-1　男士发型

2. 女士发型选择

长度要求：前发不要过双眉，后发不要过两肩。如果是过了肩部的长发，在比较正式的场合，要将长发束为马尾辫或是盘起来，以打造干练形象。

风格要求：要体现端正、大方的整体风范，谨慎尝试流行发型。正确示例如图 2-2 中的女士发型，从左往右依次为马尾辫、盘发侧面、盘发背面。

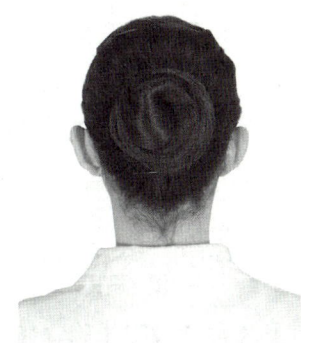

图 2-2　女士发型

除此之外，不论女士还是男士，选择发型都要考虑与自己脸型、体型、头型、年龄的协调；与季节相适应；与个人气质相适应等。

(三）香水的使用

随着时代的发展，香水已经成为整体化妆的组成要素之一。在商务场合可以适当使用香水，以体现个性与品位。但是，如果香水使用不当就会让周围的人感觉到强烈的刺激，从而产生反感和厌恶。一般要提前30分钟使用香水，以避免香水的刺激性味道影响他人的心情。

香水的使用有两种基本方法，一种是涂抹法，另一种是喷洒法。在使用涂抹法时，一般要将香水涂抹在耳后、脖颈、手腕等部位，这样做能够使香水通过脉搏的微热持续地散发出去；还可以将香水涂抹于脚踝部位，这样做可以让香水的味道更加自然。在使用喷洒法时，要将香水喷在衣服内衬、裙摆里侧、裤口内侧等处，这样做可以防止香水挥发得太快，还可以使香水的飘散更自然。

> **相关链接**
>
> **脸型与发型**
>
> 1. 椭圆形脸
>
> 从额上发际到眉毛水平线的距离约占整个脸的1/3；从眉毛到鼻尖又占1/3；从鼻尖到下巴的距离也占1/3。脸长约是脸宽的1.5倍，额头宽于下巴。这种脸型一般来说可以配任何一种发型。但是，选择最佳发型则要考虑其他因素，如年龄、侧面轮廓、两眼之间的距离以及是否戴眼镜等。
>
> 2. 圆脸型
>
> 特征为圆弧形发际，圆下巴，脸较宽。圆脸型的女士最好选择增高头顶发的发型，留一侧刘海，宜佩戴长坠形耳环。女士短发可以是不对称或是对称式，侧刘海，或者留一些头发在前侧吹成半遮半掩脸腮的效果，头顶头发吹得高一些。圆脸型男士的发型最好是两边很短，顶部和发冠稍长一点，侧分头。吹风时将头顶发吹得蓬松一点，显得脸长一些。
>
> 3. 方脸型
>
> 方脸型又称"国"字脸，特征为方额头，方下巴，脸较宽。发型设计要设法从视觉上拉长脸型。对于女士来说最好是剪成不对称式中长发，即一边头发多、一边头发少，或者一边长一边短。把头发多的一边往上往前吹风，形成大波浪以使脸的曲线柔和。还有种方法是剪两边对称的短发，把两边的发梢往前拉到腮帮，以遮盖

方下巴，形成椭圆形脸的视觉效果。

4. 长脸型

特征为脸窄而长，脸颊下陷，有些人前额比例过大，有些人也许鼻子过长，也有些人可能下巴过长。为了给人以椭圆形脸的视觉效果，长脸型人的发型设计应当着重于缩短脸长、增加脸宽的效果。女发以齐下巴长的中长发式为宜。前额多留些刘海，两边发型丰满蓬松，不要紧贴脸颊。男发宜留分头，略盖前额。

5. "申"字脸（枣核形或菱形）

特征为前额与下巴较尖窄，颧骨较宽。发型设计应当着重于缩小颧骨宽度。女发最好烫发，在做发型时，将靠近颧骨的头发做前倾波浪，以掩盖宽颧骨。将下巴部分的头发吹得蓬松些。应该避免露脑门，也不要把两边头发紧紧地梳在脑后（如扎马尾辫或高盘发）。

6. 心形脸

特征为宽额头，窄下巴。发型设计应当着重于缩小额宽，并增加脸下部的宽度。具体来说，头发长度以中长发或垂肩长发为宜，发型适合中分刘海或稍侧分刘海。发梢蓬松柔软的大波浪可以达到增宽下巴的视觉效果，并更添几分魅力。

7. "由"字脸（鸭梨形）

特征为额头窄小，下巴宽大。为了掩盖其缺陷，应当增加头顶头发的高度和蓬松感，留侧分刘海，以改变额头窄小的视觉效果。头发长度要超过下巴，避免短发型。如果烫一下更好，容易做出大波浪，发梢柔软地附在脸腮。

（资料来源：廖永麒、程燕，《秘书礼仪》，教育科学出版社，2013年，有改动。）

课后训练

1. 请检查自己的指甲长度是否符合标准，若不符合标准，请修剪。

2. 请简述女士化日常淡妆的基本步骤。如果只给你5分钟的时间，你该如何化一个漂亮的工作妆？请实际操作，反复练习，直到呈现的效果让自己满意为止。

3. 请根据自己的脸型特征，为自己设计适宜的发型。

任务三　服饰

实训一：服饰搭配的基本原则

实训情境

小眉到一家外企去应聘秘书。去面试之前，她对自己进行了精心修饰：身着时下最流行的牛仔套裙，脚蹬一双白色羊皮短靴，背橘色的挎包。为和这身打扮配套，小眉还化了彩妆，并对自己的打扮相当满意。来到公司，小眉发现自己在众多应聘者中显得那么与众不同，她甚至感到一点得意。正在这时，小眉碰见了恰好来此处办事的好朋友丽然。"你也来找人吗？"丽然问。"我是来应聘的。""应聘？你的这身打扮更像约人去喝下午茶。"快人快语的丽然说道。"是吗？"小眉疑惑起来。她扫视了一下四周，果然其他人都穿素色的职业套装。小眉的心一下子变得不安起来，原本的自信也动摇了。在后来的面试中，小眉完全因为自己的着装乱了阵脚，结果也就可想而知了。

实训目标

1. 掌握服饰搭配的基本原则。
2. 能为自己搭配一套适宜的工作服饰。

实训任务及要求

1. 3～5人为一组，讨论人通常会遇到哪几种场合。
2. 根据不同场合列举适宜的服饰搭配。
3. 各组选一名学生交流讨论结果。

实训考核

1. 小组考核（表2-5）。

表2-5　实训任务完成情况考核表（学生用）

考核点	分值	评分人1	评分人2	评分人3	平均分
积极参与讨论	3				

（续表）

考核点	分值	评分人1	评分人2	评分人3	平均分
内容：目标明确，实事求是	3				
语言：表达清楚，无语病	4				
合计	10				

2.教师考核（表2-6）。

表2-6 实训任务完成情况考核表（教师用）

考核点	分值	得分	评语
积极参与讨论	2		
内容：目标明确，实事求是	4		
语言：表达清楚，无语病	4		
合计	10		

理论要点

一、服饰

服饰是人的服装与配饰的统称。服饰能反映人们的社会生活、文化水平和道德修养。秘书作为企业（组织）的一员，其服饰还反映着企业（组织）的实力和经营理念。服饰与气质、个性、身份、年龄、职业以及穿戴的环境、时间协调一致，就能真正达到美的境界。

二、服饰搭配的基本原则

（一）TPOR原则

"TPOR"是英文单词time（时间）、place（地点）、occasion（场合）、role（角色）的首字母缩写。在服饰选择中，很好地把握这四个原则，就能产生自然和谐的美感。

1.时间原则

时间既包括每一天的早、中、晚三个时间段，也包括每年春夏秋冬的四季更替，以及人生的不同年龄阶段。时间原则要求着装考虑时间因素，做到随"时"更衣。比如，白天工作时间的着装应根据工作特点和性质，以便于工作、庄重大方为原则；晚间的宴请、音乐会之类的活动中，穿着应以晚礼服为宜。夏季以凉爽、轻柔、简洁为着装格调，冬季应以保暖、轻便为着装原则，避免臃肿不堪，也要避免为形体美观而着装太单薄。

2. 地点原则

地点原则指随着地方、场所、位置不同，着装应有所区别，特定的环境应配以与之相适应、相协调的服饰，才能获得视觉和心理的和谐美感。比如，在办公室穿着一身很随意的休闲服，穿一双拖鞋；或者在绿草如茵的运动场上穿一身笔挺的西装，脚穿皮鞋，都是与环境不和谐的表现。

3. 场合原则

不同的场合有不同的服饰要求。我们面对的场合基本上有四种：正式场合、半正式场合、社交场合和休闲场合。只有与特定场合的气氛相一致、相融合的服饰，才能产生和谐的审美效果，实现人景相融的最佳效果。

4. 角色原则

把握角色原则就是要求我们在一定的时间、地点及场合，选择适合自己的服饰。比如，国家领导人在与国际友人交流及参加庆典活动时，会选择西服套装；在到基层体察民情时，会选择夹克衫。这种角色意识是需要我们学习的。

（二）色彩和谐搭配原则

选择正式场合的服饰必须考虑颜色搭配的协调性。"三色原则"是国际上遵从的正装服饰颜色搭配的礼仪规范，即在正式场合，全身上下、从内到外的衣着，包括衬衣、领带、鞋袜在内不可超过三种颜色。如果超过三色就会给人杂乱无章的感觉，显得不伦不类，失于庄重。"三色原则"最早适用于男士正装，甚至更讲究的做法是，服装的色彩控制在同一色彩的范围内，先西装、次衬衣、后领带，逐渐由浅入深，这是最传统的搭配。反之领带色彩最浅，衬衫次之，西装色彩最深，即由深入浅搭配服装颜色，也是可行的。女士在正式场合的着装也要求遵守"三色原则"。

（三）适体性原则

适体性是指服饰装扮应与个人的自身状况相适应，才能使服饰为自己加分。反之，不考虑自身的年龄、相貌身材、性格气质、职业身份等特点，一味模仿追逐潮流，极容易"东施效颦"，造成着装不伦不类。

1. 着装应与性别、年龄相适宜

男士不宜选择色彩鲜艳和大花图案的服装；中老年女士不宜穿着没过膝的短裙。如果一定要反其道而行之，只会贻笑大方。

2. 着装应与容貌肤色相适宜

中国人的皮肤颜色大致可以分为白净、偏黑、偏红、黄绿和苍白五种，个人穿着必须与肤色相协调。肤色白净者，适合穿各色服装；肤色偏黑或偏红者，忌穿深色服装；肤色黄绿或苍白的人，最适合穿浅色服装。

3. 着装应与体型相适宜

人的身材有高矮胖瘦之分，可以有针对性地选择服饰的质地、色彩、图案和造型工艺，达到美化自己的目的。比如，胖的人穿横条衣服会显得肥胖；身材矮小者适宜穿造型简洁、色彩明快、小花型图案的服装；脖子短的人穿低领或无领衣可以使脖子显得稍长；深色有收缩感，适宜肥胖者；浅色的料子有扩张性，身材瘦小者穿上后有丰腴身形的效果。

4. 着装应与个性气质相适宜

人的个性气质不同，要借助服装美化自身，首先要懂得服装彰显气质的含义。若一位性格沉稳的女士穿着鱼尾裙的话，裙摆会摆动不停，这就与她的个性气质不相适应。

（四）整体性原则

正确的着装能起到修饰形体、容貌的作用，形成和谐的整体美。服饰的整体美包括人的形体、内在气质和服饰的款式、色彩、质地、工艺及着装环境等。服饰美就是从这多种因素的和谐统一中显现出来的。所以，着装应强调个人仪容、仪表的整体协调。

1. 着装的整体协调

着装的整体协调是指着装的上下、内外从色彩上、质地上、款式上要搭配和谐，还要与鞋、袜相协调。

2. 佩饰的整体协调

佩饰的整体协调是指所佩戴的饰物的色泽、质地、款式、风格要协调一致。

3. 妆容、发型、着装、佩饰的整体协调

妆容、发型、着装及饰品要整体协调。比如，秘书工作岗位上的女性要化淡妆，穿着套裙，所戴的耳环和项链要色泽淡雅、纤细一些，这样看起来才整体协调。

（五）适度性原则

服饰是文明的象征，应符合社会道德规范和常规做法。一般在公共场合，着装忌"露、透、短、紧"。在正式场合，切忌袒胸露背、内衣外穿，不要穿低腰裤和紧身衣。

1. 适当的修饰程度

修饰要有度，要浑然一体，虽精心雕琢，但不露痕迹。妆容要适合所处环境，服装上的点缀要适宜。

2. 适度的饰品数量

适量地使用饰品，能起到点缀的作用，但数量不能超过三种，且要和谐呼应。如果佩戴饰品过多，会使人感觉眼花缭乱，给人以审美水平低下、没品位的印象，反而破坏了形象。

3. 适宜的修饰技巧

仪容、服饰的修饰和装扮要与个人自身特点相结合，在修饰中摸索出适合自己的修饰方法和技巧，不能一味地效仿他人。

相关链接

场合及着装要求

场合	具体场景	着装要求	适宜着装
正式场合	庆典、会议、谈判、求职面试、悼念	正式庄重	裤套装、裙套装、制服、民族服装
半正式场合	一般工作场合，无重大活动、重要事务的场合	商务休闲	便装西服、连衣裙
社交场合	舞会、音乐会、酒会、晚宴	时尚个性	礼服、时装
休闲场合	居家、散步、购物	舒适自然	休闲服、牛仔装、运动装

课后训练

1. 分析在自己的周围，有哪些服饰选择不符合 TPOR 原则。
2. 请对自己在社交场合曾选择的服饰进行分析，找到优点与缺点，并改进。
3. 思考在服饰选择方面，你最欣赏的人是谁，为什么。

实训二：职业场合服饰规范

实训情境

方大伟在经过一轮激烈的笔试竞争后，终于接到了生物科技企业集团的面试通知，时间是 2022 年 10 月 18 日上午 10:30，地点位于繁华商业中心的公司总部。生物科技企业集团是当地著名的高科技企业，能进入这样的企业工作是方大伟长久以来的心愿，他决心抓住这次难得的机会。10 月 18 日，大伟早上 7:30 起床，梳洗完毕。吃过早餐后，大伟穿上提前准备好的衬衣和西服套装,打领带时,大伟精心地打了一个较为正规的温莎结,显得大方而稳重。大伟又对着镜子将头发梳理整齐,整个人看起来精神抖擞、神清气爽,显得年轻干练又信心十足。9:00,大伟在出发前再次检查了所有应该带的文件,确定没有一样东西遗漏,便提起公文包出门了。

实训目标

1. 掌握男士和女士职业着装的要求与禁忌。
2. 掌握符合职业形象的着装搭配技能。

实训任务及要求

1. 3~5人为一组,为秘书人员做职场服饰设计(用A4白纸进行绘画)。
2. 各组按照完成该任务的先后顺序进行展示并阐述设计理念。

实训考核

1. 小组考核(表2-7)。

表2-7 实训任务完成情况考核表(学生用)

考核点	分值	评分人1	评分人2	评分人3	平均分
积极参与并承担具体任务	3				
有团队协作意识,服从小组工作安排	3				
任务完成质量好,效率高	4				
合计	10				

2. 教师考核(表2-8)。

表2-8 实训任务完成情况考核表(教师用)

考核点	分值	得分	评语
按时完成任务	2		
团队分工合理,成员团结合作,效率高	3		
任务完成质量好,展示效果好,语言表达清楚、流畅	5		
合计	10		

理论要点

一、男士着装要点

男士在职业场合选择西装，可以表现出庄重、传统、典雅的风格。

（一）西装的选择

1. 面料

在一般情况下，毛料应为西装首选的面料。具体而言，纯毛、纯羊绒面料以及高比例含毛的毛涤混纺面料，皆可用作西装的面料。而不透气、不散热、发光发亮的各类化纤面料，则不适合用作西装面料。

2. 色彩

男士在穿西装时，色彩必须显得稳重、正统。因此，男士在商务交往中所穿的西装色彩应当为单色，且首推藏蓝色。此外，还可以选择灰色或棕色的西装。黑色的西装适合在庄严肃穆的礼仪性活动中穿着。日常工作中，一般不穿黑色西装。

3. 图案

商务男士西装一般以无图案为佳。唯一的例外是，商务男士可选择以牙签呢缝制的竖条纹西装。竖条纹的西装以条纹细密者为佳，以条纹粗阔者为劣。

4. 款式

区别西装的具体款式，有两种最常见的分类方法。

方法一，按照西装的件数来划分。根据这一标准，西装有单件与套装之分。依照惯例，单件西装即一件与裤子不配套的西装上衣，仅适用于非正式场合。商务男士在正式的商务交往中所穿的西装，必须是西服套装。西服套装即上衣与裤子成套，其面料、色彩、款式一致，是风格上相互呼应的多件套西装。通常西服套装有两件套与三件套之分。两件套西服套装包括一件上衣和一条西裤；三件套西服套装则包括一件上衣、一条西裤和一件背心。

方法二，按照西装上衣的纽扣数量来划分。根据这一标准，西装上衣有单排扣与双排扣之分。单排扣的西装上衣，最常见的有一粒纽扣、两粒纽扣和三粒纽扣三种。双排扣的西装上衣，最常见的有两粒纽扣、四粒纽扣和六粒纽扣三种。穿双排扣西装时，扣子需要全部扣上。穿单排扣西装时，要记得最下边的一粒扣子不要扣，单排、三粒扣的西装还可以只扣中间一粒扣子。

5. 版型

西装的版型是指西装的外观形状。目前，世界上的西装主要有欧式、英式、美式和日式四种主要的版型。欧式西装洒脱大气，英式西装剪裁得体，美式西装宽大飘逸，日式西装则贴身庄重。商务男士在选择具体西装版型时，可根据自身条件和偏好进行选择。不过一般来说，欧式西服要求穿着者身材高大魁梧，美式西装穿起来稍显休闲散漫。英式西装与日式西装更适合中国人在比较正式的商务场合穿着。

6. 尺寸

（1）上衣合体的标准：衣长以垂下手时与虎口平齐为宜，一般长度在虎口至拇指尖之间变化；外套长度的标准是下摆可以正好盖上裤子前门的拉链和臀部；袖长以垂下手时手腕下1厘米为宜；领子应紧贴衬衣领并低1.5厘米左右；胸围以衬衣外穿一件薄毛衣，松紧适宜为宜。

（2）裤子合体的标准：长度以人笔直站立时，裤脚前面盖住鞋面中央并起一个褶皱，裤脚后面至鞋跟中央为宜。

（二）衬衫的选择

长袖衬衫是搭配西装的唯一选择，与西服配套的衬衫必须挺括、整洁、无皱褶，尤其是领口。颜色以白色或淡蓝色为宜，无任何图案为佳。衬衫下摆要塞在裤腰内，扣好领扣和袖扣；衬衫领口和袖口要长于西服上装领口和袖口1～2厘米；衬衫里面的内衣领口和袖口不能外露。

（三）领带的选择

在正式场合，穿西装一定要打领带；在非正式场合可以不打领带，但应把衬衣领扣解开，以示休闲洒脱，避免给人忘记打领带之感。

1. 面料

最好选择真丝或者羊毛面料。外形要平整、美观、无疵点、无跳丝、无线头，悬垂感强，挺括。

2. 色彩

在商务活动中，灰色、蓝色、黑色、棕色、紫红色等单色领带都是十分理想的选择。

3. 图案

领带以单色无图案为庄重，也可以圆点、方格、条纹等规则的几何形状为主要图案，含有其他类型图案的领带一般不适用于商务活动场合。一般来说，带有斜纹的领带彰显果断权威、稳重理性，适用于谈判、会议、演讲等场合；带有圆点、方格的则中规中矩、按部就班，适合初次见面和见长辈、上司时用；不规则图案的领带显得活泼、有个性、有创意和朝气，比较随意，适用于酒会、宴会和约会等。

图 2-3 领带宽度选择

4. 款式

领带的款式有宽窄之分，选择时，可以根据西装外套衣领最宽处选择相应宽度的领带（图 2-3）。同时还应选择适合自己身体条件的，如身材高大的人应该系上超长的领带，身材魁梧的人适合选择比较宽的领带。另外，领带还有箭头与平头之分，箭头的下端为倒三角形，适用于各种场合，比较传统；下端为平头比较时尚，多适用于非正式场合。

5. 打法

领带有平结、双环结和温莎结等打法（图 2-4）。系领带时领结要饱满，与衬衫领口吻合要紧；领带长度以系好后大箭头垂到皮带扣处为准。如果穿毛衣或毛背心，应将领带下部放在毛衣领内。

(a) 平结 (plain kont)

(b) 双环结 (double kont)

(c) 温莎结 (windsor kont)

图 2-4 领带打法

（四）鞋袜的选择

1. 皮鞋

适宜与西装搭配的皮鞋是薄底、素面的皮鞋。通常情况下，黑色系带皮鞋是比较理想的皮鞋类型。这是因为黑色给人稳重的感觉，系带不但可以调整皮鞋的舒适度，还能展示一个人勤奋、利索的形象。皮鞋要经常擦拭，保持清洁光亮。

2. 袜子

袜子的色彩要与裤子的色彩一致，或比裤子的色彩略深，切忌黑皮鞋配白袜子。袜口应适当高些，以坐下跷起腿时不露出皮肤为宜。

（五）男士着正装禁忌

1. 忌裤腿太短

裤腿短会给人造成视觉错误，使腿显得短，使矮个子显得更矮；对于高个子而言，则会给人重心不稳的错觉，而且也有失庄重，略显滑稽。

2. 忌裤裆太肥、裤腿太宽

裤裆太肥会使人显得不整洁、拖沓、不挺拔利落。裤腿太宽不仅造成视觉上怪异的不适感，而且更为关键的是会导致行动不便。

3. 忌衬衫领子太大

衬衫领子太大会使脖子细长的瘦者更显羸弱。

4. 忌衬衫领口敞得太大

穿西服如果不系领带，衬衫领口可敞一粒领扣，但如果领口太大就会显得缺乏修养或太过随便。

5. 忌衬衣太紧，紧紧绷着腹部

衬衣太紧对腹部肥胖者尤为不利，会突显发胖的腹部，显得局促，不够大方。

6. 忌透视

不可透过衬衫隐约看到穿在里面的T恤。

7. 忌领带颜色刺眼

领带的色彩要与整体的着装相协调；否则显得孤立，破坏整体美。

8. 忌用涤纶面料做西装

涤纶面料质感欠佳，表面的"浮光"显得档次不够，且其透气性与吸汗性均不好，长期穿着对人体不利。

9. 忌西装配运动式皮鞋

西装是十分讲究的正式服饰，要配以正式皮鞋才算和谐；而运动式皮鞋太随意，这样搭配会影响着装的整体性和配套性，有品位低之嫌。

10. 忌在皮带上挂钥匙、手机等

在皮带上挂东西的男士，在走路或行动时难免与其他物品磕碰，发出响声，这样可能会分散他人的注意力。

二、女士着装要点

西装套裙是女性在职业场合的首选服装。女士套裙由男士西装衍变而来，穿着得体不仅会使着装者看起来干练而成熟，还能衬托出女性自身独特的韵味。

（一）西装套裙的选择

1. 面料

套裙所选用的面料质地应当上乘，追求匀称、滑润、平整、光洁、丰厚、悬垂、柔软、挺括，其不仅应弹性、手感好，而且应当不起毛、不起球、不起皱。绝对不可选择皮质面料。

2. 色彩

套裙的色彩应当淡雅、清新、庄重，不宜选择过于鲜亮、"扎眼"的色彩。西装套裙的色彩应当与具体的工作环境相协调，比如藏蓝、炭黑、烟灰、雪青、黄褐、茶褐、蓝灰等色调，都是很好的选择，可体现着装者的端庄与稳重。在此基础上，有时也可稍有变化。以两件套西装套裙为例，上衣与裙子可以一色，也可以采用上浅下深或上深下浅两种不同的搭配，使之形成对比。

3. 图案

女士在职业场合穿着的套裙可以不带有任何图案，如果出于个人喜好，也可以选择以各种或大或小的圆点、或明或暗的条纹、或宽或窄的格子为主要图案的套裙。

4. 款式

套裙上衣的变化主要表现在衣领方面，除了常见的平驳领、戗驳领、圆状领、一字领、"U"字领、"V"字领之外，还有青果领、燕翼领、披肩领等领型。上衣的另外一个主要变化则体现在衣扣方面，有单排扣、双排扣、明扣、暗扣；在扣子的数量上也有很多不同。套裙裙子的款式也不乏变化，最常见的有西装裙、一步裙、筒式裙、围裹裙等，款式端庄、线条优美；旗袍裙、开衩裙、喇叭裙、百褶裙、"A"字裙等，飘逸洒脱、高雅漂亮。套裙有两件套，即上衣和裙子；也有三件套，即上衣、裙子加上背心。

5. 尺寸

在正式场合，上衣的长度要做到：当穿好上衣，直臂举起胳膊时，不要露出自己的裙腰。女士裙子的长度应不短于膝盖上5厘米，也不长于小腿肚的中部。

套裙是职场女士服装的首选。我们还可以根据天气、办公环境等因素，来选择套裤或者非套裙、非套裤。在正式场合，如果裤子比较短，容易产生不严肃、太休闲的感觉，因此裤子要长及鞋面。裤子的面料要具有一定悬垂感，款式以直筒或小喇叭形为佳。

（二）衬衣的选择

女士衬衣的领口有开领、花领、圆领、"V"字领等。衬衣领口的大小要根据外衣来决定。一般是要小于外衣的领口，还要保证领口不要太低。衬衣的色彩要与外衣的色彩相协调。图案不要太夸张，也不要有繁杂的花边等。

（三）鞋袜的选择

不论是穿套裙还是穿套裤，都要穿高跟鞋。高跟鞋以深色船型皮鞋为宜（图2-5），高度最好不要低于3厘米。在正式场合，夏天不宜穿凉鞋，冬天应避免穿靴子。

穿西服套裙时，一定要注意袜子的选择。夏季可以选择肉色或深色连裤袜，冬季可以选择较厚的棉毛质地的连裤袜用以保暖。要注意的是，镂空的、有图案的、钩了丝的袜子是不可以穿的。所以，在上班或是参加重要活动时，自己的包里要放一双备用的丝袜，以便在丝袜被弄脏或破损时可以及时更换，避免难堪。

图2-5 女士高跟鞋

（四）女士着正装禁忌

（1）穿职业装时，切忌搭配渔网袜、暗花纹袜之类过于性感的丝袜；（2）忌穿裙子时搭配短丝袜；（3）忌三截腿，即半截裙、半截袜子、露一截腿；（4）忌细高跟鞋、人字拖鞋、皮裙、迷你裙、吊带衫（裙）、七分裤、运动服、运动鞋、T恤、镶嵌水晶或者破洞的牛仔裤等服饰；（5）忌穿能透出内裤的裤子或裙子。

三、饰品的选择与佩戴

饰品是指人们在着装的同时所选择佩戴的装饰性物品。它们对于人们的穿着打扮起陪衬、辅助、美化的作用。配饰要简洁、大方、高雅，符合职业身份及场合。

（一）饰品佩戴的原则

秘书人员饰品佩戴总的原则是"符合身份，以少为佳"。

1. 数量原则

佩戴饰品应当起锦上添花、画龙点睛的作用，而不应当过分炫耀、刻意堆砌，切不可画蛇添足。饰品一般不超过三件。

2. 质色原则

人际交往中，佩戴两种或两种以上的首饰，应"同质同色"，即质地色彩相同。

3. 搭配原则

首先，饰品的佩戴应讲求整体效果，要和服装相协调。一般穿考究的服装时，要佩戴昂贵的饰品；服装轻盈飘逸，饰品也应玲珑精致；穿运动装、工作服时不宜佩戴饰品。其次，饰品的佩戴还应考虑季节、场合、环境等因素。比如，春秋季可选戴耳环、别针，夏季选择项链和手链，冬季则不宜选用太多的饰品，因为冬天衣服比较臃肿，饰品过多反而效果不佳。

4. 习俗原则

饰品佩戴要注意寓意和习俗，如戒指、手镯、玉坠等的佩戴。

5. 扬长避短原则

应根据个人脸型、肤色、气质等佩戴饰品，遵循扬长避短原则。

（二）男性饰品的选择与佩戴

与西装相配的饰品有皮带、手表、公文包、名片夹、笔、眼镜、首饰等。

1. 皮带

与西装相配的是金属质地、板扣式的西装皮带。皮带要平整光滑，不要有明显的图案、花纹。皮带的色彩应与皮鞋、公文包的色彩一致为宜。

2. 手表

与西装相配的手表的特点是款式简约，没有复杂的图案，颜色比较保守，时钟标识清晰，表身比较平薄。金属表带的颜色要与其他饰品协调。

3. 公文包

应当选择质地优良、做工精致的公文包或手提包，以黑色为最佳。不能使用软布包、旅行帆布包等。

4. 名片夹

名片夹用来装自己的名片和他人给予的名片，以皮质为上佳，金属次之。

5. 笔

商务男士应当随身携带一支优质钢笔，放在西装上衣内侧袋中，不要插在西装上衣左胸外侧的装饰性口袋中。

6. 眼镜

眼镜除了有矫正视力的作用外，还能起到装饰作用。因此，眼镜的颜色要适合自己，并且与其他饰品相协调。如果戴墨镜，进入室内时应当将其摘掉。在室外如果见到其他人，需要打招呼或谈话时，也应当摘掉墨镜，否则会造成目光交流障碍，是失礼的表现。商务人士平时工作宜选择金属色、黑色或棕色镜框的眼镜，镜片应清澈透明。

7. 首饰

男士在选择首饰时要把握尽量少的原则。如每只手最多只能戴一枚戒指。首饰要质地上乘，款式简洁大方，色彩要稳重。

（三）女性饰品的选择与佩戴

女性饰品有胸花、丝巾、手袋、手表、首饰等。

1. 胸花

在穿着套裙时，上衣和下裙色彩一致会给人带来比较呆板的感觉。如果佩戴一枚胸花，就能打破这种呆板。胸花的款式要简洁，质地要讲究，色彩要与服装的色彩相协调。胸花要佩戴于左侧胸襟处，距离上衣肩线15厘米左右的位置，这样人会显得比较精神。胸花还可以佩戴于左侧衣领上。

2. 丝巾

丝巾是女士很好的饰品。丝巾的大小、色彩、质地、图案以及系法有很多，可以根据具体情况进行选择。

3. 手袋

女士裙装与裤装的兜袋里尽量不要放其他随身物品，尤其是裙装更是如此。所以，手袋就成了女士的必需品。在职场中，女士的手袋以接近公文包形状的款式为佳，可以参考男士公文包的选择方法，要注意的是，女士手袋应比男士的公文包略小一些。

4. 手表

公务场合女士手表的选择，可以参考男士手表的选择方法。

5. 首饰

女士佩戴首饰会起到画龙点睛的效果。在佩戴首饰时，要遵守以下原则。

（1）首饰之间的协调。佩戴的首饰要质地一致。比如，选择了金项链，其他首饰的质地也应该是黄金。

（2）首饰与环境相协调。比如，在职业场合，要选择淡雅简朴的首饰；参加晚宴时则要选择华贵亮丽的首饰。

（3）首饰与服装相协调。比如，艳丽的服装要与淡雅的首饰相配或不佩戴首饰；浓重单色的服装要与色彩明亮、精巧的首饰相配；旗袍要配以稍长些的珍珠项链等。

（4）首饰与相貌相协调。首饰应与个人的体型、脸型、发型、年龄等相协调，这样做可以起到用首饰来掩饰自己不足的作用。比如，脖子较长的人，不要戴很长的项链；脸型较长的人，不要选择下垂的耳饰；年龄较大的女士要选择比较精致的首饰。

相关链接

西装与领带的搭配

1. 黑色西服,搭配银灰色、蓝色调或红白相间的斜条领带,显得庄重大方,沉着稳健。

2. 暗蓝色西服,搭配蓝色、深玫瑰色、橙黄色、褐色的领带,显得淳朴大方,素淡高雅。

3. 乳白色西服,搭配红色或褐色的领带,显得十分文雅,光彩夺目。

4. 中灰色西服,搭配砖红色、绿色、黄色调的领带,另有一番情趣。

5. 米色西服,搭配海蓝色、褐色的领带,显得风采动人,风度翩翩。

女士体型与服装款式选择

女士的服装款式变化比较丰富,应当尽量挑选最能体现自己身材优点的款式,避免穿暴露自己身材缺点的款式。人有不同的体型,人的三围是指胸围、腰围、臀围,从身体的正面看,还有肩宽、腰宽和臀宽。根据这些数据的不同,可将女士的体型分为以下五种。

1. 直筒形:三围差距不大,身体瘦且显长;从正面看,肩、腰、臀的宽度基本相等,总体偏瘦长。这种体型的人可以穿加宽肩膀、加宽臀部的款式,使腰部显细,增加身材的曲线感。忌穿过于紧身或贴身的服装款式,否则会显得身材过于平直。要选择有腰线设计的上衣或衬衫,并将上衣或衬衫放在裙子或裤子之外,这样可以美化平直的腰部线条。

2. 葫芦形:臀围比胸围大,臀宽比肩宽大,腰部较细。上衣应当选择有引人注目的细节的款式,如特别设计的领型、色彩对比强烈的衬衫与外套,还可以佩戴独特的项链或胸针以达到醒目的效果。下装宜选择悬垂感较好的面料,颜色上应当上装浅、下装深,这样可使下半身显瘦。忌穿让肩膀显窄的袖型,如插肩袖、蝙蝠袖等。下装的臀部附近忌有复杂的设计。如果和臀围相比腰围很小,则不要使用太宽太紧的皮带,以免使臀部看起来过大。

3. 倒三角形:肩膀宽且厚实,臀窄、臀围小,臀部总体较扁平。这种体型的人肩宽臀窄,所以可以穿比较宽的裙型,如"A"字裙,以及有醒目的条纹、格子、印花图案的裤子或裙子,这样可以取得上下平衡的良好效果。配色上可以采用上装深、下装浅的搭配方法，效果也很好。忌穿所有加宽肩膀的款式，如有大垫肩、肩章、大荷叶领、一字领、泡泡袖，肩膀上有滚边或皱褶花边的上衣款式。

4. 椭圆形：三围差距不大，腰部不太明显，胸部、腰部、臀部线条都很圆润，总体呈椭圆形。适合穿着有弧形线条设计的服装，如圆领、荷叶领的上衣和鱼尾裙等，与椭圆形的整体轮廓相呼应。但不可以全身都是圆形线条，也不可以全身都是刚硬的直线条。下装腰部设计不可太复杂，穿较长的上衣可以掩饰腰部的宽度。大格子、大花、太复杂的图案都应当避免。应当选择质地柔软、薄厚适度的服装面料。过厚的面料会产生沉重感，过薄的面料容易贴身，也会显胖。

5. "X"形：肩宽、腰细、臀宽；胸围和臀围基本相等，腰围小。这种体型看上去很完美，应当选择能够展示身材曲线的款式。半合身裁剪最为适合，过于宽松、过于紧身、过于刚硬的款式都不适合。

课后训练

1. 男士请用技术比赛的方式练习领带的系法，要求至少会两种，看谁系得又快又好。
2. 女士请选择适合自己的丝巾打法，并实际操作。
3. 请结合实例，谈谈秘书人员服饰搭配的技巧和经验。

任务四　仪态

实训一：身体姿态

实训情境

某公司招聘文秘人员，由于待遇优厚，应聘者如云。秘书学专业毕业的小李同学前往面试，她的履历可能是所有应聘者中最棒的：大学四年中，她在各类刊物上发表了约3万字的作品，类型有小说、诗歌、散文、评论、政论等，她还为4家公司策划过周年庆典，英语表达极为流利，书法水平也很高。小李五官端正，身材高挑、匀称。面试时，招聘者拿着她的材料等她进来。小李推门进来，大步流星地走到考官面前，不请自坐，随后跷起了二郎腿，笑眯眯地等着问话。三位招聘者互相交换了一下眼色，主考官说："李小姐，请下去等通知吧。"她喜形于色，说"好！"，便挎起小包飞跑出门。其面试结果可想而知。

实训目标

1. 掌握秘书人员正确的站、坐、走、蹲等姿态。
2. 了解各种体态语的表意及应用。

实训任务及要求

1. 在课前每个学生观察周围人的站姿、坐姿、走姿、蹲姿。
2. 3~5人为一组，讨论什么样的身体姿态能给人良好的观感。
3. 各组自由设定场景，分组编排秘书仪态表演操。
4. 各组按顺序上台表演，每组限时5分钟。可派代表进行表演，也可由全组成员进行表演。

实训考核

1. 小组考核（表2-9）。

表2-9 实训任务完成情况考核表（学生用）

考核点	分值	评分人1	评分人2	评分人3	平均分
积极参与并承担具体任务	3				
有团队协作意识，服从小组工作安排	3				
任务完成质量好、效率高	4				
合计	10				

2. 教师考核（表2-10）。

表2-10 实训任务完成情况考核表（教师用）

考核点	分值	得分	评语
按时完成任务	2		
团队分工合理，成员团结合作	4		
任务完成质量好、效率高，展示动作规范、得体	4		
合计	10		

理论要点

一、仪态

仪态泛指人们身体所呈现出的各种姿态。"站如松,坐如钟,行如风,卧如弓",是中国传统仪态礼仪的要求。在当今社会,仪态已被赋予了更丰富的含义,包括举止动作、神态表情和相对静止的体态,因为人们的眼神,面部表情,举手投足、坐立行走等体态变化,都可以表达思想感情。仪态是表现一个人涵养的一面镜子,也是构成一个人外在形象的主要因素。

秘书人员与他人沟通时经常使用体态语言。一个动作、一个眼神或面部表情的微小变化都将影响与他人的沟通效果。秘书人员的仪态礼仪具体包括身体姿态、手势动作及面部表情,整体表现为一个人的举止和行为风度。

二、身体姿态

秘书人员应该拥有的身体姿态是:挺拔的站姿、端庄的坐姿、自然的走姿、优雅的蹲姿。

(一)站姿

站立是秘书人员的基本功之一,基本站姿则是一切姿态的基础,其他姿态都是在基本站姿的基础上演化而来的。因此,基本站姿的练习最为重要。其具体要领是:双脚并拢、两脚踝并拢、双腿直立、双膝并拢;身躯直立,提臀、立腰、收腹、挺胸、双肩舒展并略下沉;手臂自然下垂,中指贴于裤缝(女士裙子侧缝);颈直、头正、双目平视、下颌微收、面带微笑。

1.男士站姿

(1)肃立。脚尖分开45度,其他部位要领与基本站姿相同(图2-6)。这种站姿适合长时间在正式场合站立。

(2)直立。

脚位:双脚分开,宽度不超过肩宽。

手位:男士直立时,可有三种手位(图2-7)。

①下垂式手位:两臂及双手自然下垂。

②前搭手式手位:左手握虚拳,右掌轻搭于左拳上,自然下垂于小腹前。注意双肩打开,保持后背挺直。此种手位显得比较保守、谦恭。如果与自然微笑的表情相配合,则显

得比较亲切。

③后背手式手位：右手握虚拳置于身后，左手轻握右手背，自然搭在尾骨处。此种手位给人以英姿飒爽之感。

　　　　　　　　　　　　　(a) 下垂式手位　　　(b) 前搭手式手位　　(c) 后背手式手位

图 2-6　男士站姿（肃立式）　　　　图 2-7　男士直立手位

2. 女士站姿

（1）肃立。脚尖并拢或分开 30 度，其他部位要领与基本站姿相同（图 2-8）。这种站姿适用于升旗仪式或其他非常庄严肃穆的场合。

（2）直立。

脚位：女士直立时，可有三种脚位。

①标准脚位：双脚完全并拢（图 2-8）。

②"V"字脚位：双脚脚尖分开 30 度（图 2-9）。

③"丁"字脚位：一只脚脚尖正对前方，另一只脚内侧与前脚脚跟相靠（图 2-9）。

手位：女士直立时，可有三种手位（图 2-10）。

①下垂式手位：两臂及双手自然下垂。

②前搭手式手位：左手握虚拳，右掌自然轻搭于右拳上，双臂自然下垂置于腹前。注意收紧小腹，手与小腹之间应有 1 厘米以上距离。此种手位给人以谦恭、典雅之感。

③礼仪式手位：双手四指并拢略向内扣，右手在上，双手叠握，置于小腹前，左手指尖不要露出。此种手位给人以秀丽、优美之感，常用于礼仪迎宾场合。

图 2-8　女士站姿（肃立式）

(a)"V"字脚位

(b)"丁"字脚位

图 2-9　女士直立脚位

(a) 下垂式手位

(b) 前搭式手位

(c) 礼仪式手位

图 2-10　女士直立手位

女士在非正式、非严肃场合可采取较为随意和较为放松的站姿，但需注意时刻保持女性内敛的优雅感，像男士一样双腿分开站立的站姿只能出现在诸如晃动的车厢等特殊场合。

（二）坐姿

秘书人员在日常办公室工作、会见客人、参加会议等活动中，都需要保持良好的坐姿。良好的坐姿能够使人感觉舒适、不易疲劳，膝关节后面的血管、神经都没有压迫感。

1. 男士坐姿（图2-11）

男士入座的动作要稳、慢、轻。正确的方法是：不慌不忙地走到座椅前，背朝座椅，控制身体稳稳地坐下。如果周围有尊者（或女士）需要入座，应当先帮助尊者（或女士）将椅子挪到合适的位置，待其坐定后自己再坐下。坐在椅子上拖动椅子是有失风度的行为。

（1）标准坐姿。坐下后，双脚分开不超过肩宽，平放在地面上，两手分别放在两边大腿上，肘部自然弯曲。立腰、收腹、挺胸、双肩舒展并略下沉；颈直、头正、双目平视、下颌微收，表情要放松。

（2）交叉式坐姿。双腿在脚踝处交叉，可以将双脚略内收，双膝略打开。

（3）叠腿式坐姿。坐下后，将双腿叠放在一起，男士可以将放于上面的腿略向侧前方伸出。当对方没有选择此坐姿时，自己也不要选择。

(a) 标准坐姿　　　　　　　(b) 交叉式坐姿　　　　　　　(c) 叠腿式坐姿

图 2-11　男士坐姿

2. 女士坐姿

女士入座的动作要轻、稳、慢。如果穿的是裙装，在入座时应当顺势整理一下裙子，使裙子后面保持平整状态，然后再落座。无论女士坐姿如何变化，有一条原则是不变的，即任何时候坐下都应保持双膝并拢,即使变换坐姿时双膝也不能分开,这一点在穿着裙装时尤为重要(图 2-12)。

(1)标准坐姿。双膝并拢、脚踝并拢、双脚并拢、脚尖向前,小腿垂直于地面。双手相叠自然置于一侧大腿上;立腰、收腹、挺胸、双肩舒展并略下沉;颈直、头正、双目平视、下颌微收。女士在正式场合落座时不可坐得太深,座椅边缘最好不超过大腿近膝盖 1/3 处。如果整个大腿都落在座椅上,则上身很难保持挺直,双膝也很难并拢。

(2)平行式坐姿。在标准坐姿的基础上,双脚并拢,向左侧或右侧平移约两只脚的宽度,脚尖顺腿的方向伸出,轻落于地面上。在较矮的椅子或沙发落座时,这种姿势较为优雅。

(a) 标准坐姿　　　　　　(b) 平行式坐姿　　　　　　(c) 正位交叉式坐姿

(d) 侧位交叉式坐姿　　　(e) 正位叠腿式坐姿　　　　(f) 侧位叠腿式坐姿

图 2-12　女士坐姿

（3）交叉式坐姿。双腿在脚踝处交叉，可以在正位交叉，也可以在侧位交叉。

（4）叠腿式坐姿。在非正式场合，女士可将一条腿叠放在另一条腿上，可以在正位叠腿，也可以在侧位叠腿。两小腿要尽量靠拢，脚尖向下压。在正式场合尽量不要选择叠腿式坐姿。

3. 坐姿的注意事项

（1）无论男士还是女士，也无论采用哪种坐姿，都要注意：绝不可以将鞋底对着别人，否则是极不礼貌的。

（2）请尊者（或女士）先入座。

（3）通常情况下，坐姿不可以显得比尊者更"休闲"。

（4）抖动双腿是坐姿之大忌讳，一定要避免。

（三）走姿

站姿、坐姿属于"静"的仪态，而走路的姿态、下蹲的姿态都属于"动"的姿态。职业场合虽然不像阅兵式那样庄严肃穆，但走路的姿态同样能够展现出秘书人员的精神风貌和职业素养。

我们走路时，每跨出一步双脚之间的距离称为"步度"；走路时脚迈出后落地的位置称为"步位"；行走时抬脚的高度称为"步高"。具体要领如下：

第一，标准步度为一脚至一脚半，即前脚脚跟与后脚脚尖之间的距离为本人脚长度的1～1.5倍。这里所说的"脚的长度"，是指所穿的鞋的长度，而不是赤脚测量的净长度。因此，女士穿高跟鞋走路时，步度应当比穿平跟鞋时小。一般说来，个子较高的人脚比较长，步度也比较大。如果大个子的人迈小步、小个子的人迈大步，看上去可能会不大协调。穿不同款式的服装时步度也不一样，正装的步度要比休闲装和运动装小。

第二，走路时，两只脚的脚尖都要朝向正前方，"内八字"和"外八字"都是不美观的走姿。

第三，步高要合适。行走时脚不要抬得过高，那样看上去缺乏稳健感；也不要抬得过低，脚后跟在地上拖着走，给人的感觉缺乏朝气，显得老态龙钟。除了注意步度、步位、步高外，还应注意：步伐轻快、有节奏，保持腰背部直立且不左右摇摆，挺胸、抬头、收腹，双肩自然下垂，两臂前后摆动的幅度要与步伐的大小、节奏相协调，两眼平视前方（图2-13、图2-14）。

第四，多人一起行走时不要横排，否则可能会阻塞道路，妨碍他人行走。步度大的人要照顾步度小的人，不要只顾自己，让步度小的人紧追慢赶。在马路上行走时，还要注意让尊者（或女士）走在远离危险的一侧。

图 2-13　男士走姿　　　　图 2-14　女士走姿

(四) 蹲姿

秘书人员对自己的工作岗位进行收拾、清理或是捡拾物品时可采取蹲的姿势,需要给予别人帮助,或提供必要的服务时,用蹲的姿势既礼貌又得体。

蹲姿的基本要领是:男士下蹲时两腿之间保持适当距离(图 2-15)。前脚全脚掌着地,后脚脚跟提起,脚掌着地。臀部始终向下,基本上以后腿支撑身体。

女士下蹲时注意两腿靠近,臀部始终向下。如果旁边站着其他人,尽量使身体的侧面对着别人,保持头、胸挺拔姿态,膝关节自然弯曲(图 2-16)。穿裤装下蹲时也可以一脚在前,一脚在后,注意大腿靠紧向下蹲。

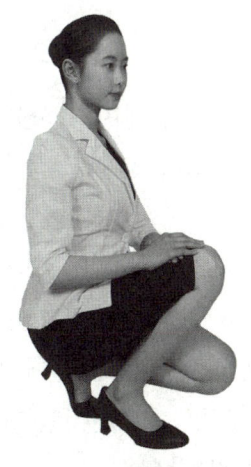

图 2-15　男士蹲姿　　　　图 2-16　女士蹲姿

拓展阅读

三种不良坐姿

1. 二郎腿跷出病

长期以持续不变的坐姿工作,特别是跷二郎腿工作,会给颈、背部造成持续的负荷,使背部肌肉、韧带长时间受到过度牵拉而受损,从而引起腰痛。此外,跷着二郎腿久坐,由于双腿互相挤压,还会妨碍腿部血液循环,久而久之,就会造成腿部静脉曲张,严重者会造成腿部血液回流不畅、青筋暴突、溃疡、静脉炎、出血或其他疾病。

2. 舒服坐姿未必好

并不是自己感到舒服的坐姿就是好坐姿。正确的坐姿应是下颌微收,上身挺直、收腹,下肢并拢。如有可能,应使膝关节略高出髋部。如坐在有靠背的椅子上,则应在上述姿势的基础上尽量将腰背紧贴椅背,这样腰骶部的肌肉不会疲劳。久坐之后,应活动一下,放松下肢肌肉。另外,腰椎间盘突出症患者不宜坐低于20厘米的矮凳,尽量坐有靠背的椅子,这样可以承担躯体的部分重量,减小腰背劳损的可能。

3. 不良坐姿引发颈椎病

颈椎病是颈椎退行性病变后,椎间盘松动,继而压迫神经根、脊髓或椎动脉而引起的病症。长期不良的坐姿或长久停留在电脑前,最容易造成颈项肌的疲劳,引起颈肩痛、颈肌痉挛,甚至出现头晕目眩的症状,久而久之,势必过早地出现颈椎退行性病变,导致颈椎病。

(资料来源:https://wap.ziyimall.com/zhishi/69553.html,有改动。)

课后训练

1. 站姿训练:每天利用10分钟,按照标准的站姿要求背靠墙训练,要求后脑勺、双肩、臀部、小腿及脚后跟都紧贴墙壁站立。也可以两人一组,背靠背站立训练,训练不同的站姿。

2. 走姿训练:走直线或顶书而行。要求眼睛平视前方、收腹、挺胸、面带微笑;练习背小包,拿文件夹、公文包,穿旗袍时的行走姿势。

3. 练习入座的姿势和几种不同的坐姿,入座时女生练习理裙的动作。

4. 在3天时间里,观察你周围的人,分析他们哪些举止符合礼仪要求,哪些不符合礼仪要求。记下给你印象最深刻的,在下次课中和全班同学分享。

实训二：手势及表情

实训情境

云南铜业总公司办公室秘书小刘今天下午 2:30 接到公司张经理电话，告知她明天上午 9:00 有一拟合作单位来客一行五人到公司考察，让小刘承担相关接待工作。张经理还安排小刘明天先带领客人到公司各部门看看，了解下工作情况，再带领客人到公司企业文化展厅进行参观，张经理上午在市政府开完会后，下午将赶回来与其具体商谈合作事宜。

实训目标

1. 能自然、大方、礼貌地运用手势语与人交流，进而展现个人及公司的良好形象。
2. 能够恰当地运用目光和微笑，塑造优雅、文明的礼仪形象。

实训任务及要求

1. 3～5 人为一组，讨论秘书人员在工作场合常用的手势有哪些，动作要领分别是什么。
2. 各组派代表进行手势展示，并说明该手势代表的含义。
3. 每人画一张"微笑的脸"。在组长的带领下说说"微笑的脸"具备了哪些特征。
4. 讨论微笑给他人和自己带来的好处。
5. 每组自选音乐，编排一套微笑操，并在班级内展示。

实训考核

1. 小组考核（表 2-11）。

表 2-11　实训任务完成情况考核表（学生用）

考核点	分值	评分人 1	评分人 2	评分人 3	平均分
积极参与并承担具体任务	3				
有团队协作意识，服从小组工作安排	3				
任务完成质量好、效率高	4				
合计	10				

2. 教师考核（表2-12）。

表2-12　实训任务完成情况考核表（教师用）

考核点	分值	得分	评语
按时完成任务	2		
团队分工合理，成员团结合作	4		
任务完成质量好、效率高，展示效果好	4		
合计	10		

理论要点

一、手势

手势是表达某种意思时用手所做的动作，在传递信息、表达意图和情感方面起着重要作用。恰当地运用手势可以增强表情达意的效果，并给人以感染力，加深印象。因此，秘书人员的手势运用要给人一种庄重含蓄、彬彬有礼、优雅自如的感觉。

（一）指示性手势

秘书人员在工作中为他人做介绍，给他人指引方向或请他人落座时，经常使用侧摆式手势。

规范的侧摆式手势是：将右手（左手）从体侧或体前轻轻抬起，掌心朝向侧前方，四指并拢，拇指略分开，指向目标方向。做此动作时，要使肘部有一定的弧度，这样会有柔和之感。右手或左手抬起的高度要视选定的目标位置而定。

在为他人做介绍时，手的高度要在对方胸和腰之间。在请他人落座时，将手指向椅子即可。在为他人指示方向时，手的高度视所指方向的高低而定。比如，引导客人上楼时，手臂要抬高一些；在走廊引导客人时，手和小臂的高度应该保持一致；使用侧摆式手势时，应上身侧向对方，面部朝向对方，目光凝视对方（图2-17）。

（二）递接物品手势

在递物、接物时，要用双手或用右手拿取物品（图2-18）。当秘书用双手递接文件时，对方会感受到秘书对自己的尊重。当双手不方便递物、接物时，可以只用右手，要避免只用左手。

图 2-17　指示性手势　　　　　　　图 2-18　递接物品手势

递物、接物时还要主动走向对方，不要站在原地，等着对方走过来。递物时，要争取递到对方手中，不要随便地放在桌上或其他地方；要将带有尖或刃的物品一端朝向自己。像钢笔、刀子等物品，如果将尖或刃的一端朝向对方，容易给人带来不良的心理暗示，使他人产生不愉快的心情。

（三）错误手势

手舞足蹈、指手画脚、指指点点都是不良姿态，有损秘书职业形象。另外，还应当避免手部不自觉的不雅动作，比如当众挠头皮、掏耳朵、抠鼻孔、剔牙、咬指甲等；为人指路时，切忌只伸一根指头；在开会时，不停地玩弄笔杆也会让别人觉得你缺乏自制力。

二、表情

表情是指喜怒哀乐等内心情感通过面部肌肉的运动在面部所呈现出来的神态。对秘书人员表情的总体要求为热情、友好、轻松、自然，主要体现为眼神和笑容两方面。

（一）眼神

在人际交往当中，"眼睛是心灵的窗户"，能够反映出人们内心世界的各种色彩。在工作场合，同样要注意目光的交流，如果缺乏目光交流、眼神游移，会让对方感觉"此人不可信"。坦然的、亲切的、有神的目光才能够营造出良好的交际氛围。

眼神注视的区域分为以下三种。

1. 公务注视区

公务注视区适用于洽谈公务的正式场合，如磋商、谈判等。注视时目光停留的区域在对方脸部，以双眼为底线，上到前额的三角区（上三角区）。谈话时注视对方这个区域会显得严肃、认真、有诚意，容易把握谈话的主动权和控制权。

2. 社交注视区

社交注视区适用于各种社交场合，如会见朋友、与熟悉的同事谈轻松的话题等。注视时目光停留的区域为对方双眼到唇心之间的三角区（中三角区）。谈话时注视对方这个区域会使对方感到轻松自在，营造出一种放松的社交气氛。

3. 亲密注视区

亲密注视区适用于恋人之间、夫妻之间的交流。注视时目光停留的区域为对方双眼到胸部之间（下三角区）。如果非亲密关系却注视亲密注视区域，对方会觉得受到冒犯甚至侮辱，这是很不礼貌的行为。

（二）笑容

笑容即人们在笑的时候所呈现出的面部表情。人类的笑多种多样，有微笑、欢笑、大笑、狂笑、苦笑、奸笑、狞笑、嘲笑等，其中微笑是最常见的、用途最广的、最美好的表情。在人际交往中，秘书人员保持微笑，既可以展现真诚友善、乐观积极的态度，又能够展现自立自信、乐业爱岗的敬业精神。

1. 正确运用微笑

（1）掌握好微笑的要领。微笑的基本要领是不发声、不露齿，肌肉放松，嘴角两端向上略微提起，面含笑意，使人如沐春风。

（2）注意整体的配合。微笑应当与仪表和举止相结合，以得体的着装、优雅的姿态，结合亲切、自然的微笑，才能展现出最佳的礼仪形象。

（3）微笑要发自内心。微笑要发自内心，发自肺腑，无任何做作之态，当一个人心情愉快、兴奋时，都会自然地流露出这种笑容。发自内心的微笑既是一个人自信、真诚、友善、愉快的心态表露，同时又能制造明朗而富有人情味的商务气氛。发自内心的真诚微笑应该做到笑到、口到、眼到、心到。

（4）微笑要适度。微笑很美，能给人以美的享受，但也不能随心所欲，随便乱笑，不加节制。

2. 微笑的训练

做法：端坐镜前，以轻松愉快的心情，调整呼吸，静心3秒，开始微笑。

第一步：嘴角微微上提，肌肉上提，眉向两端舒展。

第二步：借助一些字词进行口型训练。微笑的口型为闭唇或微启唇，两唇角微向上翘。可借助一些字词发音时的口型来进行训练。如普通话中的"茄子""切切""姐姐""钱等，默念这些字词时所形成的口型正好是微笑的最佳口型。

第三步：口眼结合。眼睛会"说话"，也会笑。眼睛的笑容，一是"眼形笑"，二是"眼神笑"，这也是可以练习的。取一张厚纸遮住眼睛下边部位，对着镜子，心里想着最使你高兴的情景，做出微笑的口型，感觉颧骨被拉向斜后上方。这时，你的眼睛便会露出自然的微笑。然后再放松面肌，嘴唇也恢复原样，可目光仍旧含笑脉脉，这是眼神在笑。学会用眼神与人交流，这样的微笑才会更真诚亲切。

第四步：笑与语言结合。微笑着说"您好""早上好""很高兴见到您"等礼貌用语。每个清晨起床后对着镜子来一个动人的微笑，念一句问候语，可作为一天的良好开端。

总之，不善微笑便不善社交，善意的、恰到好处的微笑，能使自己轻松自如，使别人心情愉悦。

> **相关链接**
>
> ### 趣味手势语
>
> 1. 翘大拇指。这个手势在中国表示"好"。英国人伸大拇指，向上翘，意为"It's good"或"It's OK"；伸大拇指，向下翘，意为"It's bad"或"I don't agree with it"。在日本，表示"男人""你的父亲""最高"；在韩国，还表示"首领""自己的父亲""部长"和"队长"；在澳大利亚、美国、墨西哥、荷兰等国，则表示"祈祷命运"；到了法国、印度，拦路搭车时可以使用这一手势；在尼日利亚，它又表示对远方亲人的问候。此外，一些国家还用这一手势指责对方"胡扯"。
>
> 2. 伸出食指和中指做"V"字状。在英国、法国、捷克等国，此手势含有"胜利"之意；在塞尔维亚，这一手势代表"英雄气概"；在荷兰，则代表"自由"。
>
> 3. 食指弯曲。这一手势在中国表示"9"；在日本表示小偷；在泰国、新加坡、马来西亚表示死亡；在墨西哥则表示钱或询问价格及数量的多少。
>
> 4. 伸出小指。在日本表示女人、女孩子、恋人；在韩国表示妻子、女朋友；在菲律宾表示小个子、年轻或示意对方是小人物；在泰国、沙特阿拉伯表示朋友；在缅甸、印度表示要去厕所；在英国表示懦弱的男人；在美国、韩国、尼日利亚还可以表示打赌。
>
> （资料来源：https://zhidao.baidu.com/question/567405268.html，有改动。）

课后训练

1. 手势练习：对着镜子练习，把镜子里的自己作为引导对象，练习不同高度的手位，注意配合姿态和语言一起练习。

2. 凝视练习：训练眼神的专注度，看着1米内的目标数10秒且不眨眼，训练一周以上。

3. 微笑练习：把笑肌往上提，做微笑表情，训练一周，眼睛含笑看着别人，把你的亲切、热情等情绪都含在眼里。

项目三　秘书办事能力

秘书工作的主要内容可以概括为辅助管理和综合服务，具体包括日常程式化工作、临时交办工作和辅助参谋工作。秘书部门是综合性的办事机构，有人将"办文、办会、办事"称为秘书的三大任务。其中"办事"的工作内容最杂、涉及面最广、最为繁琐，也最消耗时间和精力。因此能否将这些看似平凡的琐事处理妥当，成为整个工作单位正常、有序运转的关键，也是衡量一名秘书是否称职的重要指标。

办事工作内容可以分为三类：信息工作、技术工作和日常行政事务工作。其中信息工作主要是对信息的处理，包括调研、分析、整理、资料摘编、收集保管等；技术工作主要指机要工作、办公设备设施的操作使用和日常维护工作；日常行政事务工作指值班、接待、印章管理、财务管理、后勤管理、环境管理、对外联络等工作。

本项目主要训练秘书日常行政事务工作，包括：办公室布置、客人接待、电话接打、日程安排、印信管理、值班工作、邮件管理、办公用品管理和突发事件处理。从实际的情境出发，以具体的工作任务为指引，通过团队协作的方式完成工作任务，并就工作的成效进行分析总结。

任务一　办公室布置

实训情境

X公司是一家主要经营儿童玩具的电子商务公司，公司因为业务拓展，新近租下了某小区1楼的一个3室1厅的套房作为办公室。租屋的装修风格简单，租客不能对其结构进行改动。请根据所给图纸和公司信息综合考虑，为公司的8位员工安排办公位置，并就如何布置办公室提出一个详细的方案，并充分解释原因。

员工与职责分工：总经理 1 人，秘书（兼发货）1 人，财务 2 人，进货 1 人，发货 1 人，客户服务 2 人。

主要家具和设备清单见表 3-1。

表 3-1 家具和设备清单

序号	家具/设备	数量	型号尺寸
1	屏风卡座	8	
2	员工升降椅	8	
3	文件柜	4	
4	组合沙发茶几	2	每组含"4+1+1"沙发和一个长方形茶几
5	写字白板	1	
6	茶水柜	1	
7	吧台	1	1.8 米 ×0.6 米
8	吧椅	4	
9	圆桌	1	直径 1 米
10	休闲椅	4	
11	展示架	3	2 米 ×1.2 米 ×0.4 米
12	展示柜	3	2 米 ×1 米 ×0.4 米
13	大班台	1	2 米 ×1 米
14	班前椅	1	
15	功夫茶台	1	1.4 米 ×1 米
16	会议桌	1	4 米 ×1 米
17	办公椅	8	

房屋平面图如图 3-1 所示。

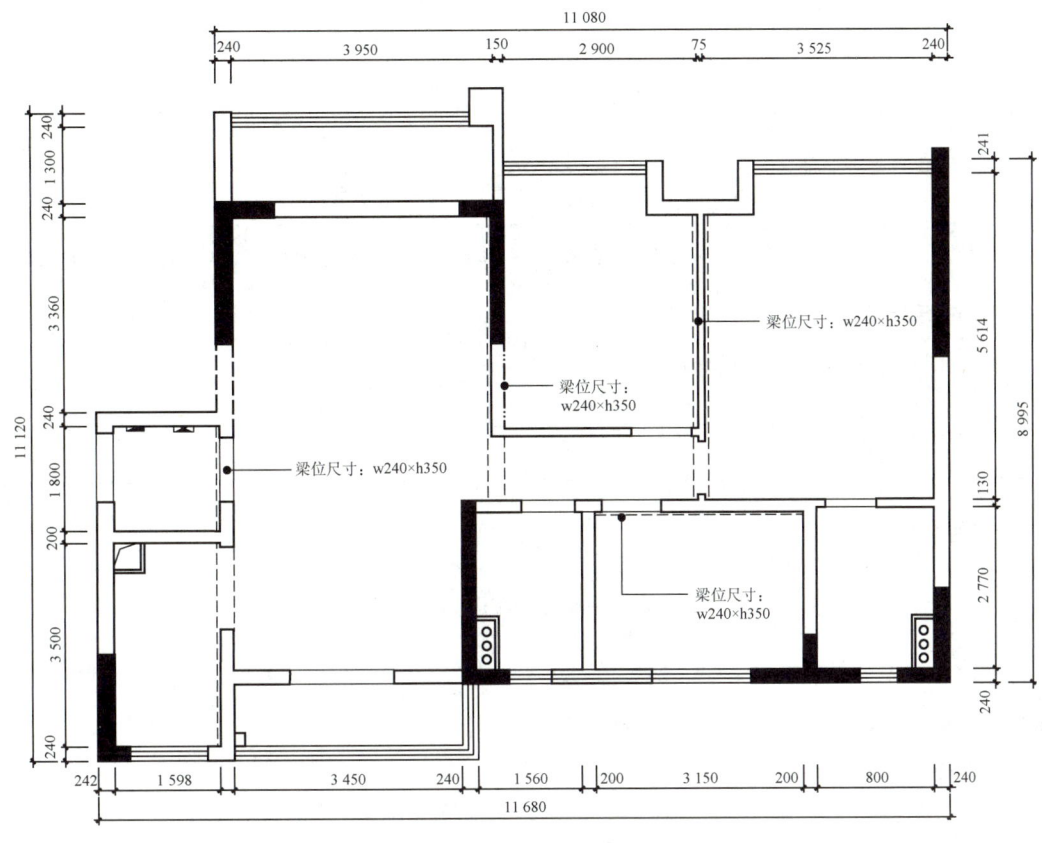

图 3-1 房屋平面图

实训目标

了解办公室布置需要注意的要素以及应该遵循的原则与步骤，从而合理安排布置办公室环境，以达到最优工作效果。

实训任务及要求

1. 分析所给的公司信息，包括公司性质、人员、职位、部门，根据这些信息大体划分出人员的位置安排。

2. 综合考虑影响办公室环境的客观要素（如面积、户型布局等）以及主观因素（公司特性、领导喜好、员工年龄和性别等），合理安排办公家具和办公设备的位置，如必要可添加一部分家具和设备。

3. 可以利用各种软件或者手绘方式绘制效果图，并制作演示文稿充分阐述办公室布置思路和理由，在课堂上进行交流。

4. 学生分组完成该任务，4～5 人一组，要求小组成员分工明确，集思广益。

实训考核

1. 小组考核（表3-2）。

表3-2　实训任务完成情况考核表（学生用）

考核点	分值	评分人1	评分人2	评分人3	平均分
积极参与并承担具体任务	3				
有团队协作意识，服从小组工作安排	3				
任务完成质量好、效率高	4				
合计	10				

2. 教师考核（表3-3）。

表3-3　实训任务完成情况考核表（教师用）

考核点	分值	得分	评语
对所给条件分析深入透彻，注意到关键要素	3		
灵活、准确地完成办公室布置，同时还提供独到的视角和创意	3		
完整呈现小组任务的成果，并能够清楚阐述思路和理由	3		
小组分工合理，团队精神充分展现	1		
合计	10		

理论要点

办公室环境包括物质环境和人文环境。物质环境是指办公室区位、装修和布置等物质因素。同样的办公室可能因为不同的布置而对工作效果产生不同的影响，可以说，办公室的布置和安排体现着办公室管理的水平；而人文环境则是指办公室的氛围、文化等主观因素，从办公室的人文环境可以感知一个单位的工作作风和工作风格。在布置办公室时，物质环境和人文环境两种因素都必须予以充分考虑。

一、办公室物质环境

（一）光线

充足的光线是办公室环境的重要因素之一。办公室的光线应使工作人员易视且不易疲劳。办公室光线的来源包括自然光、日光灯及白炽灯。自然光有益于身心健康,但早晚光线不一,因此需有人造光弥补光线不足。日光灯能提供大量的照明,最适宜办公室布置。

(二)颜色

颜色会影响人类的情绪、意识及思维。黄色、橙色与红色等暖色令人感到温暖与愉快。反之,蓝色、紫色与绿色等冷色令人感到平静。浅黄色、灰褐色与象牙色等淡色令人有适度兴奋之感。目前办公室的颜色趋向于单色化,即地板、墙与窗帘的颜色要调和,然后再加上一种较鲜亮的颜色。天花板的颜色以白色为最佳;地板的颜色宜采用棕色,较不易污染;桌面的颜色则宜浅。

(三)空气

空气调节即控制办公室中空气的温度、流通、湿度与清洁四个基本因素。办公室理想的相对湿度是40%~60%。如果相对湿度是20%,则办公室的空气太干燥;如果相对湿度是70%,则空气太潮湿。空气流通方面,如果缺乏适当的通风,则令人感到昏昏沉沉与疲劳。正常的通风标准是每人每小时约需2 000立方米的空气。

(四)声音

一个效率高的办公室,应注意声音的调节,尽可能减少或消除噪声的来源,防止噪声,力求办公室的安静。具体做法有在键盘与计算机底下置软垫,并在其余的设备底下置橡皮垫;在档案柜、门、桌子、椅子的零件上,涂上一些润滑剂;职员应为别人着想,减少不必要的谈话,养成相互低谈的习惯;把办公室与声源隔离,将所有发出声响的设备与机器置于一个单独的房间,若不可能时,将主要的声源设备与机器集中于一处;按照工作流程布置座位,以减少往返走动之声;接待来宾时,宜专设会客室,以免谈话影响办公。

二、办公室布置方法

(一)办公室选择

通常情况下,采用一大间办公室,比采用若干小办公室更优。使用同样大小的桌子可增进美观,并促进职员的相互平等感。使同一区域的档案柜与其他柜子的高度一致,可以增进美观。

(二)办公室布置

采用直线对称式的布置,避免不对称、弯曲与成角度的排列。员工位置应随工作流程形成直线,避免流程倒退、交叉与不必要的文书移动。相关的部门应置于相邻的地点,并使性质相同的工作便于联系。

将通常有许多外宾来访的部门置于入口处,若不可能时,应规定来客须知,使来客不干扰其他部门。将自动售货机、公告板等置于不易分散职员注意力及造成拥挤之处。将需要使用嘈杂设备与器械的部门设于隔音较好处,以避免干扰其他部门。常用的设备与档案应置于使用者附近,切勿将所有的档案置于死墙之处。

自然光应来自桌子的左上方或斜后上方。勿使职员面对窗户、太靠近热源或坐在通风线上。可采用屏风当墙,因其易于架设,且能随意重排。可采用平滑或不透明的玻璃屏风,以提供良好的光线及通风环境。

装设充足的电插座,供办公室设备与器械之用。空间足够时,应设休息处,作为职员工作之余休息、自由交谈及用餐之所。

(三)办公人员安排

主管的座位应位于部属座位的后方,使主管易于观察办公室发生的事情。

> **拓展阅读**
>
> **如何营造一个舒适的办公环境**
>
> 现在越来越多的办公室开始注重空间的功能性和实用性,那些办公空间里的常见设计,其实隐藏着设计师的很多设计创意。要营造一个舒适的办公环境,除了要考虑办公功能之外,还应该考虑办公环境的采光、办公空间的规划和办公家具的选择。
>
> 1. 办公环境的采光
>
> 在室内设计中,采光是一大关键要素,一个良好的照明设计可以让办公室的工作环境变得明亮,让员工保持精神饱满,而改善办公室的采光条件,可以从窗户以及光源这两方面入手。
>
> ① 尽量把窗户安排在朝南面的位置,这样可以直接快速地改善室内的采光问题。窗户是采光的关键,既要保持一定的自然光照射,又要避免强烈阳光从窗户照射进

来对办公人员造成不适甚至伤害。

② 窗户的大小也要适当，窗太小无法充分地将阳光引入室内，光照不足的同时还会给人带来压抑感；而窗太大会让人感到刺眼，给办公人员带来不适。在办公工位与窗户之间要留有一定的间隔距离，或者安装上有一定遮光效果的窗帘。

③ 将灯具反向安装，对于离窗户比较远的办公区域来说，可以通过光线的反射原理来增强办公环境的亮度，让光线被天花板反射到过道和办公区域，不仅增加了室内的采光，也不会很刺眼。

④ 可以选择白炽灯作为办公区域的主要光源，再根据办公区域的需求安置其他类型的灯具。太强的灯光容易让人产生压力和紧张感，而白炽灯以均匀柔和的光线为主，给人一种温馨、舒适的感觉。

⑤ 统一灯具间距，营造更加均匀舒适的办公室照明环境，让员工可以更加专注地工作。

2. 办公空间的规划

合理的办公空间规划能让工作体验更加舒适。应根据职能的需求科学划分办公区域，注意区域之间的联动性与独立性间的平衡，保证不同区域之间进行适当交流的同时不会互相干扰。

① 可以利用玻璃隔断增加空间的通透性，保证一定的私密空间，使空间并不完全封闭又同时具有一定的流动性。

② 在办公空间适当摆放绿植，可以让室内环境更有生气、净化空气、缓和紧张的办公氛围，起到舒缓办公人员持续工作带来的疲劳的作用。

③ 办公家具和不同职能的工作区域之间要留有一定活动空间，占地面积最好不要超过办公室室内面积的1/2，保证工作人员之间没有干扰，才能更高效地工作。

④ 办公区域之外的休闲区应该尽量表现出空间的多样性和灵活性。作为员工在紧张的工作之余的休息放松区域，休闲区常常也是接待来访人员的场所之一，有着展示企业形象的重要作用，使用适当的休闲色彩装饰，可以打造更加轻松自然的氛围。

3. 办公家具的选择

在办公室的装修设计中，办公家具起着十分重要的作用，一个让员工感觉到舒适的办公空间离不开合适的办公家具。

① 办公家具在整体上要与企业形象、办公室空间的风格保持一致，以公司的代

表性色彩选择办公家具，可以打造更具企业特色的办公空间。

②办公家具的选择除了要考虑舒适度之外，还要注重办公家具的功能性，如办公桌椅的尺寸、高低等都要满足员工的实际需求。要根据空间面积、用途、人体工程学等因素去挑选合适的办公桌椅。只有座椅的高度和宽度与空间之间的比例恰当，办公才能更舒适。而符合人体工程学的升降桌、办公椅等办公家具是根据人体运动规律设计，可以减少办公久坐导致的腰酸背痛等问题。选择符合人体工程学的办公桌椅时，首先要注意是否能够调节高度、角度和前后距离等参数，是否有腰托、头枕等配置，这样才能让员工在长时间工作中有一定的舒适度，从而缓解身体的疲劳感。

办公室是员工一天的活动场所，规划好明确的办公区域可以打造一个高效的办公环境。在进行办公空间设计时，从办公空间的采光设计、空间规划、办公家具三个环节出发，能打造一个既能体现公司文化，又具备功能性的实用办公空间，营造出舒适干练的办公环境。

（资料来源：https://www.zhihu.com/question/563929436，有改动。）

课后训练

1. 如果实训情境中的 X 公司因为业务发展新招聘了 1 名客户服务人员，那么应该如何安排新员工的位置？在第一次安排办公室时是否为这样的变化预留了改变的空间和可能？

2. 如果该公司不是一个电子商务公司，而是一个广告公司，那么在现有人员数量不变（职责相应改变）的情况下，办公室布置应该有哪些改变？为什么？

任务二　接待客人

实训情境

小张是某政府办事机构的办公室秘书。某日办公室领导在会议室开会，先后来了三位访客：一位是提前预约过的兄弟单位办事人员；一位自称是领导的朋友；还有一位推销人员。请在小组中用角色扮演的方式模拟情境，演练对三位访客分别接待。

实训目标

掌握秘书日常接待工作的类型、原则和具体要求。通过得体、礼貌的接待展现良好的个人素质和能力,做好单位窗口性工作。

实训任务及要求

1. 学生分组完成该任务,4~5人一组。在理论学习后进行小组讨论,对三位访客的类型进行区分,并明确相应的接待方法。

2. 在小组内分工,组员分别扮演秘书、访客、领导和其他工作人员的角色,按照讨论的方法进行情境模拟。

3. 通过课堂上的交流,观察总结其他小组的表现有哪些亮点和不足。

实训考核

1. 小组考核(表3-4)。

表3-4 实训任务完成情况考核表(学生用)

考核点	分值	评分人1	评分人2	评分人3	平均分
积极参与并承担具体任务	3				
有团队协作意识,服从小组工作安排	3				
任务完成质量好、效率高	4				
合计	10				

2. 教师考核(表3-5)。

表3-5 实训任务完成情况考核表(教师用)

考核点	分值	得分	评语
对所给条件分析深入透彻,注意到关键要素	3		
完整呈现小组任务的成果,并能够清楚阐述思路和理由	4		
充分关注其他小组表现,能够取长补短	2		
小组分工合理,团队精神充分展现	1		
合计	10		

> 理论要点

接待工作是指组织在对内、对外的联络交往中所进行的接洽招待工作。大单位一般设有专门的接待部门，而中小单位则多由办公室组织安排。接待工作联络内外、承上启下、沟通左右，可以说，接待水平的高低不仅仅是衡量一名秘书职业素质的标准，也是一个单位工作作风和外在形象的展现。

一、接待工作的类型

按来客地域分，可分为内宾接待和外宾接待；按来客人数分，可分为个别接待和团体接待；按是否预约分，可分为有约接待和无约接待；按接待规格分，可分为日常一般性接待和高规格接待；按接待性质分，可分为官方接待、公务接待、民间接待和私人接待；按来客目的分，可分为工作联系、业务往来、上级检查、参观、访问等。

由于本书在秘书商务活动组织能力项目中还会专门讲述涉及商务活动接待的内容，因此本项目主要针对的是日常一般性接待工作。

特别需要明确的是有约接待和无约接待中需要注意的一些细节。

对于有约接待，秘书应该提前做好准备工作，包括提醒领导、布置场地等，必要时还应该与对方核对行程，确保约见顺利进行；若遇特殊情况，如访客提前抵达或者领导临时有事需要外出等，应当灵活处理，在与访客充分沟通的基础上，根据实际情况采取相应对策。

对于无约接待，秘书一定要有效甄别，过滤一些访客，避免浪费领导的时间。无约接待的第一个任务是了解访客的到访目的和意图，在征求领导意见后，做出最适宜的安排，让领导见到需要见的访客，婉拒领导不想见的访客，或者在不需要领导出面的情况下，将访客引导到其他部门。应该特别注意的是，就算面对领导不想见的不速之客，秘书在应对过程中也要注意礼貌言行，不能让对方感到不适。

二、接待工作的原则

（一）热情周到、适度有礼

接待工作中要充分展现热情和礼貌，注意接待客人时的礼仪应合乎规范。同时也要把握好度，即一切与办事无关的言谈都是多余的，切忌过分热情、做作。

（二）一视同仁、不卑不亢

不管来访人员属于哪一类，访客的目的是什么，接待者都应当一视同仁、以礼相待，做到不卑不亢、礼貌尊重。

（三）照章办事、认真负责

对于到访人员应该第一时间弄清来意，并为其提供相应的帮助和引导，或通知有关部门人员接洽，或征求领导意见。

（四）注意安全、保守秘密

日常接待中应该注意人身安全和财务安全，同时提高保密意识，严守国家和单位的机密。

> **相关链接**
>
> **接待工作的注意事项**
>
> 引导客人时应该注意：首先，将自己办公桌上的文书档案、物品等收拾妥当再离开，提高保密意识，若电脑在工作状态，应切换至有密码保护的休眠状态；其次，在引导过程中，应该走在客人左前方位置；搭乘电梯时先进后出；进出门时主动为客人开门。
>
> 引见客人时应该注意：首先，要站立介绍，尽量不背对任何一位；其次，注意引见的顺序是主客关系中先介绍主人，年龄身份上先介绍年轻的或者是地位相对低的，先将男性介绍给女性；介绍的内容简单明了，提供关键信息即可，不必过分渲染；介绍过程中配合手部动作，手臂向被介绍者微微伸出，手心朝上，用整个手掌而不要用手指指向对方。
>
> 使用名片时应该注意：要提前准备好名片，而不是在访客面前手忙脚乱地四处翻找；递交名片时要用双手或者右手，名片的正面朝向接受者，正视对方，面带微笑；接受名片时要用双手，接过名片后要认真看一下名片的内容以示尊重；若在交换名片的过程中发现自己遗忘或者是用完了名片，应向对方道歉，并主动自我介绍。在高度信息化的今天，电子名片、数字名片也越来越常见。需要注意的是，在工作场景下使用电子名片仍应该遵守相应礼节，如应在征得对方同意后向指定账号发送名片，不滥用别人发送的电子名片，未经许可不擅自转发或公开别人的电子名片等。

课后训练

1. 在你所看过的中外影视剧中找一个秘书接待客人的场景，记录并分析那个场景属于哪一个接待类型，并结合所学内容点评剧中人物的表现如何。

2. 请小组成员通过头脑风暴的方式想一想在接待工作中可能会出现哪些意想不到的情况，并讨论最适合的应对策略。

任务三　接打电话

实训情境

小王新近被安排到某社区办事处担任秘书工作，办事处之前并未建立完善的办公室管理制度和规则，为了让工作更加规范，小王决定先制作一个电话接打记录本，用于记录和追踪办事处通过电话处理的各项事务。

请你根据所学知识，帮助小王设计制作一个电话接打记录本，并模拟情境在记录本上记录拨打和接听的电话记录各 3 条。

实训目标

1. 掌握日常工作中接听与拨打电话的基本程序和要求。
2. 提升语言表达能力，做到得体、大方、合宜。

实训任务及要求

1. 学习、讨论电话接打记录本的设计方法。
2. 制作电话接打记录本。
3. 模拟情境填写电话记录，并挑选其中 2 条记录在课堂上分享。
4. 学生分组完成该任务，4～5 人一组。

实训考核

1. 小组考核（表 3-6）。

表 3-6　实训任务完成情况考核表（学生用）

考核点	分值	评分人1	评分人2	评分人3	平均分
积极参与并承担具体任务	3				
有团队协作意识，服从小组工作安排	3				
任务完成质量好、效率高	4				
合计	10				

2. 教师考核（表 3-7）。

表 3-7　实训任务完成情况考核表（教师用）

考核点	分值	得分	评语
对所给条件分析深入透彻，注意到关键要素	3		
完整呈现小组任务的成果，并能够清楚阐述思路和理由	4		
充分关注其他小组表现，能够取长补短	2		
小组分工合理，团队精神充分展现	1		
合计	10		

> **理论要点**

接打电话是秘书工作中最日常也最频繁的内容之一，它能反映秘书人员最基本的职业素质和沟通能力。

一、接打电话的准备工作

无论是接听还是拨打电话，都应该有一定的准备。纸和笔应该放在最便于拿取的地方，以备随时记录使用。另外，应将常用的办公室电话号码制成表格贴在方便查阅的地方。

二、接听电话

接听电话的最佳时机是铃响两三声后，让对方既不会感觉突兀，也不会感到被怠慢；如果不能及时接听，则应该在拿起听筒后先道歉："对不起，让您久等了。"

接听电话时，应该首先自报家门："您好，××公司××部门。"避免直接说"喂"，给人不礼貌的印象。

通话中应询问对方姓名、单位名称,并尽快确定通话目的。

当对方要找的人不在时,可以询问是否需要留言。未授权的情况下不要说出指定受话人的行踪。

对于数字、日期、时间等重要但容易出错的信息,应通过复述的方式确认以免出错。没有听清楚的内容,应礼貌地请对方复述。

若通话中有客人来访,原则上应先招待来访客人。此时应尽快和通话方致歉,得到许可后挂断电话。若通话内容很重要而不能马上挂断,应请访客稍等,然后继续通话。

结束通话时要轻放听筒,一般要等对方先挂断。

接听误拨的电话也要客气礼貌。

三、拨打电话

拨打电话时,应该先确定对方的姓名、身份等基本信息,并提前写好要点和注意事项,以免错漏,提高工作效率。电话中可能涉及的具体问题的资料应该提前准备,预估可能出现的问题,提前思考应对方法。

电话接通后要先自报家门,指明通话对象,简明扼要地阐述通话目的。若通话内容较复杂或者敏感,可能花费较多时间,应在交谈开始前先询问对方是否有时间,或者是否方便谈论此事。

尽量考虑在合适的时间拨打电话,避免非工作时间打扰。拨打国际长途电话要考虑时差因素。

如果拨错电话应该礼貌道歉。

四、接打电话的礼仪

控制音量,语气柔和亲切,语速适中。多使用"请""麻烦""谢谢"等礼貌用语。过程中应集中精力,尽量避免因为走神散漫而让对方反复重复所讲内容。对不礼貌和非善意的来电也应做到礼貌克制和机敏大度。

五、做好电话记录

电话记录是工作内容追踪的重要依据,清楚详尽的电话记录对提高工作效率有很大帮助,因此无论拨打还是接听电话都应该留下记录。记录的核心内容应该包括时间、人物、内容以及处理方法等。接听电话的过程中,应该使用速记的方法记录要点,挂断电话后再用一点时间整理誊写到相应的本册或者表格中,以便后续跟踪查验。

相关链接

妥善处理找领导的电话

对于直接要求找领导接听的电话,不能随意处理。应该在明确对方身份和目的后,根据具体情况采取相应对策。

若领导有空并愿意接听电话,则将电话转给领导,转接完成后立即挂断电话;若领导不在,无法接听,则应向对方说明原因并询问是别人代接、留言还是稍后重拨;若领导在会议或待客中无暇接听,应婉转说明,若对方确有急事,可以将内容写在便条纸上交给领导,由领导决定是否接听。若领导不愿意接听,则要委婉有技巧地回绝。

学习过滤电话

过滤电话信息是秘书的一项非常重要的日常工作。部分领导会让秘书先过滤电话,把一部分不想接或没必要接的电话先行代为处理,只有非得由领导亲自处理的重要事情才转接,这样既能使时间得到合理的管理又能提高工作的效率。

若秘书能够了解自己的领导,对其人际交往范围、思维方式、工作方法和价值观念有一定把握,一般就能判断自己应该过滤哪些电话,以及用什么方法过滤。若遇到没有把握的情况也不能擅自作决定,应尽量征求领导意见。

课后训练

找时间到父母、亲戚、朋友或者老师的办公室去"实习"一天,观察记录别人如何接打电话,总结经验,结合自己的所学知识进行分析,并写一篇观察日志。

任务四　日程安排

实训情境

进入大学后,设立学习目标、规划学习生涯是十分重要的一件事。"种一棵树最好的时间是十年前,其次是现在。"因此,既要做好计划,又要做好眼前事,充实地过好每一天。请为自己设计一份周学习计划表和一日的学习计划表。

实训目标

1. 掌握日程安排的原则和方法。
2. 学会利用时间管理的理论和方法进行日程安排,养成有计划、不拖延的好习惯。

实训任务及要求

1. 为自己的学习生活制订一份详尽的日程安排。
2. 与同学老师交流,取长补短,对自己的日程安排进行调整。
3. 在熟悉日程安排方法后尝试为别人安排日程,过程中保持联系沟通以应变。
4. 学生独立完成该任务,由教师进行考核。

实训考核

实训任务完成情况考核表见表3-8。

表3-8 实训任务完成情况考核表

考核点	分值	得分	评语
对日程安排的原则和方法有全面掌握	3		
能够通过学习优化改进	2		
能够积极沟通,灵活应变,针对不同对象进行日程安排	4		
独立完成任务,有创新	1		
合计	10		

理论要点

日程安排是一种十分有效的时间管理和任务进程管理方法,一般秘书工作中的日程安排通常是指为领导就其工作内容按时间顺序作出合理的计划。好的计划可以大大地提高工作效率和效果,体现秘书的工作水平。然而在现实工作中,并不是每一位领导都习惯于秘书为其安排工作日程,是否由秘书安排,或者由秘书安排到什么样的程度完全取决于领导的风格习惯和对秘书的信任程度。但无论现实情况如何,要成为一名合格的秘书,掌握日程安排的基本原则和方法是十分必要的。并且退一步说,秘书要首先将自己的日程安排好才有可能为领导进行高效的日程安排。需要提醒的是,日程安排和时间管理的效果来自日积月累的练习。日程安排没有一成不变的方式,而是贵在坚持,贵在不断总结,摸索出最适合实际情况和个人特点的方式和方法。

一、日程安排的原则

第一,明确优先级。在处理事务时注意梳理和排序,分清轻重缓急,酌情安排处理。日程安排要层次和重点分明,时间线索清楚。

第二,要有全局观念。在安排日程时应该将整个单位的工作计划和工作重点列入考虑,不能只从个人的角度出发思考问题。

第三,灵活机动,保持良好沟通。日程安排必须考虑到随时可能发生的变化,为这些变化留有余地和更改的空间。在日程安排过程中,与领导保持良好沟通,确保每一项变更都获得认可。

第四,要尽提醒和督促的义务。在日程制订好后,一定要有切实的行动确保所安排的事项获得实施,这就需要秘书及时提醒和督促。

第五,善用各种工具提高日程安排的效率和效果。日程本、便条纸、各式手机 App 等都是日程安排的工具,应该妥善运用这些工具,使其发挥最大作用。

二、日程安排的方法

(1)首先要根据本单位的年度工作任务安排,将需要完成的重要工作内容罗列出来,列出任务进度的时间节点。根据年度工作计划在每月月底为下月做月度计划。

(2)周计划和日计划是日程安排中最重要的内容,制订周(日)计划表可以利用日程本,也可以根据具体的使用习惯自己制作。但必须要有的要素是任务列表、每日安排(包括时间、地点、人物等)、任务完成度检查、备注项目等。在安排日程时,应该充分考虑不可预见因素,不能将每日日程安排得太满,留出一些空白和弹性的时间以便更改。

(3)日程安排的全过程都应该与领导进行充分的交流和沟通,所有安排都要征得领导同意。当然在安排时应该综合考虑领导的习惯、风格和身体状况。

(4)计划制订好之后要复制一份,两份日程安排领导和秘书各拿一份,以便秘书能及时调整。每周与领导确认一次周日程安排,每日早晨确认一次当日日程安排。

(5)所安排的日程秘书应该确保落实,例如会议、约见等应该提前一两天落实时间、地点等,所需文件资料、设备、外出用车等均要提前确认可用。

(6)如遇日程安排的变更和调整,应该在坚持原则的基础上灵活应变,及时就变更和调整所带来的一系列连锁反应作出安排与应对。例如,要及时通知相关人员变更情况,并作说明和解释;日程取消后及时与领导商量安排新的日程,以免浪费时间。

> **相关链接**

时间管理的"四象限法则"

秘书在日程安排中可以参考时间管理的"四象限法则",用一张简单的表将事务一目了然地列出,这非常有助于秘书在忙乱的工作中理清头绪,区分重点,合理安排时间。

著名管理学家史蒂芬·科维(Stephen R. Covey)提出了一个时间管理的理论,把工作按照重要和紧急两个不同的维度进行划分,可以分为四个"象限":既紧急又重要、重要但不紧急、紧急但不重要、既不紧急也不重要。这就是关于时间管理的"四象限法则"(图3-2)。这四个象限的划分有利于我们对时间进行有效的管理。

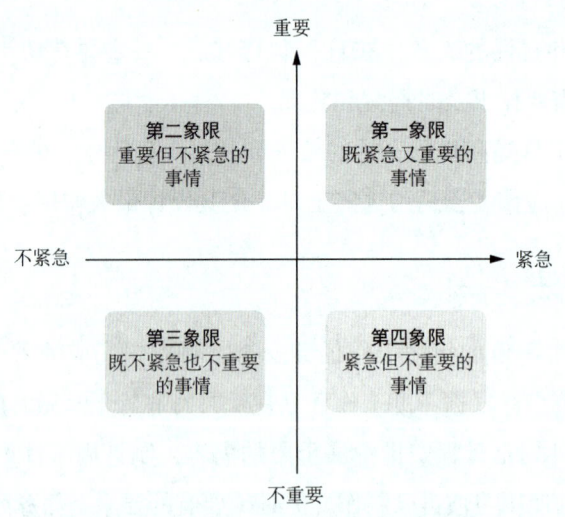

图3-2 时间管理的"四象限法则"

第一象限:既紧急又重要的事。通常由于缺乏计划性,导致很多事情由第二象限转化过来,忙于处理这类事情会使人陷入非常被动的状态。

第二象限:重要但不紧急的事。如果对这个象限的事置之不理,会使第一象限的内容无限扩大,因此应该将更多时间用在处理这个象限的事项中。成功者往往在第二象限上投入最多的时间精力,从而保持从容不迫的工作状态。

第三象限:既不紧急也不重要的事。这个部分的事可以说是浪费时间,原则是不做或者少做。

第四象限:紧急但不重要的事。可能是一些例行任务,并不会带来很高回报,但如果不处理会带来麻烦。

课后训练

1. 为自己设计或购置一本日程本，坚持至少一个学期做好自己的日程安排。
2. 阅读1~2本关于时间管理的书籍。

任务五　印信管理

实训情境

情境一：

老王是某中学校办公室的秘书，领导指定他专门负责印章管理。一天老王的太太突然早产，老王急忙从单位赶到医院去，慌忙中想起印章还放在办公桌上，此时老王应该怎么做才符合印章管理的规范呢？

情境二：

如果是你在老王请假期间接管了印章管理工作，请就下面三种情况作出应对：（1）学校的张丽老师因为办理信用卡，需要出具收入证明，前来盖章。（2）小刘同学要到国外交换学习，需要出具中英文双语的成绩单，前来盖章。（3）学校的轮滑社团欲申请学校体育馆场地，前来盖章。

实训目标

了解印信管理工作的重要性和内容，掌握印信管理工作的原则和重点。

实训任务及要求

1. 学习印章管理的相关要求，提出遇到情境一的问题时正确合理的解决方案。
2. 学习印章使用的要求，就情境二的情况进行综合分析讨论，掌握印章使用的原则和注意事项。
3. 熟悉印章使用登记的要求，学会制作印章使用登记表。
4. 学生分组完成该任务，4~5人一组。

实训考核

1. 小组考核（表3-9）。

表3-9 实训任务完成情况考核表（学生用）

考核点	分值	评分人1	评分人2	评分人3	平均分
积极参与并承担具体任务	3				
有团队协作意识，服从小组工作安排	3				
任务完成质量好、效率高	4				
合计	10				

2. 教师考核（表3-10）。

表3-10 实训任务完成情况考核表（教师用）

考核点	分值	评分	评语
对所给条件分析深入透彻，注意到关键要素	3		
完整呈现小组任务的成果，并能够清楚阐述思路和理由	4		
充分关注其他小组表现，能够取长补短	2		
小组分工合理，团队精神充分展现	1		
合计	10		

理论要点

印信工作指的是印章管理、使用工作。《说文解字》中对"印"字的解释是"印，执政所持信也"。此后"印信"一词在我国古代就泛指各种图章。现代印章主要分为公章和私章。印章的作用十分重要，它是公文生效的标志，是一个单位法定权威的代表，也是对外联络的重要凭证。印信管理是秘书日常工作的职责所在，由于关系重大，秘书对这项工作应该引起高度重视。

有部分教材资料也将介绍信的管理纳入这个部分，这可能是由于对"印信"一词的理解存在偏差，且介绍信开具和使用的原则与印章管理和使用的原则是一致的。然而介绍信的写作一般有统一规格，因此本书的印信工作所涉及的内容以印章管理为主。

一、印章的刻制

凡机关单位的公务印章，一律不得私自刻制。刻制印章必须遵循相关的规定，一般先由本单位法人申请，经主管部门批准，公安部门登记、核准后，到持有公安部门颁发的特种行业营业执照的刻字单位刻制，绝不允许在私人摊贩处刻制。

印章的形制、尺寸、图案、文字等都有具体的要求。党政机关和企事业单位的印章通常为圆形；印章尺寸按照国务院规定各级单位亦有不同，如市县级机关印章直径为4.5厘米，一般部门、企事业单位为4.2厘米；印文使用宋体简化字，自左向右环形排列；国徽、党徽的使用也有严格规定。

启用新印章，须经上级部门批准并正式发出启用通知，如存在用新印章取代旧印章的情况，则要将旧印章同时作废，并交由制发机关处理。对外生效的印章，在启用前要将启用时间和印章式样通知有关单位。

二、印章的保管

印章应指定专人进行保管。保管人应有较强的原则性，对政策有较多的了解，能够保守秘密，对印章的正常使用，防止丢失、被盗或滥用负有责任。印章应存放于安全处，随时上锁，不能图方便随意放置于桌面。保管人不经主要领导批准不能将印章借给他人，或者交由其他人代管，也不能未经允许携带印章外出。如遇外出，应及时报请上级指定专人代管。如印章丢失或者被盗，应及时向上级报告，并在公安部门报失、登记，有的还需要公开声明作废。

三、印章的使用

使用前，首先要按照使用规定，检查需要盖章的材料是否经过相应的领导批准、授权，然后检查材料的文字内容、格式是否准确无误。如材料内容有较大改动或有疑问，应该及时向相关人员询问、核实后再盖章。对于涉及权利、义务关系的文件材料更要谨慎对待。

使用印章一定要建立严格的登记制度，设置专用本册对用印时间、单位（部门）、用印人、批准人、用印目的、盖印文件的主要内容及份数等信息进行详细登记。这样可使印章的使用有迹可循，有案可查，做到规范管理。

盖章这个动作虽然看起来简单，然而要做好还是需要用一丝不苟的态度来对待。盖章的时候应该认真、细致，先准备好印泥和底垫，在备用纸上试盖一下，相应调整印油量和用力轻重，选好盖章位置，落印平稳。所盖印章应该正确、端正、清晰。在确定盖印位置时要注意上不压正文，下不压底边，盖在日期的正中间。印章盖好后应该小心防止抹到不干的印泥而造成的模糊。

如果出现了所盖印章不正确、不清晰、不端正的情况，原则上都需要重新制文后重盖印章。如果所盖文件不可复制，对于错盖的章要用单线从正中划掉，注上"作废"字样，并在旁边加盖正确印章；对于不清晰的印章，不能在原章上继续加盖，而应在原章旁加盖一章，不必划去原章；对于不端正的印章，一般就保持原样，因为虽然不美观，但不影响使用效果。总之，为了避免出现以上情况，盖章前一定要做好准备工作，认真严肃对待，从细节处体现工作态度和工作水平，同时也能够节省时间，提高工作效率，给办事人员留下好的印象。

相关链接

印章材质：现代印章多使用金属、石质、木质、橡胶和塑料等质料。

公章的种类：

1. 单位印章。有单位的正式署名，具有相应的法定权威和效力。

2. 套印章。印刷单位经授权制版而成，用于大量文件的印刷，与正式印章有同样的效力。

3. 钢印。利用压力凹凸成型，一般加盖于贴有照片的证件上，起证明身份的作用。

4. 领导人签名章。根据单位主管亲笔签名制成的印章，一般为方形或长方形，多用于签发文件、公告。

5. 其他印章。包括会议专用章、财务专用章、收发章、办事章、校对章、封条章等。

课后训练

使用教师提供的不同材质的印章，在不同纸质的文件材料上练习盖章，做到所盖印章正确、清晰、端正。

任务六　值班工作

实训情境

大华公司是一家贸易企业，公司办公室设计了一份值班记录表，但秘书小李在值班过程中，发现记录表存在问题，一些事情不方便记录在表内。他准备提出修改意见，请办公室重新设计一份值班记录表（表3-11）。

表3-11　大华公司值班记录表

	值班日期：	
值班人员：	签到时间：	
	签退时间：	
值班重点及特别事记（请以条目方式列出）		
值班领导签字：		

实训目标

认识值班工作的重要性和严肃性，掌握值班工作的内容和方法。

实训任务及要求

1. 学生分组完成该任务，4～5人一组。结合所学知识讨论所给值班记录表的优缺点。
2. 在分析整理讨论结果的基础上，修改或重制值班记录表。
3. 模拟情境填写值班记录，并挑选部分在课堂分享。

实训考核

1. 小组考核（表3-12）。

表3-12　实训任务完成情况考核表（学生用）

考核点	分值	评分人1	评分人2	评分人3	平均分
积极参与并承担具体任务	3				
有团队协作意识，服从小组工作安排	3				
任务完成质量好、效率高	4				
合计	10				

2. 教师考核（表 3-13）。

表 3-13　实训任务完成情况考核表（教师用）

考核点	分值	得分	评语
对所给条件分析深入透彻，注意到关键要素	3		
完整呈现小组任务的成果，并能够清楚阐述思路和理由	4		
充分关注其他小组表现，能够取长补短	2		
小组分工合理，团队精神充分展现	1		
合计	10		

理论要点

值班对于一个单位维持正常运转有十分重要的作用，《现代汉语词典》（第 7 版）对"值班"一词的解释是：（轮流）在规定的时间担任工作。可以由此定义看出，值班首先是一项正常的工作任务；其次这项工作任务的时间性是很强的，既有可能是在节假日、夜间，也可以是指正常的某个工作时间段；最后，为确保工作效果并体现人文关怀，一般这项工作都采用轮替的方式进行。

一、值班工作的意义

值班是秘书部门的日常工作内容之一，包括值班和安排值班两层含义。值班制度的建立和完善与否可以从侧面检验一个单位管理是否规范，管理水平和效率是否体现。值班工作的重要意义在于：

第一，保持机构运转工作的连续性。因为值班工作具有不间断的特点，因此可以保证一个机构的运转不会因为客观因素影响而中断。

第二，保证信息传达的及时性。在高度信息化的今天，值班工作可以最大程度上保证信息在传递过程中不受阻碍和延滞，从而确保机构利益不受损害。

第三，确保机构运转的安全性。安全指的是全方位的安全，既包含人员、财产、工作环境的安全，也包含了资料信息的安全。值班工作就是要确保机构的全面安全。

二、值班工作的主要任务

一是上传下达。所谓上传下达指的是接收和下发文稿、信函、通知等。

二是承办临时任务。完成上级临时交办的事项。

三是接听电话、接待来访。保持通信畅通，接听来电、接待临时访客并作相应处理。

四是处理突发事件。对复杂、紧急的突发事件第一时间进行应对处理。

三、值班安排的要求

值班安排一般由秘书部门完成，在安排值班的过程中，既要考虑工作的特点和性质，保证工作完成的效果，也要考虑职工的个体差异，要合情合理，充分体现人文关怀。应注意的要求有：

（1）权责清楚，层次分明。对规模稍大的机构来说，值班人员一般会划分单位总值班、部门负责人值班和具体值班责任人等不同的级别，所负责的事项内容均要在安排值班时就清晰划定。

（2）合情合理，通盘考虑。原则上不给孕妇、哺乳期妇女安排值班任务；另外根据单位工作性质，也应该适当考虑年老体弱者、有慢性疾病者的具体情况，灵活安排值班；对于节假日值班的安排，应该结合整个单位、部门的情况通盘考虑，恰当轮替，确保安排公平合理。

（3）值班安排完成后一定要及时通知公布，确保值班人员知晓值班安排，以免因为不知情而导致严重后果。

（4）值班工作的记录也要由秘书部门妥善保管，以便后续查验。

四、值班工作的具体要求

（一）要坚守岗位

值班工作最重要的一点是必须保证值班人员在值班时间内不离岗。

（二）要保持高度责任心和警惕性

人在岗位，但如果态度不端正，对值班工作不引起高度重视，会出现将值班场所变为游乐场、棋牌室或者托儿所的情况。因此，强调人不离岗的同时，还应要求值班人员保持高度责任心和警惕性，认真处理每一个来电和每一次人员来访，及时传递信息，对可能出现的突发事件做好各种准备。

（三）要掌握政策、熟悉业务

值班工作经常需要处理临时任务和紧急事件，如何处理才能既保证信息时效性不受影响又合理得当，很能体现值班人员掌握政策和熟悉业务的程度与水平。这就要求值班人员在平时不放松对政策理论和专业业务的学习，注意积累经验，才能保证在关键时刻展现较强的处理能力。

（四）要做好记录

值班记录是值班工作最重要的痕迹管理手段，全面清楚的值班记录便于值班工作的考核与追溯，做好值班记录是不可或缺的一个重要环节。记录应该包括信息传达记录、电话记录和接待记录等，值班人员务必保证内容的真实清晰。

> **相关链接**
>
> **值班室工作的类型**
>
> 值班室工作可以按不同的组织形式分为三种。
>
> **一、总值班室**
>
> 总值班室也称"特设值班室"，是省、自治区、直辖市及以上党政机关，以及公安、外事、交通等要害部门专设的值班机构，配有专职值班人员，主要负责监督本系统、本部门的值班工作。
>
> **二、一般值班室**
>
> 党政机关、群众团体和企事业单位普遍设置一般值班室。
>
> **三、联合值班室**
>
> 遇重大活动、紧急情况或特殊需要而由不同单位人员临时组成的值班室。一般由科、处级以上干部轮流担任，每班2～5人不等，单位领导也要轮流担任总带班人。

课后训练

以你熟悉的某个单位为例（可以是你实习打工的地方，也可以是亲朋工作的单位），如果让你安排单位春节期间的值班工作，请结合单位的具体情况制发一份春节值班工作安排的通知。

任务七 邮件管理

实训情境

小静是某外贸公司的秘书,某日在进行邮件管理时,不小心误拆了一封总经理的私人信件,信件涉及经理的个人隐私。小静会犯这样的错误的原因是什么?应该如何补救?

实训目标

了解掌握邮件管理的具体流程和方法。

实训任务及要求

1. 通过对邮件管理知识的学习分析秘书小静在哪些环节出了问题,并总结经验。
2. 在综合考虑各种因素后,讨论一个最恰当的解决方式。
3. 学生分组完成该任务,4~5人一组。

实训考核

1. 小组考核(表3-14)。

表3-14 实训任务完成情况考核表(学生用)

考核点	分值	评分人1	评分人2	评分人3	平均分
积极参与并承担具体任务	3				
有团队协作意识,服从小组工作安排	3				
任务完成质量好、效率高	4				
合计	10				

2. 教师考核(表3-15)。

表3-15 实训任务完成情况考核表(教师用)

考核点	分值	得分	评语
对所给条件分析深入透彻,注意到关键要素	3		

（续表）

考核点	分值	得分	评语
完整呈现小组任务的成果，并能够清楚阐述思路和理由	4		
充分关注其他小组表现，能够取长补短	2		
小组分工合理，团队精神充分展现	1		
合计	10		

理论要点

邮件管理包括邮件、信函的收进和发出过程中所要进行的一系列工作，是秘书日常工作中的重要工作任务之一。

一、邮件分类

邮件主要分为两类，一类是通过邮政系统传递的邮件，如各类信函、报刊、包裹等；另一类是电子信函，如传真、电子邮件（E-mail）等。

二、邮件处理的流程

处理邮件的基本流程是：收取、分拣、拆封、登记、转交。下面分别就各个流程作简要说明。

（一）邮件收取

邮件的送达可以是由传达室或收发室送到秘书办公室，也可以是由秘书到单位邮箱取回，或者是由专人送达等。无论是哪一种情况，秘书都应该为接收邮件预留充分的时间，点清邮件数量，认真签收。

（二）邮件分拣

邮件分拣的方法有：

（1）按照收件人分拣，一般在规模较小的单位使用；

（2）按照收件部门分拣，一个部门一类，日常操作中一般会先按部门分拣，再按收件人分拣，提高操作效率；

（3）按照收件的重要性分拣，这需要秘书对邮件的重要性作出一定判断。判定的依据可以是来信人信息或者特殊的邮寄标志，如挂号邮件、保价邮件、机要邮件、带回执邮件等。

（三）邮件拆封

邮件分好类后，秘书便应抓紧对属于自己处理范围的邮件予以拆封。拆封公务邮件，要求用剪刀、拆信器或电动邮件启封机等工具拆信封右侧，不能用手撕，以免不小心破坏邮件上的一些重要信息，同时也可以保持邮件外封（如信封）的美观。拆封前应将信件放在桌子上向左轻磕几下，使信件中的信纸和东西集中到信封的一边，以免拆封时损坏。应该根据领导的指示判断哪些邮件可以由秘书拆封。一般来说，机要邮件和私人邮件不应拆封，写明"亲启"字样的邮件不应拆封。

（四）邮件登记

在拆启邮件及阅函的过程中，秘书还应对与组织有关的重要邮件进行登记，这样既方便对重要邮件的去向、来函办理情况等进行掌握和跟踪，也能保证重要信函的安全归档。登记表可根据实际情况自行设计。在对邮件进行拆封登记的过程中，秘书还应在邮件的右上角加盖或手写收件日期，保证重要信函得到优先处理，同时方便秘书分辨信函是否已经处理。

（五）邮件转交

转交邮件应该按照邮件的重要程度进行整理排序，把最重要的邮件放在最上面。对于获得授权进行处理的邮件，应该将自己的处理意见标注清楚，最好使用荧光笔、便利贴等工具，既有醒目的提醒效果，又不影响邮件的复制和整体美观。

三、邮件的寄发

（一）做好邮件的印制和内容核对

信函起草完毕后，秘书应该按照正确的格式进行打印，并保证字句、用词及标点的使用正确，同时核对附件等是否已齐备。尽量保持信件的整洁、清楚，防止疏漏。

（二）提请领导签发邮件

领导的亲笔签名既是对对方的一种尊重，也是引起对方对邮件内容重视的方法。因此应该尽量确保邮件上有领导的亲笔签名。除紧急的信件必须立即请领导签字之外，一般的信件可以集中在一起，找一个方便的时间统一请领导签字。

（三）核查邮件

邮件装封前，要对所发邮件进行核查，检查信封上的收信人姓名、地址与信笺上的收信人姓名、地址是否一致，附件是否齐全。另外要检查邮寄标记是否准确，如挂号信、报价信、机密信等的特殊标记。

（四）邮件的封装

邮件封装之前，秘书应该注意将信纸上的小夹子或其他装订用具取下。整体折叠邮件后放入信封，涂上胶水。注意胶水的用量要适度，既保证邮件封装严密，又不污损邮件。

（五）将邮件分类

邮件要按各类信件、包裹等分类，快件应立即处理，大宗的信件可以捆扎。

（六）做好登记

重要邮件在发送前要先在登记册上登记。

（七）选择适当的邮寄方式

根据邮件的重要性选择平信、特快专递、国际邮寄等。

四、电子邮件的管理

随着信息化时代的发展，人们越来越多地在公务往来中使用电子邮件。电子邮件具有快捷、经济的优势，很多单位也都设置了公用电子邮箱账号进行业务往来和信息交流。一般公用邮箱账号由秘书进行管理。对这一类型电子邮件的处理应该注意以下五点：

第一，要运用文件夹进行管理。可根据邮件类型或按具体项目设置子文件夹，如急阅件、待处理件、通知、报表、报告、总结、新闻、通报、私人邮件等。

第二，要及时处理。因为电子邮件具有快速便捷的特点，一般邮件数量较多，所以要及时进行处理。要善用邮件过滤器对大量垃圾邮件、广告邮件进行过滤删除。

第三，要进行邮件追踪。如果发出的邮件需要追踪结果或确认对方是否收到，就要设置回执；如对方未能及时回复，应该打电话弄清原委。

第四，要做好邮件的抄送工作。如果邮件需要上司审阅或批改，那就要打印出来送给上司，或者转发到上司的私人邮箱，获得批复后负责回复或传达。

第五，要做好存档工作。对重要的邮件应打印出来或是用其他管理工具下载到本地进行存档，以免发生数据丢失，造成损失。

> **相关链接**
>
> 处理电子邮件的"4D"法则
>
> 1. 做（do），也就是马上采取行动。
> 2. 分配（delegate），也就是将这封邮件转发给其他工作人员，要求对方采取行动。
> 3. 记录（diary），也就是回复对方邮件，然后记录下来，稍后进行跟进。
> 4. 删除（delete），也就是果断删除无关邮件。

课后训练

1. 找一个电子邮件管理工具，如 Microsoft Outlook、Foxmail 等，学习并掌握电子邮件管理的基本操作方法。
2. 思考：在智能手机普遍流行的今天，如何在手机上进行邮件管理？

任务八　办公用品管理

实训情境

某旅行社办公室需要制订下一季度的办公用品采购计划，假设你是这项工作的具体负责人，应该如何制订一个合理的采购计划？计划制订好后，请你拟定相应的文件交上级负责人审批。另外，请你为这个旅行社分别制作《办公用品入库登记表》和《办公用品领用登记表》。

实训目标

了解办公用品采购、管理等各个环节的要点，掌握具体的办公用品管理方法和原则。

实训任务及要求

1. 学生分组完成该任务，4~5人一组。结合所学知识为旅行社制订办公用品采购计划，并讨论办公用品采购申请所需的文件材料。

2. 一人扮演上级负责人，审批评价采购计划是否合理，指出其优点和不足。

3. 制作办公用品管理过程中需要用到的重要表格。

实训考核

1. 小组考核（表3-16）。

表3-16　实训任务完成情况考核表（学生用）

考核点	分值	评分人1	评分人2	评分人3	平均分
积极参与并承担具体任务	3				
有团队协作意识，服从小组工作安排	3				
任务完成质量好、效率高	4				
合计	10				

2. 教师考核（表3-17）。

表3-17　实训任务完成情况考核表（教师用）

考核点	分值	得分	评语
对所给条件分析深入透彻，注意到关键要素	3		
完整呈现小组任务的成果，并能够清楚阐述思路和理由	4		
充分关注其他小组表现，能够取长补短	2		
小组分工合理，团队精神充分展现	1		
合计	10		

理论要点

秘书日常工作中不可避免地需要使用各式各样的办公用品，办公用品管理是秘书的一项常规工作，做好这项工作既能有效提高工作效率，又能使资源得到合理配置，节约单位开支。这项工作十分琐碎，看起来也很普通，但却需要秘书人员具有极大的耐心、细心以及高度的责任感，而管理工作本身也有一些需要遵守的原则和程序。一般办公用品的管理包括申报、采购、入库、领用、费用结算等环节。

一、办公用品申报

各单位依据单位工作的性质特点确定采购的周期，可以是每月一次、每季度一次或者半年一次等；采购计划应该根据各部门的工作任务和上一个周期的物品使用情况进行相应的调整，确定后填写办公用品的采购申报表，经部门领导和单位负责人审批签字后，交由专人负责采购。若某部门需临时采购急需的办公用品，则需要填写相应的申报表，并注明急需采购的原因，经相关负责人审批同意后，实施采购任务。

二、办公用品采购

采购人员应严格遵守职业道德，及时了解市场商品信息，严格按照采购计划，货比三家，选择质量可靠、价格合理的办公用品。物品采购要确保单据规范齐全，严禁在采购过程中拿好处、提成等。

三、办公用品入库和管理

所有办公用品均实行入库登记管理制度，指定专人进行验收、保管。管理人员应认真检查验收，建账登记，妥善保管；对不符合要求的货品，由采购人员负责办理调换或退货手续。管理人员必须定期和不定期盘点，查对台账与实物，保证账物相符；管理人员须根据办公用品的消耗和领用情况，确定和保证合理的物品库存种类和数量，以减少资金占用和保证正常使用。

四、办公用品领用

办公用品的领用应实行登记制度，领用人必须认真履行手续，在填写领用单后才能领取。管理人员应按核定的标准严格把关，不得超标发放办公用品，确因工作需要超标领用的，应经部门负责人同意。为方便管理，可将办公用品进行分类，按照价值和损耗度划分为不同类别，并且针对不同类别的办公用品制定不同的领用规则，如订书机、打孔机、电源、鼠标等原则上每人只能领取一次，若因损坏需要重新领取，则应以旧换新。

员工因工作岗位变动原因需进行办公用品及固定资产的交接时，应严格遵守交接规定。移交人应列出物品清单，办公室主任清点核对，检查确认办公用品损耗程度，并书面标明。管理人员需根据清单核实并填写办公用品交接登记表，存档备查。

若有员工离职，管理人员应将其所领物品一并退回（消耗品除外）。办公用品若被人为损坏，应由责任人照价赔偿。

办公用品的领取和使用要遵守够用为度、节约爱惜的原则，不能将物品挪作他用，更不能将物品带回家使用。可以建立相应的惩罚机制，对浪费和不珍惜的行为进行惩罚。

五、办公用品购买费用结算

办公用品的购买费用结算应按照财务部门规定进行。一般由采购人出具报表，相关负责人进行审核后交财务部门处理。费用超支则缩减下一周期办公用品费用，费用盈余则计入下一周期使用。

> **相关链接**
>
> ### 办公用品分类
>
> 1. 消耗品
>
> 信封、信纸、笔（芯）、稿纸、便签、笔记本、电池、文件夹、档案盒、资料册、起钉器、订书机、装订针、回形针、图钉、大头针、卷笔刀、橡皮擦、印泥、印油、长尾票夹、票夹、挂钩、文具盒、尺、胶带、笔筒、白板笔、固体胶、一次性水杯、墨水、胶水、涂改液、标签、账册、电话本、复写纸等。
>
> 2. 设备耗材
>
> 墨盒、硒鼓、碳粉、磁盘、U盘、软盘、刻录盘、复印纸、打印纸、光驱、内存条、硬盘、色带、油墨、打印线等。
>
> 3. 劳保用品
>
> 拖把、水桶、垃圾桶、扫把、烟灰缸、抹布、垃圾袋、橡胶手套、杀虫剂、编织袋等。

课后训练

信息化时代的办公室管理日趋数字化，请大家找一找有没有办公用品管理的相关应用程序可供使用，如果有的话，请你试用并对其进行测评。

任务九　突发事件处理

实训情境

情境一：

小谢是某农资公司的办公室秘书。一天办公室突然闯入数十个农民，每一个都手持锄头等农具，情绪非常激动，他们声称年初在该公司营业部购买的"红誉6号"胡萝卜种子种出来根本不是胡萝卜，而像是白萝卜。这些萝卜不仅外观难看，产量也远远低于其他农户。农民买这些种子花了16万元，土地成本投入总计70多万元，估计经济损失将有上百万。

面对情绪激动的农民，矛盾随时可能升级为暴力流血事件，作为接待他们的秘书，小谢应该如何应对这样的情况？

情境二：

张婷是某商贸公司的秘书。公司近日与一泰国企业经过磋商谈判，最终达成了合作协议，由于泰方先期回国，协议需要中方签署后寄给泰国方面签署。总经理将函签任务交给张婷，请她把中方签好的合作协议书寄到泰国。张婷拿到协议后打电话给快递公司让其上门取件，随后把寄送地址写在一张便签上一起拿给快递员填写快递单。协议寄出1个月后，泰方来电称根本没有收到协议书。

这个过程中张婷犯了哪些错误？面对协议丢失的情况，张婷应该如何处理？

实训目标

了解面对意料之外的突发事件要如何处理，面对这种纷繁情况有哪些原则和经验。

实训任务及要求

1. 学生分组完成该任务，4～5人一组。通过案例分析和讨论，形成对应的解决方案。
2. 各小组展示本组的解决方案，教师分析点评不同方案的优缺点。
3. 通过对解决方案的分析，总结处理突发事件需要遵循的一般原则和步骤。

实训考核

1. 小组考核（表3-18）。

表 3-18　实训任务完成情况考核表（学生用）

考核点	分值	评分人1	评分人2	评分人3	平均分
积极参与并承担具体任务	3				
有团队协作意识，服从小组工作安排	3				
任务完成质量好、效率高	4				
合计	10				

2. 教师考核（表3-19）。

表 3-19　实训任务完成情况考核表（教师用）

考核点	分值	得分	评语
对所给条件分析深入透彻，注意到关键要素	3		
完整呈现小组任务的成果，并能够清楚阐述思路和理由	4		
充分关注其他小组表现，能够取长补短	2		
小组分工合理，团队精神充分展现	1		
合计	10		

理论要点

突发事件具有不可预测性、复杂性和突然性，针对不同的情况有不同的处理方式和方法，不过，处理突发事件有一些普遍适用的程序和原则。

一、突发事件的处理程序

面对突发事件，秘书人员可以按照如下程序进行处理：迅速控制事态；找准事态症结；协助领导制订对策并解决问题；总结经验教训。控制事态就是要尽可能地把事情的负面影响控制到最低，防止矛盾升级扩大，只有在控制了事态以后才能进一步分析问题，找出症结所在。作为秘书人员要尽可能地为领导制订对策、解决问题、提供帮助。事件解决后一定要将整个事件处理过程记录下来，并进行分析和总结，不断从实践中获得经验，以便在将来能更娴熟地处理各种突发事件。

二、突发事件的处理原则

（一）思想上高度重视

有些看起来微小的突发事件，如果不予以重视，就很可能发展为较严重的事件。因此无论事件大小，都应该给予高度重视，用认真严肃的态度处理。

（二）把握处理问题的关键时间点

处理突发事件要做到快速反应、快速介入、快速疏导、快速平息，切不可拖泥带水，贻误时机。

（三）态度要端正诚恳

不能为了逃避责任而一味推脱，而要正视问题的所在，勇于承担应该承担的责任。

（四）保持冷静沉着

突发事件复杂多变，但不能谈虎色变，有意制造紧张气氛，而应沉着冷静、头脑清醒，积极妥善化解矛盾，防止事态蔓延。

（五）积极协助执行决策

决策一旦形成，就需要群策群力共同协作执行，秘书要充分发挥自身的工作职能，积极协助各部门完成决策的执行工作。

（六）强化保密意识

突发事件因为性质的不同，涉密程度会有所差异。因而要第一时间确定涉密级别，甄别涉密信息，及时通过有关渠道报告上级单位，并按照统一、保密的原则处理。

> **拓展阅读**
>
> **突发事件如何处理？**
>
> **案例 1**
> 端午节值班期间，你发现单位网站上的惠民政策被人恶意篡改，引起了不少网友的质疑。在领导不在的情况下，你应该采取什么样的措施，在最短的时间内消除

不良影响，挽回单位的名誉？（2012年江苏省公务员考试题目）

参考答案：

首先，我会立刻联系领导，向领导说明情况，听取领导的指示。然后联系网站技术人员，修改恢复我们网站的惠民政策。在领导同意的情况下，在网站上以官方身份发表声明，澄清此事，消除网友的质疑。其次，报警追查此次篡改网上信息的事件。对于网络跟帖中的一些合理的意见，我们会及时反馈；对于恶意诋毁的行为，要晓以利害，希望他们能够立刻停止网络攻击。最后，做好总结，等领导回来以后，第一时间向他汇报本次事件的前因后果以及处理方式，并且建议以后要加大网络监管力度，保证单位网站的安全。

案例2

上级领导来医院检查工作，在你陪同领导巡视的时候，正好遇到一位患者在大厅里喧哗吵闹，指责医院服务态度不好，此时你怎么办？（2021年上海市公务员面试题目）

参考答案：

1. 明确处理问题的目标、原则

上级领导来我院巡视是为了检查我院的工作，对我院的问题提出指导意见，陪同工作的意义不仅是陪着走，更重要的是记录领导的建议与指示，为下一步整改工作做准备。而患者在大厅里喧哗吵闹，会打扰到其他患者与群众、破坏医院的正常就医秩序，故也需要紧急处理。这两件事都很重要，而我会尽力两者兼顾，尽快妥善处理。

2. 具体做法

（1）该患者的举动必定会引起上级领导的注意，所以我会先简单和领导道歉，说明患者的事好像比较严重，自己要先过去看看，并会妥善处理，马上回来，请领导见谅。然后安排其他同事先带领导继续巡视。（2）来到该患者身边，表明身份，说明吵闹喧哗不解决任何问题，有问题可以向我反映，我会尽力解决。如果有围观群众，则进行疏散。然后了解具体情况。了解清楚后向他表明他的问题已记下了，接下来会安排同事进行处理，并留下我的联系方式，便于我后续跟进。（3）继续陪同上级领导巡视。对患者的事作出安排后，返回领导处，向其说明情况，请领导放心，后续有处理结果会向他汇报，并继续陪同巡视。（4）在陪同领导巡视结束后，跟进患者问题的处理。通过向该患者的主治医生、护士、其他的患者进行询问，调取监控,查看就诊记录等方式了解情况后,分情况处理:如果确实是我院医生处理不当,则向该患者道歉,询问是否更换医生,并对该医生依规处理;如果是患者无理取闹,则告知其行为的后果,希望其下次注意。(5)在处理结束后,做好后续工作。如向上级领导汇报整个事件;加强对我院医生的医德医风的培训工作;拓宽并宣传患者反馈意见的渠道;我自己也注意吸取经验,提升对该类问题的处理能力等。

课后训练

阅读社会新闻,找 1~2 个突发事件。假设自己是当事单位的秘书,思考应该如何处理那些具体的事件。可以与同学沟通交流,看看同样的情况是否有不同的处理方法,比较一下谁的处理方法更好。

项目四　秘书办文能力

秘书常被人们称为"笔杆子",起草文书、处理文件、管理文档,秘书在与文字打交道的过程中体现出自身价值。"办文"是秘书三大工作之一,秘书要深刻理解文书的内涵、格式要求、处理程序及保管方法,具备较强的文书写作与处理能力,才能在工作中得心应手,发挥好参谋辅助作用。

通过本项目的学习实践,你将熟悉常用文书的写作格式、结构和语言表达习惯,拟写、编排规范的文书,正确处理各类文件。

任务一　认知文书

实训一:认知应用文

实训目标

1. 了解工作与生活中常用的应用文及其特点。
2. 熟悉应用文习惯用语,熟练运用叙述、说明、议论等语言表达方式。

实训任务及要求

1. 搜集常用的应用文,对其进行分类并说明分类理由。
2. 对应用文文体与其他文体的异同点进行比较分析。
3. 4人一组,合作完成该任务,提交电子文档作业。

实训考核

1. 小组考核（表 4-1）。

表 4-1　实训任务完成情况考核表（学生用）

考核点	分值	评分人 1	评分人 2	评分人 3	平均分
格式：规范、简洁	3				
内容：分类合理，理由充分	5				
语言：表达清楚，无语病	2				
合计	10				

2. 教师考核（表 4-2）。

表 4-2　实训任务完成情况考核表（教师用）

考核点	分值	得分	评语
格式：规范、简洁	3		
内容：分类合理，理由充分	5		
语言：表达清楚，无语病	2		
合计	10		

理论要点

一、应用文的含义

应用文是国家机关、企事业单位、社会团体及个人在生活、工作中为处理公私事务和传播信息时使用的格式规范的实用性文章。它是开展公私事务活动时不可缺少的一种工具。

二、应用文的特点

应用文具有明确的目的、对象、使用范围以及特定的格式和语体，特点鲜明。

（一）实用性

应用文写作的目的十分明确，就是用来处理公私事务，解决生活、学习和工作中的实际问题。

(二)真实性

应用文的内容必须真实,只有真实,它才能发挥解决社会生活实际问题的作用,才能指导人们更好地学习和工作。应用文所使用的数据、材料要准确;所表达的意见、看法要真实;所发布、传达的上级精神要确切。

(三)规范性

应用文在长期的使用过程中,为了更简便、更及时地起到沟通交流的作用,提高办事效率,逐渐形成了固定的写作格式。这些格式,有的约定俗成,需要撰写者共同遵守;有的是政府部门特意规定的。固定的格式可以使各种文书清晰明了,便于写作、阅读、办理、查询、归档等。

(四)时效性

应用文的时效性体现在两个方面:一是它要在一定的时间内完成才有效果和作用,否则就会影响工作;二是有一些应用文的功效受时间限制,过了规定时间就会失效,就没有实用价值了,如起诉状、请柬、合同、新闻等。

(五)读者的特定性

应用文是为了解决实际问题出现的,因此它的读者对象往往是特定的群体或人员。如带有密级的公文,只能是特定的人员才能阅读;一封请柬,一定是针对某个人的。

三、应用文的种类

应用文种类繁多,使用广泛,按照不同的标准就有不同的分类方法。根据人们在生活、学习、工作中使用应用文的情形和范围来划分,可以把应用文分为以下三类。

(一)公务应用文(通用公文)

公务应用文一般指法规中明确规定的公文。《党政机关公文处理工作条例》(中办发〔2012〕14号)规定,党政机关公文种类为15种:决议、决定、命令(令)、公报、公告、通告、意见、通知、通报、报告、请示、批复、议案、函和纪要。

(二)事务文书

事务文书指机关、单位、团体或个人为处理日常事务所使用的文书。如计划、总结、调查报告、述职报告、简报、规章制度、会议记录、讲话稿、感谢信等。

（三）商务文书

商务文书指机关、单位、团体为处理商务业务所使用的文书。如意向书、订货单、商品说明书、市场调查报告、招标书、合同、可行性研究报告等。

> **拓展阅读**
>
> **应用文写作的意义**
>
> 应用文是党政机关、企事业单位、社会团体或个人在工作、学习和生活中使用的，用以处理公私事务、传播信息、表述意愿而撰写的具有一定惯用体式的文章的总称。
>
> 伴随人类进入知识经济时代，知识化、信息化、全球化已成为不可阻挡的历史浪潮。应用文作为信息载体，是人们工作中交流交际的工具，在当今社会中，应用文有着无法取代的作用；而应用文写作是提高个人职业素养与人文素养的过程中不可或缺的内容。目前的学生中，有一些因囿于应试之功利，对人文学科尤其是对应用文写作的学习大多仅停留在对写作格式与答题技巧的掌握上；有一些学生不喜欢或轻视人文类课程乃至厌恶对应用文写作的学习，结果是其在工作中缺少基本的与人书面沟通交流的能力。
>
> 作家、教育家叶圣陶先生说："大学毕业生不一定要能写小说、诗歌，但一定要能写工作和生活中实用的文章，而且非写得既通顺又扎实不可。"语言学家王力先生1979年在给研究生讲课时也说："研究生的任务不单纯是接受知识，而且要进行科研工作。因此，研究生有个很重要的任务就是写论文。所谓写论文，就是把自己的科研成果记下来。研究生学习三年，第二年写一篇学年论文，第三年写一篇毕业论文。"
>
> 美国大学董事会全国写作委员会发布了三份调查：2003年4月第一份调查报告《被遗忘的"R"》，呼吁掀起一场写作革命；2004年9月第二份调查报告为《写作：通向工作的门票》，在调查了120家美国大公司后得出结论：当今职场，写作成为工薪雇员获得聘任与晋升的"敲门砖"；2006年7月第三份调查报告《写作：来自州政府的强烈信息》指出，尽管政府部门对雇员的写作能力高度重视，但相当比例的政府雇员没有达到政府的要求。

两位名家所提到的"工作和生活中实用的文章""论文"以及美国的三份调查，都是说大学生乃至研究生都要学习应用文写作。因此，为了我们的生存与可持续发展，各级各类院校的学生，都必须掌握应用文写作。

实训二：修改文稿

实训目标

1. 熟悉应用文的文面要求及构成要素。
2. 能发现应用文中的语病等问题，并能正确使用校对符号进行修改。

实训任务及要求

1. 每人拟写一篇题为"如何学好应用文"的文章。
2. 写好后和另一个同学交换，互相对对方的文章进行修改。

实训考核

1. 校对符号使用规范。
2. 能找出文章中 80% 以上的错误。

实训任务完成情况考核表见表 4-3。

表 4-3　实训任务完成情况考核表

考核点	分值	得分	评语
符号：规范、清楚	4		
修改：找出文中 80% 以上的错误	6		
合计	10		

理论要点

写好一篇文章，离不开材料、主旨、结构、语言等要素，只有掌握好各要素的特点、规律和要求，才能写出一篇规范、恰当、合理、有实用价值的文章。

一、材料

（一）概念

材料是作者为表现主旨而写进文章中的事实和理论依据。

事实材料主要有事件、事例、数据、实物等；理论材料主要有方针、政策、法律法规、科学原理、定理及道理等。

（二）取材

取材贵"多"。只有占有丰富的材料，才便于比较、分析，选择出符合主旨需要的材料，写文章时才能做到得心应手。因而我们在平时的学习、工作中，要多下工夫搜集材料。我们可以通过阅读、调查、亲身参与等方式获取材料。

（三）选材

选材贵"精"。获取的材料不一定都能写进文章，只有最能体现文章主旨和内涵的材料才能写进文章，其他的都要舍弃。因此，要以"精确"的眼光来审核、选择材料。应用文的材料选择主要是根据主旨需要，选择真实、典型和新颖的材料。

（四）用材

用材贵"活"。在使用材料时，要秉持为主旨服务这一原则。在此基础上，要能做到"活"用材料：一是详略得当，能突出事件特征、能抓住读者、能增强文章效果的材料就详写；读者熟悉的、意思相近的、处于从属地位的材料就略写；二是点面结合，组织材料时要点面结合，既有整体说明，也有对具体事例的介绍；三是合理安排材料顺序，根据材料的内容、性质、特点等，按照一定的逻辑思路安排好材料的先后次序。

二、主旨

（一）概念

主旨是文章的全部内容表现出来的基本思想、观点或意图。它是作者写作意图的集中表现。如请示中的"请示事项"、批复中的"批复意见"、调查报告中的"建议"等。

（二）确立主旨的原则

1. 正确

主旨要符合国家的法律、法规和党的方针、政策；符合客观实际，能反映事物的本质规律等。主旨正确与否直接影响到能否科学高效地解决问题和处理各种工作问题。

2. 鲜明

应用文的观点要明确，态度要鲜明。要直截了当地点明主旨，表明态度，提出观点，指出解决问题的办法。同时，语言要简洁、准确，使人易于理解和接受。

3. 集中

主旨要单一并突出。常常是一文一事，一文一旨，使读者容易把握文章中心和作者意图。

三、结构

（一）概念

结构是文章内部的组织与安排，是作者根据主旨的需要，对材料进行的组合和编排，也称谋篇布局。具体来看，就是所选材料应放在文章什么位置；按什么顺序排列；如何开头、过渡、结尾；段落层次如何安排；详略如何处理；等等。

（二）结构的要求

1. 完整

应用文的正文一般分为开头、主体和结尾三部分，要求布局合理，详略得当，完整和谐。开头、结尾要精练，高度概括；主体部分表述要全面、透彻。

2. 清晰

应用文的结构要清晰、有条理，内容要一目了然，便于理解和执行。

3. 连贯

文章内容结构要像缝制衣服一样，讲究前后贯通，缝合自然，和谐统一。

（三）结构的内容

应用文的篇章结构一般由标题、正文和落款三部分组成。

1. 标题

标题一般是对文章内容的概括，目的是引人关注。好的标题要能概括和表达文章的主旨，引发读者阅读兴趣。

应用文的标题主要分为三类：

（1）公文式标题。这类标题一般由发文单位、事由和文种组成，如《国务院关于大力发展职业教育的决定》（国发〔2005〕35号），"国务院"为发文单位，"大力发展职业教育"是事由,"决定"为文种。

(2)新闻式标题。概括新闻最重要的信息,并注意吸引读者。如《7月1日起献血年龄延至60岁》(《郑州晚报》2012-05-28)。

(3)论文式标题。一般是概括论文研究论题或观点,如《项目教学法在写作教学中的应用》《民族地区大学生职业素养培养方法与路径——以云南民族大学为例》等。

2. 正文

应用文的正文结构一般包括开头和结尾,段落和层次,过渡和照应等。

(1)开头。应用文开头通常开门见山,直述用意。一般有以下五种形式。

① 根据式开头。引用上级指示精神或相关法律,或对方来文、存在问题、突发事件等,常以"根据""按照"等词语领起,如《国家中长期教育改革和发展规划纲要(2010—2020年)》开头:"根据党的十七大关于'优先发展教育,建设人力资源强国'的战略部署,为促进教育事业科学发展……"这种开头常用于决定、规章、调查报告、合同等。

② 目的式开头。说明写作的目的和意义,常用"为""为了"领起,如《教育部办公厅关于实施一流本科专业建设"双万计划"的通知》(教高厅函〔2019〕18号)开头:"为深入落实全国教育大会和《加快推进教育现代化实施方案(2018—2022年)》精神……经研究,教育部决定全面实施'六卓越一拔尖'计划2.0,启动一流本科专业建设'双万计划',现将有关事项通知如下。"这种方式常用于情况通报、通告、通知、意见等。

③ 原因式开头。开头简述发文原因,常用"由于""因为"等词领起,如一通告的开头:"兹因埋设下水道、自来水……禁止机动车辆通行。"这种开头常用于通告、通报、调查报告、会议纪要、学术论文等。

④ 说明式开头。对所写对象的背景、情况作说明,常用于调查报告、新闻、广告等。

⑤ 议论式开头。用议论的表达方法,表达作者的看法,提出观点。如《国务院办公厅关于全面加强新时代语言文字工作的意见》(国办发〔2020〕30号)开头:"语言文字是人类社会最重要的交际工具和信息载体,是文化的基础要素和鲜明标志。语言文字事业具有基础性、全局性、社会性和全民性特点,事关国民素质提高和人的全面发展,事关历史文化传承和经济社会发展,事关国家统一和民族团结,是国家综合实力的重要支撑,在党和国家工作大局中具有重要地位和作用。"

(2)结尾。应用文结尾通常有以下三种形式。

① 总结式结尾。归纳全文,篇末点题。总结、经济预测报告等内容较多的文章多用这种形式结尾。

② 号召式结尾。归纳全文,提出希望,发出号召。总结、讲话稿、决定和会议纪要等公文多用这种形式结尾。

③ 公文式结尾。以习惯用语和固定格式构成的结尾。如通告结尾"本通告自公布之日起生效",请示结尾"当否,请批示",书信结尾"此致"等。

(3) 段落和层次。段落即自然段,是组成文章的基本单位,它具有明显的换行标志。层次是文章思想内容的表现顺序,反映了作者的思维过程。段落侧重于文字形式的表现;层次侧重于思想内容的划分。在应用文中,层次的表示方法主要有用小标题、用数量词(如第一章、一、(一))、用表示顺序的词语(如首先、其次、第三;会议认为、会议指出、会议决定)等。

安排结构层次的常见顺序有:

① 总分式。指各个层次之间表现为先总后分,或先分后总的结构形式。以演绎法结构,即先总后分;以归纳法结构,即先分后总。论文、计划、总结、调查报告等篇幅较长的文章常采用此形式。

② 并列式。按空间分布或问题的主次轻重作横向排列。报告、讲话稿、会议纪要、通知等常用此形式。

③ 时序式。以时间先后为序,或按事物发生、发展变化的过程为序,按照"过去—现在—将来""起先—接着—最后"的先后时序组织内容。叙事性较强的文书,如市场调查报告、总结、会议纪要等常用此形式。

④ 条款式。以分条列项的形式组织内容,常用数字序号来引起,如"一、二、三""1、2、3"。规章制度、合同等常用此形式。

⑤ 三段式。指公文常采用的三层次结构形式,即发文缘由、事项和尾语。通知、通报、请示、计划、总结、述职报告等常用此形式。

(4) 过渡与照应。过渡指层次、段落间的转换和衔接,起承上启下的作用。应用文常用关联词语、词组、句子或段落来过渡。常用的方式有三种:一是过渡词语,如"总之""综上所述""为此"等,在上文内容叙写完毕时,可用这些过渡词语转引出下文;二是过渡句,如用"现将这一年工作情况总结如下""造成这种现象的原因究竟是什么"等句进行过渡;三是过渡段,在篇幅较长、内容层次跨度较大的文章,可用自然段进行过渡。

照应指文章前后内容间的关照和呼应。常见方式有三种:一是题文照应,应用文的内容要照应标题,标题要照应内容,做到题文一致;二是首尾照应,开头和结尾相呼应,应用文常通过一些前后搭配的习惯用语来照应开头和结尾;三是前后照应,文章后面的内容要与前面的内容相照应,前有伏笔,后要有交代,才能使结构紧凑,文章严密。

3. 落款

落款指在文章的右下方写明发文单位或个人及时间,并加盖公章。

四、语言

（一）应用文语体特点

应用文用语属于公文事务语体，以记述为特征，以实用为目的，语言要求平实、简明、准确，句子多用肯定句、陈述句，表意要清楚、明白。

（二）应用文的语言要求

应用文的语言要求是准确、简明、庄重、平实。

1. 准确

准确指用词要切合语体，表意要准确、恰当，能恰如其分地表现客观事物。第一，词的内涵要清晰。如"某某在会上公开批评领导，造成很坏的影响"，把"公开无理顶撞"写成"批评"，性质就变了。第二，对词的外延要作必要的限制。写作中要辨析词义，选好中心词，用准修饰语，如下行文中"以上事项，应严格遵照执行""希认真贯彻执行""请研究执行""可参照执行"等分别表达了不同程度的贯彻落实要求，写作中要注意辨清，准确使用。第三，语言表达的意思要与实际情况相符，不能夸大和虚构。

2. 简明

简明就是用最少的文字表达尽可能多的信息，做到"文约而事丰"。要做到简明，要求：突出重点，抓住问题中心；陈述事实，抓住事物本质；提出意见和办法，抓住要点；善于概括，删繁就简。

3. 庄重

应用文不宜使用文学语言，也不宜用口语、方言，一般使用较规范的事务用语。应用文用语要与行文关系、文种结合，讲究庄严持重，恰当得体。一是使用规范的书面语言。首先，不使用口语。如公文中使用"拟""业经"等书面语，而不用"打算""早已经过"等口语。其次，不使用生造词和不规范的简称。如"散步"不能用"遛弯儿"，"中国建设银行"不能简称"中建"。二是使用应用文专用词语。应用文在长期的使用中，形成了一些较固定的专用词语，使用这些专用词语，表意既准确，又简明得体。

4. 平实

平实指语言平直朴实。应用文讲究务实，语言越简单、通俗，读者越好理解。要做到平实，就要多讲实事，少说空话；直接表达，直言其事；不用或少用形容词和描写方法，不做过多的修饰。但平实并不是不生动，平淡乏味。如毛泽东的《反对党八股》写得明白晓畅，其中"墙上芦苇，头重脚轻根底浅；山间竹笋，嘴尖皮厚腹中空"一句，既平实直白，又生动形象，令人印象深刻。

(三)应用文专用语

应用文书具有独特的专用语言,常见的有以下8类。

1. 开头用语

用于说明发文缘由,包括意义、根据,或介绍背景材料及情况等。如:为、为了;根据、按照、遵照、依照;鉴于、关于、由于;目前、当前;兹(指现在)、兹有、兹将、兹介绍、兹派、兹聘。

2. 承启用语

用于连接开头与主体部分,起承上启下作用的惯用语。如:根据……决定,根据……特通告如下,依据……公告如下;为了……现决定,为……通报如下,现就……问题请示如下;现将……(情况)报告如下,现就……问题提出如下意见,经……批准(同意)将有关事项通知如下;拟采取如下措施;经……研究,答复如下。

3. 引述用语

用于批复或复函时引述来文作为依据的用语。如:悉(知道)、收悉、电悉、文悉、敬悉、欣悉。

4. 批转用语

用于批转、转发、印发通知时的用语。如:批示、阅批、审批、批转、转发、印发。

5. 称谓用语

对各机关称谓的简称。如:我(部)、贵(局)、你(省)、本(部门)、该(处)。

6. 经办用语

表明工作处理过程或情况。如:经、业经、兹经、未经;拟、拟办、拟定;施行、暂行、试行、可行、执行、参照执行、贯彻执行、研究执行;审定、审议、审发、审批;会议听取了、会议讨论了、会议认为、会议指出、会议强调指出、会议通过了、会议决定、会议希望、会议号召、会议要求、会议恳切呼吁。

7. 表态用语

用于表态的语言。如:不同意、原则同意、同意;不可、可办、照办;批准、原则批准。

8. 结尾用语

用于请示。如:当否,请批示;如无不妥,请批转各地执行;妥否,请批复。

用于函。如:请研究函复;盼复;不知尊意如何,盼函复;望协助办理,并尽快见复。

用于报告。如:请指正;请审阅。

用于批复、复函。如:此复;特此专复;特函复。

用于知照性公文。如:特此公告(通告、通知、通报)。

相关链接

常用校对符号一览表

编号	符号形态	符号作用	符号在文中和页边用法示例	说　明
		一、字符的改动		
1		改正	增高出版物质量。 改革开放 提放	改正的字符较多，圈起来有困难时，可用线在页边画清改正的范围 必须更换的损、坏、污字也用改正符号画出
2		删除	提高出版物物质量。	
3		增补	要搞好校工作。 对	增补的字符较多，圈起来有困难时，可用线在页边画清增补的范围
4		改正上下角	$16=42$ H_2SO_4 尼古拉费欣 $0.25+0.25=0.5$ 举例：$2\times3=6$ $X:Y=1:2$	
		二、字符方向位置的移动		
5		转正	字符颠倒要转正。	
6		对调	认真经验总结。 认真验经结总。	用于相邻的字词 用于隔开的字词
7		接排	要重视校对工作， 提高出版物质量。	
8		另起段	完成了任务。明年……	
9		转移	校对工作，提高出版物质量要重视。 "。以上引文均见中文新版《列宁全集》。 编者　年　月 …… 各位编委	用于行间附近的转移 用于相邻行首末衔接字符的推移 用于相邻页首末衔接行段的推移

（续表）

编号	符号形态	符号作用	符号在文中和页边用法示例	说　明
10	或	上下移	（序号/名称/数量 表格示例：01 显微镜 2）	字符上移到缺口左右水平线处 字符下移到箭头所指的短线处
11	或	左右移	要重视校对工作，提高出版物质量。 3 4　5 6　5 欢呼　歌　唱	字符左移到箭头所指的短线处 字符左移到缺口上下垂直线处 符号画得太小时，要在页边重标
12		排齐	校对工作非常重要。 必须提高印刷质量，缩短印制周期。 国家标准	
13		排阶梯形	RH₂	
14		正图		符号横线表示水平位置，竖线表示垂直位置，箭头表示上方

三、字符间空距的改动

编号	符号形态	符号作用	符号在文中和页边用法示例	说　明
15	∨ ＞	加大空距	一、校对程序 校对胶印读物、影印书刊的注意事项：	表示在一定范围内适当加大空距 横式文字画在字头和行头之间
16	∧ ＜	减小空距	二、校对程序 校对胶印读物、影印书刊的注意事项：	表示不空或在一定范围内适当减小空距 横式文字画在字头和行头之间
17	# ‡ ‡ ‡	空1字距 空1/2字距 空1/3字距 空1/4字距	第一章校对职责和方法 1. 责任校对	多个空距相同的，可用引线连出，只标示一个符号

(续表)

编号	符号形态	符号作用	符号在文中和页边用法示例	说　明
18	Y	分开	Goodmorning!　　Y	用于外文
四、其　他					
19	△	保留	认真搞好校对工作。	除在原删除的字符下画△外，并在原删除符号上画两竖线
20	○=	代替	蓝色的程度不同，从淡蓝色到深蓝色具有多种层次，如天蓝色、湖蓝色、海蓝色、宝蓝色……　　○=蓝	同页内有两个或多个相同的字符需要改正的，可用符号代替，并在页边注明
21	○○○	说明	改黑体　第一章　校对的职责	说明或指令性文字不要圈起来，在其字下画圈，表示不作为改正的文字。如说明文字较多时，可在首末各三字下画圈

使用要求：

1. 校对校样，必须用色笔（墨水笔、圆珠笔等）书写校对符号和示意改正的字符，但是不能用灰色铅笔书写。

2. 校样上改正的字符要书写清楚。校改外文，要用印刷体。

3. 校样中的校对引线要从行间画出。墨色相同的校对引线不可交叉。

［资料来源：《校对符号及其用法》（GB/T 14706—93）］

课后训练

学生5人一组，收集常用的实用类文书，根据文书类别建立文书例文库。每种类别下可分成范文和病文。

任务二　事务文书写作

实训一：拟写学习计划

新学期即将开始，为度过一个有意义的学期，请你写一份学期学习计划。

实训目标

1. 了解计划。
2. 掌握计划的结构和写作方法。
3. 能正确认识自己。

实训任务及要求

1. 查阅相关资料，了解计划写作知识。
2. 结合专业学习及个人发展目标，制订一份学期学习计划。

实训考核

1. 计划符合实际，有针对性，有特点，可行性强。
2. 计划格式正确，有条理，表述清楚简洁。

实训任务完成情况考核表见表4-4。

表4-4　实训任务完成情况考核表

考核点	分值	得分	评语
格式：规范、要素完备	3		
内容：逻辑清晰	5		
语言：表达流畅，无语病	2		
合计	10		

理论要点

一、计划

计划是机关团体、单位和个人为了实现某项目标或完成某项任务而事先做的安排和打算。计划是计划类文书的统称,包括规划、方案、安排、设想、打算、要点等文种,主要用于对未来的工作任务预先拟定目标,设想步骤、方法等,以做到事先心中有数。不同的计划类别有不同的侧重点。

规划:具有全局性的、较长时期的长远计划。

方案:从目的、要求、工作方法到工作步骤,作出全面部署与安排。

安排:对短期内工作进行具体布置。

设想:初步的草案性的计划。

打算:短期内工作的要点式计划。

要点:列出工作主要目标,简明而概括。

二、写作结构

(一)表格式计划

表格式计划即以表格方式撰写计划,适用于时间短、范围窄、变化小、内容单一的具体安排,如销售计划、月计划等。

(二)文表结合式计划

文表结合式计划是表格式和条文式相结合的计划。一般是将各项目的内容填进表格后,再用简短文字作解释说明。

(三)条文式计划

条文式计划由标题、正文和落款组成。

标题。一般包含单位名称、时限、内容和文种,如"××公司2012年工作计划";也可只写内容和文种,如"学习计划"。

正文。主体部分一般由前言和计划事项构成。前言又叫导语,简要介绍制订计划的目的、原因、依据等。计划事项是计划的主体,包括目标、措施和要求三项内容。目标——"做什么"的问题;措施——"如何做"的问题,包括组织分工、进程安排、物质保证、方式方法等;要求——"做得怎样""如何做完"的问题,主要是质量、数量、时间上的要求。归纳起来,计划的内容包括三部分:依据和目标、措施或步骤、要求或标准。

落款。正文右下方署上制订计划的单位名称或个人姓名,下一行写日期。

三、例文解析

文种：计划	写作要点解析
2023—2024 学年上学期学习计划 常言道："凡事预则立，不预则废。"新学期的到来，新的课程，新的老师，新的环境，需要我去熟悉、去适应，为了更好地学习专业知识，提高综合能力，特制订新学期学习计划。 一、主要目标 1. 顺利通过课程考试，争取获得优良成绩。 2. 学好专业知识，提高实际应用能力，提升文化素养，养成良好的学习习惯。 二、具体安排 1. 每天起床后背诵 10 个英语单词。 2. 每天晚上坚持到教室或图书馆上自习。 3. 每周去校图书馆借书、阅书，做好读书笔记。 4. 各门课程做到课前预习，课后复习，认真、按时完成作业。 5. 每个月进行一次学习总结，反思自己这个月是否达成了学习计划，有哪些做得不足，下个月要注意改进。 学习是要靠自觉的，以上计划务必严格执行，相信自己，坚持下去，一定学有所成！ 计划制订人：王明 2023 年 9 月 1 日	标题 时限＋内容＋文种 正文 前言介绍制订计划的原因、目的 计划事项中的目标 措施和方法 决心和态度 署名 日期
点评：这是一份个人学习计划。开头简单交待制订计划的原因和目的；主体写清了学习目标和具体措施。表达简洁，目标清晰，方法具体可行，格式规范。	

相关链接

时间管理的 13 条原则

1. 有计划地使用时间。不会计划时间的人，等于计划失败。

2. 目标明确。目标要具体、具有可实现性。

3. 将要做的事情根据优先程度分先后顺序。80% 的事情只需要 20% 的努力，而 20% 的事情是值得做的，应当享有优先权。因此要善于区分这 20% 的有价值的事情，然后根据价值大小分配时间。

4. 将一天从早到晚要做的事情进行罗列。

5. 要具有灵活性。一般来说，只将时间的 50% 计划好，其余的 50% 应当属于灵活时间，用来应对各种无法预期的意外事件。

6. 遵循生物钟。办事效率最佳的时间是什么时候？将优先要办的事情放在最佳时间里。

7. 做好的事情比把事情做好更重要。做好的事情是有效果；把事情做好仅仅是有效率。首先考虑效果，然后才考虑效率。

8. 区分紧急事务与重要事务。紧急事务往往是短期性的，重要事务往往是长期性的。给所有罗列出来的事情定一个完成期限。

9. 对所有没有意义的事情采用有意忽略的技巧。将罗列的事情中没有任何意义的事情删除掉。

10. 不要想成为完美主义者。不要追求完美，而要追求办事效果。

11. 巧妙地拖延。如果一件事情你不想做，可以将这件事情细分为很小的部分，只做其中一个小的部分就可以了，或者对其中最主要的部分最多花费15分钟去做。

12. 学会说"不"。一旦确定了哪些事情是重要的，对那些不重要的事情就应当说"不"。

13. 奖赏自己。即使一个小小的成功，也应该庆祝一下。可以事先给自己许下一个奖赏诺言，事情成功之后一定要履行诺言。

（资料来源：https://www.xinli001.com/info/100034572，有改动。）

实训二：拟写讲话稿

2024届学生即将毕业，学院拟组织毕业典礼活动，请你为院长写一份讲话稿。

实训目标

1. 了解讲话稿。
2. 掌握讲话稿的结构和写作方法。

实训任务及要求

1. 查阅相关资料，了解讲话稿写作知识。
2. 能结合相关背景及讲话意图撰写讲话稿。

实训考核

1. 讲话稿符合实际,有针对性。
2. 讲话稿格式正确,表述清楚简洁。

实训任务完成情况考核表见表4-5。

表4-5 实训任务完成情况考核表

考核点	分值	得分	评语
格式:规范、要素完备	3		
内容:逻辑清晰,事项完整	5		
语言:表达流畅,无语病	2		
合计	10		

理论要点

一、讲话稿

讲话稿是领导在各种会议或一定范围进行宣讲、鼓动或表态时所用的文稿。讲话稿有广义、狭义之分。从广义上说,无论以职务身份还是以个人身份,凡是经过事先准备,在公众场合或一定范围发表讲话的各种文稿都是讲话稿。从狭义上说,讲话稿是指讲话者为实现宣讲、鼓动、表态等工作目的,以职务身份在一定范围发表讲话时所用的文稿。

二、讲话稿的结构

讲话稿由标题、开头、正文和结尾构成。

(一)标题

一是由"讲话人姓名+职务+会议名称+文种"构成,如《××领导在全省教育工作会议上的讲话》。有时标题不写讲话人姓名,而将其放在标题下居中位置。二是由"会议名称+文种"构成,如《在全市经济工作会议上的讲话》。三是复式标题,由主标题和副标题构成,主标题概括讲话主题,副标题与前面相同,如《进一步学习和发扬鲁迅精神——在鲁迅诞辰120周年纪念大会上的讲话》(2001年9月24日)。

(二)开头

开头是讲话思路的起点,其意义在于提领整个讲话,起着定调的作用,使与会者了解会议或活动的情况和讲话者的意图。开头应做到开门见山，直入主题，简明扼要，吸引听众。

（三）正文

正文是讲话稿的主体，主要讲述工作和活动的中心思想、思路和要求，表明讲话者的立场、观点、意见和方法、措施，以及希望和要求。正文的内容，要视讲话人的身份、参加活动或会议的背景、讲话的主题以及听众的差异而定。

（四）结尾

好的结尾具有画龙点睛的功能，可以让听众余兴未尽，回味无穷，鼓舞斗志，振奋精神。同开头一样，它可以是一个句子，也可以是一个自然段，还可以是几段。结尾应做到简洁有力，干净利落。

三、例文解析

文种：讲话稿	写作要点解析
中南大学张尧学校长在 2015 级新生开学典礼上的讲话 2015 级各位新同学： 　　欢迎你们！大家好吗？ 　　刚才听了前面学生代表、老师代表，特别是陈来院长的讲话，我想总结一下，首先中南大学是一所什么样的大学呢？你们的学哥学姐们戏称为"左家垅职业技术学校""皇家男子职业学校"，也有人曾认为是在武汉的民办学校。现在大家知道了，中南大学是在长沙的一所还有点历史和文化的国立大学。…… 　　同学们，你们来到中南大学，怀抱着各种各样的梦想，你们今后可能是国家主席、政府高官、将军、科学家、企业家、教师、警察、医生、法官、律师，或者像我这样，成为一名普通的大学校长。但是，你们准备怎样度过你们的大学生活，为今后的梦想打好基础呢？ 　　刚才徐海老师要你们学柯南当学霸，这是提高你们的智商；也有人说，要学会交流，建立自己的朋友圈，这是提高你们的情商。在大学，这些都重要，但不是最重要的。我认为，最重要的是要学会正确的人生价值判断和选择，找到一条适合自己发展的路，把自己培养成一个有良知、有担当、有责任感的人！ 　　怎样才能学会正确的人生价值判断和选择呢？这就需要你们在中南这个大熔炉里，无论大事小事，都要认真思考和积极行动。只有思考和行动，才能把知识变成力量。	**标题** 姓名＋职务＋会议名称＋文种 **正文** 称谓，欢迎语 介绍学校历史及发展情况 对学生提出要求和希望

(续表)

文种：讲话稿	写作要点解析
如何思考呢？我认为根本的三个原则是：一要以人为本、与人为善，二要基于事实根据，三要有理性和逻辑。任何的表扬、批判、创造，都应该基于上述三个原则。 　　如何行动呢？我想也有三个原则：一个是道德，一个是法律，还有一个是创新。我们应该在道德和法律的框架内创造性地行动。 　　你们可以上房揭瓦，但不可以违规违法；可以喝点小酒、谈谈恋爱，但不可以道德败坏；可以偶尔上上网玩玩游戏，但不可以影响舍友休息；可以学得轻松一点、全面一点，但千万不要补考、不要挂科、不要作弊，更不许不尊重老师！ 　　同学们，大学的生活是绚丽多彩的。在你们前进的道路上，我相信，会有很多美丽的邂逅和成功在等待你们，但是也会有不少的困难和问题。你们有的时候会迷茫、会困惑，也会沮丧。没有关系，请你们一定要坚持！坚持就是胜利！ 　　在你们成长的过程中，学校一定会和你们在一起！广大教师员工、学哥学姐们也一定和你们在一起！我和书记的办公室都在本部一办2楼，如果有什么困难和问题，欢迎你们随时来找我们，我们可以一起喝喝茶、聊聊天，能帮助解决的问题我们一定尽全力解决。 　　什么是中南大学？你们要花很长的时间去体会。但是，我要告诉你们，中南大学是一所你们上了绝不会后悔的大学，是一所和你们共同成长的大学，也是一所让你们辛苦但快乐的大学。 　　同学们，让我们不忘初心，为了祖国、为了人民、为了你们的事业和梦想、为了家庭、为了爱我们的人和我们爱的人，一起努力，好吗？让我们一起加油！加油！再加油！ 　　谢谢大家！ （资料来源：https://news.csu.edu.cn/info/1002/123308.htm，有改动。）	结尾 勉励

点评：这是一篇大学校长在新生开学典礼上的讲话稿。校长在简短的讲话中，既介绍了学校的历史及发展现状，又对学生提出要求和希望。语言平实而生动。

相关链接

讲话稿的类型及写法

一、会议类讲话稿

1. 会议开幕词

这类讲话稿一般在比较隆重的大型会议上使用。内容主要是讲明会议的目的、意义，要富有启示性、鼓舞性。

2. 会议闭幕词或会议总结讲话稿

这类讲话稿主要是总结会议的收获，要求贯彻落实会议精神，要富有号召性。

3. 工作会议讲话稿

根据既定的会议内容提出对相关工作的要求。要讲得鲜明、透彻、实在。

4. 动员会议讲话稿

这类讲话稿主要讲进行某项工作的意义和方法。要讲得入情入理，振奋人心，鼓舞斗志。

5. 庆功会、表彰会讲话稿

这类讲话稿主要是概括、总结、肯定受表彰单位或个人的成绩和经验，对其进行表彰、鼓励，提出学习、推广的要求。要富有激情和感召力。

6. 庆祝会、纪念会讲话稿

根据庆祝、纪念的主题，立足现实，回顾历史，展望未来。要讲得客观、准确、实际。

7. 现场会、经验交流会讲话稿

充分运用与会人员看到和听到的先进事迹和经验，进行深入分析和总结，要求学习、推广，促进工作。要有较强的说服力、号召力。

8. 研讨会、座谈会总结讲话稿

根据与会人员发言情况进行总结，并提出改进工作或进一步研讨的意见、要求。要有较强的概括力和条理性。

9. 在各种邀请会、协作会、联席会上的讲话稿

这是一种比较特殊的会议讲话稿，会议面对的不是下级，而是外地、外部门的客人。作为东道主发表讲话，要对客人表示欢迎，对本地、本部门的情况作简介，还要讲会议的目的和议程。要讲得诚挚、热情、实在。

二、宣传类讲话稿

1. 通过广播发表讲话

这种讲话形式在抗日战争时期经常运用，毛泽东、朱德等都曾通过延安新华广播电台对解放区军民，对全国同胞，也对敌军发表过多次广播讲话。中华人民共和国建立以来，中央和地方的领导也经常采用这种讲话方式。广播讲话要求简明扼要，通俗易懂。

2. 通过电视发表讲话

这是电视普及以来不少领导经常采用的一种讲话方式，主要是用于纪念和庆祝

某个节日。有时学者会做电视讲座，讲授某一方面的知识。除讲座可以稍长一些外，一般的电视讲话要求简短、通俗。

3. 通过报纸发表书面讲话

这往往是为了纪念和庆祝某个节日而发表的讲话，要求篇幅简短，措词严谨，富有文采。

4. 在现场发表讲话

如国家领导人出国访问，在机场进行讲话。这类讲话主要是阐明对某项行动、某件事情的观点，要求简明、准确、得体。

三、礼仪类讲话稿

1. 签约仪式上的讲话稿

这种讲话主要是对所签合作契约予以积极评价，对合作方表示感谢，对合作事项表示充满信心、寄予厚望。要简短、礼貌。

2. 接见、会见讲话稿

接见下级单位的代表并发表讲话，主要是表示某种褒奖、慰问和鼓励；会见客人，主要是表示友好。要简短、亲切。

3. 文艺演出、文艺界联欢前的讲话稿

这类讲话主要是为了庆祝节日和表示友好。要简短、富于激情。

4. 致辞

致辞包括欢迎词、感谢词、答谢词、慰问词、祝贺词等，用于专门的仪式或宴会等场合。致辞有别于一般的讲话，要措辞严谨，具有文采。

实训三：撰写调查报告

实训情况

4月23日是世界读书日。为了更深入地了解在校大学生的阅读情况，刘明决定设计一份调查问卷，对大学生阅读情况展开调查。

实训目标

1. 能关注校园事件，养成问题意识。
2. 掌握调查问卷的结构和设计制作方法。

3. 能对调查数据等信息进行统计分析，撰写调查报告。

实训任务及要求

1. 查阅相关资料，了解调查问卷设计及调查报告写作知识。

2. 根据调查主题及对象，设计合理的调查问卷。

3. 对不少于30人进行问卷调查，对调查内容进行统计分析，形成调查报告。

4. 2～4人一组，合作完成该任务。提交电子版调查问卷和调查报告，制作演示文稿，在课堂上进行交流。

实训考核

1. 小组考核（表4-6）。

表4-6　实训任务完成情况考核表（学生用）

考核点	分值	评分人1	评分人2	评分人3	平均分
格式：规范、简洁	3				
内容：问卷设计合理，报告内容详实	5				
语言：表达清楚，无语病	2				
合计	10				

2. 教师考核（表4-7）。

表4-7　实训任务完成情况考核表（教师用）

考核点	分值	得分	评语
格式：规范、简洁	3		
内容：问卷设计合理，报告内容详实	5		
语言：表达清楚，无语病	2		
合计	10		

理论要点

一、调查报告的含义

调查报告是对客观事物进行调查研究，根据所获得的结果写成的反映客观实际、揭示事物本质和规律的书面报告。当要总结一个单位、部门或地区的经验；揭露某一方面问题，了解事件真相；介绍某个事物的发展过程；研究社会问题等时，可采取调查的方式展开分析研究，最终形成书面报告。

二、调查报告的种类

根据调查内容、范围来分，调查报告一般分为三类：

一是经验调查报告。以介绍先进典型性经验为主，目的在于推广经验，指导工作。

二是情况调查报告。以反映某单位、地区、行业或某方面的基本情况、发展状态为主，可能涉及政治、经济、文化等各方面内容。

三是问题调查报告。通过事实来揭露社会中存在的不良问题，引起人们的注意和重视，以提高认识，吸取经验教训。

三、调查报告的结构

调查报告一般由标题、正文和落款构成。

（一）标题

标题可分为两类：

一是公文式标题。由"事由+文种"组成，如《关于大学生消费能力的调查》。

二是文章式标题。单行，如《城乡居民收入差距扩大》，直接揭示调查研究得出的结论；双行，如《大学生，你准备好就业了吗？——云南民族大学2020届毕业生就业观念调查》，正题揭示文章主题，引起阅读兴趣，副题用公文标题。

（二）正文

正文由前言、主体和结尾构成。

1. 前言

前言应重点突出，简明扼要，切中内容要旨，使读者对调查内容有总体认识。常用的形式有：说明式——说明调查的原因、目的、时间、地点、对象、经过与方法，以及调查人员组成等，从中引出问题或结论。叙述式——叙述调查对象的基本情况、基本经验及背景。议论式——就调查内容的实质和意义表明作者的观点和态度，引出下文。

2. 主体

主体应详述具体情况、做法和经验，找出规律，得出结论。一般由情况说明、结论和预测、建议和决策三部分组成。

综合性调查报告的结构：情况＋成果＋问题＋经验。

经验性调查报告的结构：成果＋做法＋经验。

问题性调查报告的结构：问题＋原因＋意见＋建议。

研究性调查报告的结构：情况＋问题＋意见。

3. 结尾

结尾应简明扼要，或者总结全篇主要观点；或者指出存在问题，提出建议；或者对所调查的现状作归纳性说明，并指出其发展远景。有的调查报告主体部分结束，意尽言止，就不需另写结尾。

（三）落款

内部使用的调查报告，正文之后写上调查者（单位、调查组或个人）名称及成文日期；公开发表的调查报告，大多在标题之下署名，正文之后不写成文日期。

四、例文解析

文种：调查报告	写作要点解析
你有好的学习习惯吗？ ——高职大学生学习习惯调查分析	**标题** 文章式双行标题
11月是学校教学质量月，质量月活动的主题是"关注课堂教学，提高教学质量"。提高教学质量有两个关键因素：一是教师的教学水平和教风建设，二是学生的学习能力和学风建设。为更好地了解我院学生的学习能力和学习习惯，教务部和学生会设计了关于大学生学习习惯的调查问卷，内容主要涉及学生对专业的了解、自主学习能力、课堂学习方法、网络学习以及第二课堂学习五个方面。本次调查为抽样调查，选取2020、2021、2022级计算机、艺术、文秘、财经、旅游等专业共10个班级的部分学生进行调查，共发放问卷200份，收回有效问卷193份。调查发现，我院学生在学习能力和学习习惯方面存在如下问题。	**正文** 前言 说明式，介绍调查的原因、目的
一、专业学习——兴趣不大，了解一般 是否喜欢所学专业，将决定学生能否主动了解专业、规划自己的专业学习和个人发展。在受调查的193名学生中，喜欢自己专业的只占37%，51%的学生只是一般喜欢，12%的学生不喜欢自己的专业；当问到对本专业的了解程度时，58%的学生表示只了解一点，16%的学生表示不了解，只有26%的学生表示了解自己的专业。可以看出，我院大多数学生对专业学习兴趣不大，了解一般，这对学生的专业学习是不利的。 二、自主学习——缺少规划，能力较弱 大学学习主要是一种自主学习。自主学习要求学生能很好地规	**主体** 从五个方面对调查情况进行分析

（续表）

文种：调查报告	写作要点解析
划自己的学习生涯，主动管理自己的学习。在受调查的学生中，61%的学生有学习计划却没有完全执行，13%的学生有计划但没有执行，14%的学生没有学习计划，只有12%的学生有学习计划且能认真执行；在问到"个人的学习主动性如何"时，近60%的学生仅仅只完成规定的学习任务，26%的学生选择等待老师安排，只有14%的学生能主动寻找并完成学习任务；在问到"希望自己怎样学习"时，42%的学生认为要以老师讲为主，自学为辅，21%的学生希望自己独立支配学习时间，27%的学生希望自主学习，有问题再向老师或其他人请教。 自主学习能力强，还表现在善于反思自己的学习。在问到"总结学习情况"时，28%的学生经常总结，48%的学生在有问题时找找原因，24%的学生很少总结；在掌握学习方法方面，55.44%的学生有自己的一套方法，20.73%的学生经常借鉴其他人的方法，9.33%的学生除了努力没有其他的方法，14.5%的学生找不到合适的学习方法。多数学生虽有自己的学习方法，但主要是在中学阶段形成的，而大学学习与中学学习有明显不同。调查中发现，学生不善于反思、总结自己的学习，很多时候是借助原有经验适应大学学习，这仍属于一种被动学习。看得出，学生的自主学习意识较弱，还没有意识到作为大学生，学习更多是自我管理、自我调控的过程。 三、学习方法——方法单一，以我为主 　　课堂学习是大学生主要的学习活动，良好的课堂学习方法和习惯，将有助于学生学习质量的提高和能力素质的培养。 　　从课前预习来看，只有30%的学生有课前预习的习惯，70%的学生没有课前预习的习惯；而学生在预习时，68%的学生采取"随便看看"的方式，只有32%的学生采取"仔细理解，并找相关辅助资料"的方式。可以看出，学生普遍没有课前预习的习惯，预习方法较简单，不能带着问题去预习。 　　课堂学习过程中，在听老师讲课时，45%的学生能紧跟老师的思路走，49%的学生只听重点和难点，6%的学生自己学自己的；在老师组织讨论活动时，48%的学生应老师的要求才参加，积极参加的只有38%，14%的学生选择沉默应对；对于课堂提问，15%的学生能积极回答，85%的学生偶尔回答（其中有26%的是老师点了名才回答）；认真记笔记的只有21%，偶尔记笔记的有72%，不记笔记的有7%；当课堂学习有不清楚的问题时，13%的学生能主动问老师，大部分学生采取和同学讨论、自己解决的方式。教学相长，如果课堂教学中师生缺少配合，那么教学效果和学习质量都不会特别令人满意。从调查中发现，我院学生上课比较认真，但主动性不强，更多时候是被动学习，这不利于提高学习质量。 　　当问到课后复习方式时，71%的学生以完成作业为主，对学过的知识基本不复习；当做作业遇到困难时，32%的学生会向他人寻求帮助（问老师或同学），60%的学生自己解决（找相关参考书、自	调查数据分析，清楚醒目

（续表）

文种：调查报告	写作要点解析
己思考），8% 的学生选择不做；71% 的学生没有自习的习惯，只有 29% 的学生时常上自习。这一方面说明学生学习任务不重，另一方面也说明学生不能较好管理学习时间。 　　大学生要学好专业，除了充分利用好课堂学习时间外，还应利用课余时间拓展知识面，多与他人交流探讨，培养综合素质。调查中发现，41% 的学生喜欢与别人讨论问题，44% 的学生有时能够讨论一些问题，12% 的学生喜欢自己思考，只有 3% 的学生从不讨论交流。这说明学生内心是喜欢与他人交流的，因此，教师要多为学生创造讨论交流的条件和氛围。另外，在阅读方面，68% 的学生有课外阅读习惯，32% 的学生课外很少阅读。 　　四、网络学习——兴趣浓厚，乐于学习 　　网络学习是未来学习的一个发展方向。在受调查的学生中，70% 的学生认为网络信息对学习有帮助，30% 的认为帮助不大；近 80% 的学生有兴趣借助网络进行学习，20% 的缺少兴趣。这反映了大学生乐于接受新事物，网络在学生学习生活中已越来越重要。 　　五、第二课堂——全面发展，方式单一 　　丰富的第二课堂活动是大学学习的重要组成部分。在受调查的学生中，83% 的学生都认为有必要进行第二课堂的学习，这能够使个人发展更全面，并且能够将所学运用到第一课堂的学习中。当问到"参加第二课堂活动的原因"时，67% 的学生都选择"注重自我全面发展"。这说明大多数学生都认识到第二课堂学习活动对专业学习、个人发展的重要性。但学生对于自己的课外生活却并不满意，只有 21% 的学生认为自己有丰富多彩的课外生活，多数学生认为课外生活"勉强可以"，课外生活选择上网的学生占了 33%。这反映出学校组织的课外活动虽然很丰富，但并未贴合学生需求，学生参与热情不是很高。 　　通过此次调查，我们了解到目前我院学生学习能力（习惯）的基本状况。针对以上问题，学院、教师、学生三方都有必要认真反思，并采取相应措施，以培养提高学生的学习能力，促使学生更好成才。 　　（一）开设大学生学习方法专题讲座，从理论上引导学生形成良好的学习方法和学习习惯。 　　（二）加强对专业人才培养方案的解读介绍。各教研室、辅导员要组织学生（特别是新生）学习专业人才培养方案，使学生清楚本专业人才培养方向、培养目标和能力素质要求，尽早让学生对自己的专业学习有一个规划。 　　（三）教学中应体现教师的主导作用和学生的主体作用，真正做到以学生为主体组织教学活动。为此，教师要引导学生积极思考，加强师生间的互动交流，鼓励学生参与研讨，培养学生的学习能力等。	对存在问题的思考，提出对策、建议

（续表）

文种：调查报告	写作要点解析
（四）学生要有"学习主人公"意识，要清楚自己是大学的"主角"，教师、管理人员是为学生成才提供指导、帮助的人。学生的职责是"学习"，学习是为了自己，而不是为了教师、家长。 （五）学校、教师、学生要多方合力，为学生学习成长营造良好的学习环境和氛围。	自然结尾
××学院大学生学习习惯调查组 2020年11月26日	署名 日期

点评：这是一篇大学生学习习惯调查报告。前言说明了调查的原因、目的和调查基本情况；正文从五个方面对大学生学习习惯进行了分析，提出了针对性的对策和建议。全文层次清晰，条理性强，格式规范。

相关链接

如何设计调查问卷

调查问卷又称调查表或询问表，它以问题的形式记录和反映调查内容，是开展调查研究的一种重要工具。

一、设计调查问卷

设计调查问卷是指根据调研目的，将调研的问题具体化，使调研者能顺利地获取必要的信息资料，从而便于统计分析。

设计调查问卷的步骤一般分为：

1. 根据调研目的，确定所需要的信息资料

在设计问卷之前，调研人员必须明确需要了解哪些方面的信息，这些信息中的哪些部分是必须通过问卷调研才能得到的，这样才能较好地说明所需要调研的问题，实现调研目标。

2. 确定问题的内容，即设计和选择问题

在确定了所要收集的信息资料之后，问卷设计人员就应该根据所列调研项目清单进行具体的问题设计。设计人员应根据信息资料的性质，确定提问方式、问题类型和答案选项等。针对一个较复杂的信息，可以设计一组问题进行调研。要确保问卷中的每一个问题都是必要的。

3. 决定措辞

措辞的好坏将直接或间接地影响调研的结果。因此对问题的用词必须十分审慎，

力求通俗、准确、客观。

4. 确定问题的顺序

在设计好各项单独问题以后，应按照问题的类型、难易程度安排询问的顺序。问题的排列要符合逻辑顺序，使被调查者在回答问题时有循序渐进的感觉，同时能引起被访者回答问题的兴趣。

5. 测试与检查问卷

在问卷用于正式调研之前，应先选一些符合抽样标准的被调查者进行试调研，在实际测试中对每一个问题进行讨论，以求发现设计上的缺失。如：是否包含了整个调研主题，是否容易造成误解，是否语意不清楚，是否抓住了重点等。

二、写作结构

调查问卷一般由标题、说明、主体、编码、被调查者基本情况和致谢语等内容构成。

1. 标题

概括地说明调研主题，使被访者对所要回答的问题有一个大致的了解。问卷标题要简明扼要，但又必须点明调研对象或调研主题。如"校园宿舍安全管理现状的调研"。

2. 说明

问卷开头一般有一个简要的说明，包括调查的目的、意义、主要内容、调查的组织单位、调查结果的使用者、保密措施等。其目的在于引起被调查者对填答问卷的重视和兴趣，使其对调查给予支持和配合。如：

同学，您好！

我们是××大学校团委社会实践部，正在调查大学生假期社会实践方面的情况，想问您几个相关问题，了解下您的意见。您的回答将被完全保密，请放心。谢谢您的协助与支持！

3. 主体

主体即调研主题内容，是按照调研设计逐步逐项列出调研的问题和选择答案，是问卷的核心部分。从形式上看，问题可分为开放式和封闭式两种。从内容上看，问题可分为事实性问题、意见性问题、断定性问题、假设性问题和敏感性问题等。

4. 编码

编码是将问卷中的调研项目以及被选答案编制成统一设计的代码。一般在规模较大又需要运用电子计算机统计分析的调查中才用编码。

5.被调查者基本情况

被调查者的一些基本特征，如个人的姓名、性别、年龄、民族、籍贯、职业等。这些是分类分析的基本控制变量。这类问题一般适宜放在问卷的末尾，也可放在"问卷说明"后面。

6.致谢语

表达对被调查者真诚合作的感谢。有些问卷在前面的说明部分有感谢语，此处可不用写。

三、问卷项目设计

在设计问卷项目时，首先要确定调研目的、数据分析方法等因素，再确定问题类型。问卷项目按问题回答的形式一般可以分为封闭式问题和开放式问题。其中封闭式问题包括两项选择题、单项选择题、多项选择题、程度性问题、利克特量表等。开放式问题一般有完全自由式、语句完成式等。

1.封闭式问题

封闭式问题又称有结构的问题，它规定了一组可供选择的答案和固定的回答格式。

（1）两项选择题：由被调查者在两个固定答案中选择其中一个，适用于"是"与"否"这种互相排斥的二择一式问题。如：

您是否希望在阅报栏、大型交通工具、图书馆等公共场所看到《人民日报》？

是（　　）否（　　）

两项选择题容易发问，也容易回答，便于统计调查结果。但被调查者在回答时不能讲原因，也不能表达意见，因此一般用于询问一些比较简单的问题。并且两项选择必须是客观存在的，不能是设计者凭空臆造的。需要注意其答案确实属于非A即B型，否则在分析研究时会导致主观偏差。如：

您认为市人才市场举办的人才集市能否满足贵单位的招聘需求？

能（　　）不能（　　）

上面这道题就不适合做两项选择题，因为了解被调查者的某种态度一般需要分等级来衡量，而不能简单地用能与不能、是与不是来鉴定。因此，可以将选项试改为：可以、基本可以、基本不可以、不可以、不了解。

（2）单项或多项选择题：对一个问题预先列出若干个答案，由被调查者从中选择一个或多个答案。如：

决定您对应聘者取舍的重要因素是：

A.仪表　B.谈吐　C.学历或职称　D.专业素质或工作经验

这类题型问题明确，便于资料的分类整理。但由于被调查者的意见并不一定包含在拟定的答案中，因此有可能没有反映其真实意见。这类问题可以通过添加一个灵活选项，如"其他"来避免。如：

您对手机的了解渠道是：

A.电视　B.报纸　C.网络　D.同学、朋友之间的互相交流　E.宣传单　F.宣传活动　G.卖场广告　H.其他（　　　）

（3）程度性问题：涉及被调查者的态度、意见等心理活动方面的问题，通常用表示程度的选项来加以判断和测定。如：

您认为学校通过举办专题讲座、知识竞赛等活动对学生进行爱国主义和革命传统教育时，作用发挥得如何？

A.好　B.较好　C.差　D.不了解

（4）利克特量表：一种测量态度的自陈量表。利克特量表由一些陈述句组成，每一陈述句都与个体对某一事件（或人物）的态度相关联。在每一陈述句之下为被调查者提供了可选择的表示不同态度层次的一系列回答。量表中陈述句的类型有两种，一种是积极式陈述句，如"我喜欢数学教师"；另一种是消极式陈述句，如"学习是艰苦的"。可供被调查者选择的答案通常是五个，即完全同意、同意、不清楚、不同意、完全不同意，可视为一个表示赞同程度的序列。为了结果分析的方便以及统计上的需要，通常对这五个选择赋予一定的数值。如在肯定式陈述句中，"完全同意"为5分，然后以1分为单位递减，至"完全不同意"为1分。如：

我的工作具有挑战性：

A.完全同意　B.同意　C.不清楚　D.不同意　E.完全不同意

2.开放式问题

让被调查者自由地用自己的语言来回答和解释有关想法的问题。即问卷题目没有可选择的答案，所提出的问题由被调查者自由回答，不加任何限制。如：

你觉得学习该门课程后最大的收获是什么？

你认为新校区最需要改进的工作有哪些？

使用开放式问题，被调查者能够充分发表自己的意见，问卷设计者可以收集到一些事先预想不到的资料和建议性意见。但在分析整理资料时，由于被调查者的观点比较分散，有可能难以得出有规律性的信息，并且被调查者的主观意识参与会使调查结果出现主观偏见。如："在你以前看过的文章中给你印象最深的有哪些？"这样的题目要在整理答案时得出一个结论来是非常困难的。为避免出现上述问题，可以采用"假开放式"问题，即看似开放但实质上有所限制，如："您是如何面对挫折与失败的？"这个题目看似是开放式题目，但实际上回答的范围在无形中已被限定下来，因为对于挫折与失败，我们的态度只可能是积极的或消极的。因此，在进行分析研究时，能得出比较客观的结论。

课后训练

学生5人一组，收集整理常用的事务类文书，设计制作一份事务类文书知识简表，包含文书名称、适用范围、写作结构（标题、主体、结尾）和语言表达等要点。

任务三　商务文书写作

实训一：撰写创业计划书

实训情境

为鼓励、支持大学生创业，学校新建了一幢创业楼。只要学生有好的创业项目，就可入驻创业楼进行创业。刘明与同学商量，决定写一份创业计划书，争取能入驻创业楼。

实训目标

1. 了解创业知识和创业计划书写作知识。
2. 掌握创业计划书的结构和写作方法。

实训任务及要求

1. 查阅相关资料，了解大学生创业相关政策及创业知识。
2. 提出合适的创业项目。

3. 开展市场调查，撰写创业计划书。

4. 2~4 人一组，合作完成该任务。提交电子文档作业，制作演示文稿，在课堂上进行项目答辩。

实训考核

1. 小组考核（表 4-8）。

表 4-8　实训任务完成情况考核表（学生用）

考核点	分值	评分人1	评分人2	评分人3	平均分
格式：规范、简洁	3				
内容：项目符合实际，有创新性	5				
语言：表达清楚，无语病	2				
合计	10				

2. 教师考核（表 4-9）。

表 4-9　实训任务完成情况考核表（教师用）

考核点	分值	得分	评语
格式：规范、简洁	3		
内容：项目符合实际，有创新性	5		
语言：表达清楚，无语病	2		
合计	10		

理论要点

一、创业计划书

创业计划书是指创业者在创业初期所编写的一份书面创业计划，用以描述创办一个新的企业时所有相关的外部及内部要素。即创业者在正式启动创业项目之前，基于前期对整个项目调研、策划的成果，对创业项目进行全面说明的计划性文件。

二、创业计划书的写作结构

创业计划书一般包含十个方面的内容。

1. 行业

描述所要进入的是什么行业，卖什么产品（或服务），哪些群体是主要客户，所属产业的生命周期是处于萌芽、成长、成熟还是衰退阶段等。

2. 产品／服务

描述产品或服务到底是什么，有什么特色，产品（服务）跟竞争者有什么差异，如果并不特别为什么顾客要买。

3. 市场

首先需要界定目标市场在哪里，是既有的市场中已有的客户，还是在新的市场开发新客户。在确定目标市场之后，决定定价、上市方案、促销方式等，并且做好预算。

4. 地点

一般企业对地点的选择可能影响不是很大，但是如果要开实体店，店面地址的选择就很重要。

5. 竞争

竞争分析主要由五个方面构成：与本业务最接近的五大竞争者；竞争者的业务如何；竞争者的业务与本业务相似的程度；从竞争者那里学到什么；如何做得比竞争者好。

6. 管理

主要指公司的管理方式等。

7. 人事

要考虑现在、半年内、未来三年的人事需求，并且具体考虑需要引进哪些专业技术人才、全职或兼职员工，薪酬方案，所需人事成本等。

8. 财务需求与运用

考虑融资款项的运用、营运资金周转等，并制作未来三年的损益表、资产负债表和现金流量表。

9. 风险

公司发展过程中面临的政策、市场、资金、技术、竞争等风险及应对办法。

10. 成长与发展

企业未来1~3年的发展规划。

> **相关链接**
>
> **"挑战杯"中国大学生创业计划竞赛**
>
> "挑战杯"中国大学生创业计划竞赛是由共青团中央、中国科学技术协会、中华

人民共和国教育部、中华全国学生联合会主办的大学生课外科技文化活动中一项具有导向性、示范性和群众性的创新创业竞赛活动，每两年举办一届。根据参赛对象，该竞赛分为普通高校、职业院校两个赛道，设科技创新和未来产业、乡村振兴和脱贫攻坚、城市治理和社会服务、生态环保和可持续发展、文化创意和区域合作五个组别。

"挑战杯"中国大学生创业计划竞赛源于20世纪80年代在美国高校兴起的以推动成果转化为目标的活动。它借助风险投资运作模式，要求参赛者组成学科交叉、优势互补的竞赛团队，就一项具有市场前景的技术产品或服务，以获得风险资本的投资为目的，完成一份完整的创业计划书。

"挑战杯"中国大学生创业计划竞赛被誉为中国大学生创业创新类比赛的"奥林匹克"盛会，是目前国内大学生创业创新类最热门、最受关注的竞赛。

（资料来源：https://baike.so.com/doc/7161476-7385486.html，有改动。）

拓展阅读

八成在校创业者认为交际能力最重要

"我有过带团队创业的经验，如果创业者没有出色的沟通和交际能力，不但打不开市场，还带不好团队。"河南工业大学KAB（Know About Business，意为"了解企业"）创业俱乐部主席陈孟坷告诉《中国青年报》记者，刚开始创业时，团队有激情，但他没有注意与团队成员多沟通，在激情燃烧殆尽之后，再沟通时团队成员之间就产生了很大的分歧。

7月15日，2013年大学生KAB创业俱乐部暑期训练营在北京开营，记者针对参加训练营的创业大学生做了一项调查。调查显示，受访者认为自主创业大学生最需要具备的素质，前四位依次是出色的沟通及交际能力、优秀的管理及领导艺术、强烈的挑战精神和良好的社会关系。

KAB创业教育（中国）研究所副所长刘帆认为，创业者需要具备的这些素质是互相联系的：出色的沟通及交际能力才能够带来更多的人脉资源，也就是良好的社会关系，有了人脉资源就可能获得更多的创业启动资金。

在校生创业最关注资金扶持政策

"我们项目的启动资金很少，而且没有注册公司，所以也没有查询相关的优惠政策。"延边大学的王鑫鹏说。他在校园里做了一份广告期刊，主要刊登送餐广告。对于获得优惠政策信息的渠道，王鑫鹏表示，他只是收到过一本当地就业主管部门印发的小册子，"里面有关于贷款优惠政策的介绍"。

对于优惠政策，浙江科技学院的俞佳辉则表示比较关注，他知道杭州市政府有专门针对大学生创业的扶持政策，"大学生创业可以享受税收减免、资金扶持等，工商部门注册登记可以简化程序"。据他观察，杭州的创业园比较多，优秀的大学生创业项目入驻创业园都可以得到扶持。

调查显示，对于扶持大学生创业的优惠政策，大家关注最多的是资金扶持（85.7%），其他依次是税收减免（76.2%）、场地支持（66.7%）、工商注册（46.4%）、自主创业证（26.2%）。很多大学生并不了解自主创业证的来历，刘帆认为这是由于自主创业证主要针对大四毕业生，此次受访的创业大学生都处于大二、大三的学习阶段。刘帆也指出："其实对于真正的创业者来说，钱不应该是问题，项目本身更重要，只要是好项目就一定能吸引来资金。"

缺乏资金是在校大学生创业失败的主因

调查显示，在校大学生创业失败的主要原因是缺乏资金（45.2%），其他依次是经验欠缺（19%）、个人能力问题（12%）、合伙人关系破裂（8.3%）、经济大环境影响（8.3%）、家庭因素（3.6%）、法律问题（3.6%）。

大学生创业选择合作伙伴的范围比较窄，往往是身边的同学或同寝室的室友。彭丽就是被别人拉"入伙"的。一个"海归"要建一家专卖进口食品的电子商务网站，主要销售对象为白领和大学生，为了扩大销量，他主动拉彭丽加入团队，负责开拓校园市场，但这个电商网站只坚持了8个月就关闭了。彭丽表示，"主要是钱烧不起了"，电子商务网站需要不断投钱，作为在校大学生她拿不到太多投资，在投入3万多元后，她没有信心继续做下去。

七成创业者认为最大的困难是缺经验

团队的经验和能力不够是彭丽总结出来的另一个失败原因。她说："我们设想这个项目前景不错，但没有市场调研，只是随机问了一些朋友。当出现问题的时候，我们把所有办法都想尽了，感觉还有市场，但市场的反应非常缓慢。"

调查也显示，在校大学生创业遇到的主要困难，70.2%的受访者认为是"经验不够，缺乏社会关系"，58.3%的人认为是"资金不足"，44%的人表示是因为"没有好的创业方向，开拓市场困难"，41.7%的人认为是"缺乏人才和核心技术"，仅有

> 3.5% 的人表示是"家人的反对"。
>
> （资料来源：《中国青年报》，2013 年 7 月 22 日 09 版，有改动。）

实训二：撰写营销策划书

实训情况

刘明申报的创业项目已获批立项，学校资助 3 万元创业资金。为提高影响度，扩大宣传，刘明准备策划一次校园营销活动。

实训目标

1. 了解商业营销活动和营销策划书写作知识。
2. 掌握营销策划书的结构和写作方法。

实训任务及要求

1. 查阅相关资料，了解校园营销活动知识及营销策划书写作知识。
2. 撰写营销活动策划书。
3. 模拟营销活动。
4. 2~4 人一组，合作完成该任务。提交电子文档作业，在课堂上模拟演示营销过程。

实训考核

1. 小组考核（表 4-10）。

表 4-10 实训任务完成情况考核表（学生用）

考核点	分值	评分人 1	评分人 2	评分人 3	平均分
格式：规范、简洁	3				
内容：营销活动有针对性，有特点，效果好	5				
语言：表达清楚，无语病	2				
合计	10				

2. 教师考核（表4-11）。

表4-11 实训任务完成情况考核表（教师用）

考核点	分值	得分	评语
格式：规范、简洁	3		
内容：营销活动有针对性，有特点，效果好	5		
语言：表达清楚，无语病	2		
合计	10		

理论要点

一、营销策划书

营销策划是在对企业内部环境进行分析，并有效运用经营资源的基础上，对一定时间内的企业营销活动的行动方针、目标、战略以及实施方案与具体措施进行设计和计划。营销策划书是营销策划的文字报告形式，也称营销策划文案。

二、营销策划书的写作结构

营销策划书一般由封面、前言、目录、概要提示、正文、结束语和附录七部分构成。

（一）封面

封面一般包括策划书的名称、策划对象、策划机构或策划人的名称、策划完成日期及本策划适用时间段。

（二）前言

前言又称导言，简单介绍委托情况，策划目的、意义以及策划的概略情况。

（三）目录

目录是正文内容的标题索引。

（四）概要提示

概要提示是营销策划内容的要点。

（五）正文

这里以一般营销策划书为例简单介绍。

1. 营销策划的目的

说明营销策划的目的，如：某企业开张伊始，尚无一套系统营销策略，因而需要根据市场特点策划出一套营销计划。

2. 企业背景状况分析

介绍企业发展历史、经营业务等情况。

3. 营销环境分析

（1）当前市场状况及市场前景分析。主要分析产品的现实市场及潜在市场状况；市场成长状况，即产品当前处于市场生命周期的哪一阶段。对于不同市场阶段的产品，公司营销侧重点如何，相应营销策略效果怎样，需求变化对产品市场的影响如何，消费者的接受程度如何，这些内容需要策划者凭借已掌握的资料分析。

（2）产品市场影响因素分析。主要是对影响产品的不可控因素进行分析，如经济环境、政治环境、居民经济条件、消费者收入水平、消费结构的变化、消费心理等。一些受科技发展影响较大的产品，如计算机、家用电器等产品的营销策划中还需要考虑技术发展趋势方向的影响。

4. 市场机会与问题分析

（1）针对产品营销现状进行问题分析。一般营销中存在的问题表现为：企业知名度不高，形象不佳，影响产品销售；产品质量不过关，功能不全，被消费者冷落；产品包装太差，产品价格定位不当，提不起消费者的购买兴趣；销售渠道不畅，或渠道选择有误，使销售受阻；促销方式单一，消费者不了解企业产品；服务质量太差，令消费者不满；售后保障缺乏，消费者购后顾虑多；等等。

（2）针对产品特点分析优、劣势。从问题中找劣势予以克服，从优势中找机会发掘其市场潜力。抓住主要消费群体作为营销重点，找出与竞争对手的差距，把握利用好市场机会。

5. 营销目标

营销目标是在分析营销现状并预测未来的机会和威胁的基础上确定的，一般包括财务目标和市场营销目标两类。其中财务目标由利润额、销售额、市场占有率、投资收益率等指标组成。市场营销目标由销售额、市场占有率、分销网覆盖面、客户／行业渗透情况、价格水平等指标组成。

6. 营销战略（具体营销方案）

（1）营销宗旨。一般企业可以注重以下方面：以强有力的广告宣传攻势拓展市场，为产品准确定位，突出产品特色，采取差异化营销策略；以产品主要消费群体为产品的营销重点；建立起点广面宽的销售渠道，不断拓宽销售区域；等等。

（2）产品策略。在产品市场机会与问题分析的基础上，提出合理的产品策略建议，形成有效的"4P"（产品 product，价格 price，渠道 place，促销 promotion）组合，达到最佳效果。

（3）价格策略。应遵循如下原则：拉大批零差价，调动批发商、中间商积极性；给予适当数量折扣，鼓励多购；以成本为基础，以同类产品价格为参考，使产品价格更具竞争力。

（4）销售渠道。内容包括：产品当前销售渠道状况如何，对销售渠道的拓展有何计划，采取何种实惠政策鼓励中间商、代理商的销售积极性或制定怎样的奖励政策。

（5）广告宣传。策划前期推出产品形象广告；销后适时推出诚征代理商广告；节假日、重大活动前推出促销广告；把握时机进行公关活动，接触消费者；积极利用新闻媒介，善于创造或利用新闻事件提高企业产品知名度。

（6）具体行动方案。根据策划期内各时间段特点，推出各项具体行动方案。行动方案要细致、周密，操作性强又不乏灵活性。

7. 策划方案费用预算

这一部分包括营销过程中的总费用、阶段费用、项目费用等，其原则是以较少投入获得最优效果。

8. 方案调整

这一部分是策划方案的补充部分。在方案执行中可能出现与现实情况不相适应的地方，因此方案贯彻的过程中必须随时根据市场的反馈及时对方案进行调整。

（六）结束语

结尾是对策划书的总结、预测和建议。

（七）附录

附录是随策划书附带说明的问题和展示的资料，是策划书的附件。

三、例文解析

文种：营销策划书	写作要点解析
中国电信校园营销策划书 一、××学院市场简介及分析 　　××学院于××××年×月×日正式迁入位于××市七一东路的新校区办学，新区占地面积广，环境优美，学生人数 18 000人左右，是一个非常具有潜力的手机销售市场。据初步调查统计，基本每一位在校生都拥有一部手机，但大多数学生都有换手机的想法，这就为电信品牌打入××学院市场提供了契机。 二、大学生市场概况及分析 （一）目前的大学生市场状况 　　随着人们经济水平的提高，信息通信业日益发展完善，手机渐渐深入人们的生活，成为一种生活必需品。而大学生是半只脚踏入社会的人群，手机便成为他们生活、学习及与社会接轨的必需产品，因此手机的选择十分重要。 （二）市场需求分析 　　手机的使用在大学生人群中十分普遍，因为手机具有便携性、实用性、实惠性等特点。而且手机功能众多而强大，通话、短信、网上冲浪、游戏娱乐等功能都很符合大学生的需求。大学生是一个非常特殊的消费群体，他们拥有强烈的购买欲望，但受到自身消费水平的限制，因此价格低将成为吸引大学生购买电信产品的一大优点。 （三）市场前景分析 　　大学生是未来消费的主体，从长远来看，掌握大学生消费市场，在大学生心中树立良好的形象和口碑，将十分有利于今后多年内的产品销售。 三、电信产品特点及优势分析 （一）电信产品特点及优势 …… （二）竞争分析 …… 四、产品推广营销方案 （一）营销目标 第一，品牌宣传，扩大电信在该区的知名度。 第二，抢占市场，扩大电信在该区的占有率。 （二）营销方案 1.营销平台 　　针对企业和商家急于在大学校园中扩大市场、宣传品牌的需求，创业者协会构建了由报纸平台、创业之声网站、网络化代理、现场活动、展板宣传、校园广播平台等众多模块组成的校园终端销售网络，这些模块将全方位应用于电信产品的宣传。	标题 正文 策划的背景和目的 进行营销环境分析，即对当前市场状况、市场前景和产品市场影响因素进行分析 SWOT分析法，用于确定企业产品自身的竞争优势（strength）、竞争劣势（weakness）、机会（opportunity）和威胁（threat） 确定具体营销方案

（续表）

文种：营销策划书	写作要点解析
报纸平台：根据××学院《创业者号角报》发行量大、内容可读性强、普及率高的特点，在报纸的相应版面加入电信产品基本信息、电信产品销售内容等，提高产品曝光率，扩大宣传。报纸将发送到学生宿舍，张贴到食堂前等学生流量大的地方。 …… 现场活动：在××学院人流密集的食堂前、超市前，结合协会公益性活动，以发放传单、海报等形式宣传电信产品。 展板宣传：利用协会精心设计的板报，生动形象地宣传电信产品，并摆放在人流密集的地方吸引人注意。 校园广播平台：联系校广播台，在课余时间播放产品介绍。 2. 促销策略 价格促销：以低价格销售，吸引大量学生。 赠品促销：凡购买电信手机都可获赠号码、话费、手机链、免费手机美容中的一项服务。 服务促销：为消费者提供高质量的售后服务。如果所购手机出现问题，可以联系校内代理，由代理送至专卖店维修，省去学生奔走的麻烦。 生日促销：凡生日在促销期内的学生购买手机，可凭身份证获赠相应礼品。 …… 3. 促销安排 时间：各节假日放假前、返校后，周六、日。 地点：食堂前或其他人流密集、场地大的地点。 组织安排：组织创业者协会组织部、业务部、宣传部和其他经过培训、有促销经验的成员参与安排场地、组织活动、宣传促销。 4. 推广活动 电信赞助举行"最佳短信比赛"。 比赛规则：给出一定主题，参赛选手根据主题编辑短信，发送到指定号码，由电信公司选定评委统一进行评比。比赛将确保按照严格标准公平评选，有一定字数限制。 比赛时间：比赛时间将持续两周，两周内任何电信手机持有者皆可发送短信参加比赛。比赛结束7日后公布比赛结果。 比赛奖项设置：一等奖1名，奖金100元；二等奖3名，话费50元；三等奖5名，免费手机美容一次；优秀奖10名，精美手机链一个。	
五、营销过程中可能存在的问题及解决方案 （一）价格统一 促销过程中，有些学生可能会讨价还价，或者与其他学生进行对比，因此要在全校范围内统一价格，使促销活动透明公开，给学生留下一个良好的印象。	对策划活动进行预测

（续表）

文种：营销策划书	写作要点解析
（二）促销竞争 　　在校园内可能会遇到其他品牌手机的促销活动，就会产生竞争。此时，我们要保持冷静的头脑，收集对方信息，分析制订相应的对策，进行公平竞争而非恶性竞争。 （三）现场安全 　　因为是现场的群众性活动，可能会造成人群拥挤等不安全现象。所以一定要维持好现场秩序，保证安全。 六、营销预算 	项目	数量	单位（元）	费用（元）	备注
---	---	---	---	---
报纸平台	一期	400	400	
网站	一则	200	200	
座谈会	两场	150	300	
展板制作	三块	100	300	
现场活动	一次	1500	1500	
机动		500	500	
总计			3200	| 七、效果评估 　　本营销方案在××学院创业者协会的全权组织下，将切实得到执行。利用创业者协会的人力资源和完善的营销设备，最大限度提高电信产品在××学院的知名度和销售率，达到宣传品牌、抢占市场的目的，在学生心目中树立起电信品牌的优质形象。既满足了大学生的需求，又圆满完成创业者协会在××学院营销电信产品的目标。	营销费用预算

点评： 这是一份营销策划书。开头简单交待了策划的目的，然后对整个策划情况进行了详细的分析，最终确定具体方案。策划书内容层层递进，逻辑清晰。

相关链接

"中国策"全国大学生营销策划大赛

　　"中国策"全国大学生营销策划大赛由中国商务广告协会指导，中国传媒大学广告学院主办，旨在为全国对营销策划实践有兴趣的大学生提供一个展示才华的平台，使大家通过参赛提高专业水平，取得佳绩，向社会及业界展示自己，是目前国内唯一面向全国大学生的营销策划类专项比赛。

比赛分为初审和终审两个阶段。

1. 初审阶段

参赛者填写并提交由组委会提供的初审表格。初审表从品牌诊断和策略两方面合理设计架构,让学生在有限的空间和架构内完成初步方案。同时,邀请各参赛高校教师担任初审评委,进行轮换式匿名评审,并对入围作品提出修改意见。

2. 终审阶段

通过初审的参赛作品需根据初步方案并结合评委意见,对作品进行细化和完善,最终提交提案演示文稿及演讲视频。终审评委通过对演讲视频的考核和评判,决出获奖作品,并提出亮点及修改意见。

拓展阅读

高校营销技巧

一、开展校园市场调研

对于希望在高校营销有所作为的企业来说,一定要深入研究和分析校园市场,了解和把握学生的消费特点,分析他们的消费习惯,例如他们更加容易受到周围朋友和同学的影响,他们的消费观念还未完全形成,感性认识占主要地位等,不能凭借在大众市场上的经验和主观臆断来进行营销决策。

二、产品开发要有针对性

在产品开发过程中要充分考虑大学生的特性,推出一些品质好、价格适中的新产品。产品设计要有针对性,从外形到功能,融入大学生的文化元素,如手机内置单词查询功能、外观新颖炫酷等。如果选对了产品,大学生的接受程度将让人吃惊。

三、进行市场细分和定向推广

对校园市场也需要进行市场细分,从而使得企业可以根据不同的目标市场进行产品差异化定位和营销。如通过数据采集,了解某个学校有多少个寝室,男女比例多少,大一多少人、大二多少人……这些细分数据都掌握在手里,就可以进行校园定向推广,确保营销的准确性和高效率。

四、价格、付款方式要考虑大学生的承受力

大学生强烈的消费欲望受到现有购买能力的限制,因而价格对于大学生来讲是一个非常敏感的营销工具，进入校园市场的产品定价应该倾向于中低档。另外，企业可以针对大学生市场设置相应的付款方式，比如电脑、数码相机等价格较高的产品，允许分期付款。

五、充分利用互联网的力量

传统媒体对年轻人的吸引力正在下降，现在互联网是对大学生最具吸引力的媒介。因此，应该更多地利用网络在大学生群体中的亲和力，在各种虚拟社区和网络游戏中强化传播的力度，加强企业、品牌和大学生间的联系。

六、发挥高校社团的作用

高校社团是营销特别值得关注的一个环节，企业在高校的营销活动如果能够得到学生会或学生社团的支持与配合，结合学生的特点和社团活动计划来完成宣传活动和引导消费导向，将会取得事半功倍的效果。如果有可能，企业甚至可以创建自己的高校活动社团，利用社团达到自己的营销目的。

七、寻找"意见领袖"

几乎每一所学校都会有一小群人，他们的消费观念比较超前，什么东西都第一个用，甚至会在第一时间带动整个学校的潮流。这些人就是所谓的"意见领袖"。可以设法建立一个"意见领袖"网络，和这些人建立联系，通过给他们一些优惠或者赠送，带动新品的推广。这个办法成本很低，但是效果很好，这些学生在引领身边潮流方面，甚至比明星代言还有说服力。

八、用大学生熟悉的方式"说话"

贴近校园环境，以大学生更加容易接受的语言和文化去展现企业的产品和品牌。改变品牌和产品推广的方式，通过更加软性的广告或者公益活动等公关活动来减少大学生的规避心理；通过非商业性质的宣传活动加强学生的参与，最终达到学生与学生互动、学生与厂商互动的目的，实现品牌与消费群体的共鸣。

九、明确活动的目的

在企业把营销活动延伸到校园内部之前，企业应该明确开展营销活动最根本的目的是提升企业或产品的形象，还是仅搞一次促销。即便是二者兼顾，也要划出偏重点，这样才能使得活动的形式更好地符合活动目的和要求。侧重扩大知名度、提升形象的可做产品展示或者知识讲座，尽量淡化商业氛围，以免引起学生的规避心理;侧重推销产品的,要加大活动前期的宣传,以吸引学生对活动的足够关注,并且在促销方式上应该力求多样化。

课后训练

学生3人一组,设计制作秘书学专业招生宣传广告,提交文案作品。

任务四 党政机关公文处理

实训一:设计公文模板

实训目标

1. 熟悉公文格式及构成要素。
2. 能设计公文模板。

实训任务及要求

1. 2人一组,上机操作完成该任务。
2. 查阅《党政机关公文格式》(GB/T 9704—2012),熟悉公文格式,设计一份公文模板,提交电子文档作业。

实训考核

公文格式规范,要素齐全。
实训任务完成情况考核表见表4-12。

表4-12 实训任务完成情况考核表

考核点	分值	得分	评语
格式:规范、要素完备	6		

（续表）

考核点	分值	得分	评语
页面：边距、行距、字号等规范	4		
合计	10		

理论要点

一、公文

公文一般专指适用于党政机关的公文，是党政机关实施领导、履行职能、处理公务的具有特定效力和规范体式的文书，是传达、贯彻党和国家方针政策，公布法规和规章，指导、布置和商洽工作，请示和答复问题，报告、通报和交流情况等的重要工具。

二、党政机关公文的种类

（1）决议。适用于会议讨论通过的重大决策事项。

（2）决定。适用于对重要事项作出决策和部署、奖惩有关单位和人员、变更或者撤销下级机关不适当的决定事项。

（3）命令（令）。适用于公布行政法规和规章、宣布施行重大强制性措施、批准授予和晋升衔级、嘉奖有关单位和人员。

（4）公报。适用于公布重要决定或者重大事项。

（5）公告。适用于向国内外宣布重要事项或者法定事项。

（6）通告。适用于在一定范围内公布应当遵守或者周知的事项。

（7）意见。适用于对重要问题提出见解和处理办法。

（8）通知。适用于发布、传达要求下级机关执行和有关单位周知或者执行的事项，批转、转发公文。

（9）通报。适用于表彰先进、批评错误、传达重要精神和告知重要情况。

（10）报告。适用于向上级机关汇报工作、反映情况，回复上级机关的询问。

（11）请示。适用于向上级机关请求指示、批准。

（12）批复。适用于答复下级机关请示事项。

（13）议案。适用于各级人民政府按照法律程序向同级人民代表大会或者人民代表大会常务委员会提请审议事项。

（14）函。适用于不相隶属机关之间商洽工作、询问和答复问题、请求批准和答复审批事项。

（15）纪要。适用于记载会议主要情况和议定事项。

三、党政机关公文的格式

公文一般由份号、密级和保密期限、紧急程度、发文机关标志、发文字号、签发人、标题、主送机关、正文、附件说明、发文机关署名、成文日期、印章、附注、附件、抄送机关、印发机关和印发日期、页码等组成。

（1）份号。公文印制份数的顺序号。涉密公文应当标注份号。

（2）密级和保密期限。公文的秘密等级和保密的期限。涉密公文应当根据涉密程度分别标注"绝密""机密""秘密"和保密期限。

（3）紧急程度。公文送达和办理的时限要求。根据紧急程度，紧急公文应当分别标注"特急""加急"，电报应当分别标注"特提""特急""加急""平急"。

（4）发文机关标志。由发文机关全称或者规范化简称加"文件"二字组成，也可以使用发文机关全称或者规范化简称。联合行文时，发文机关标志可以并用联合发文机关名称，也可以单独用主办机关名称。

（5）发文字号。由发文机关代字、年份、发文顺序号组成。联合行文时，使用主办机关的发文字号。

（6）签发人。上行文应当标注签发人姓名。

（7）标题。由发文机关名称、事由和文种组成。

（8）主送机关。公文的主要受理机关，应当使用机关全称、规范化简称或者同类型机关统称。

（9）正文。公文的主体，用来表述公文的内容。

（10）附件说明。公文附件的顺序号和名称。

（11）发文机关署名。署发文机关全称或者规范化简称。

（12）成文日期。署会议通过或者发文机关负责人签发的日期。联合行文时，署最后签发机关负责人签发的日期。

（13）印章。公文中有发文机关署名的，应当加盖发文机关印章，并与署名机关相符。有特定发文机关标志的普发性公文和电报可以不加盖印章。

（14）附注。公文印发传达范围等需要说明的事项。

（15）附件。公文正文的说明、补充或者参考资料。

（16）抄送机关。除主送机关外需要执行或者知晓公文内容的其他机关，应当使用机关全称、规范化简称或者同类型机关统称。

（17）印发机关和印发日期。公文的送印机关和送印日期。

（18）页码。公文页数顺序号。

公文的版式按照《党政机关公文格式》（GB/T 9704—2012）执行。

公文使用的汉字、数字、外文字符、计量单位和标点符号等，按照有关国家标准和规定执行。民族自治地方的公文，可以并用汉字和当地通用的少数民族文字。

公文用纸幅面采用国际标准A4型。特殊形式的公文用纸幅面，根据实际需要确定。

> **相关链接**
>
> ### 文书、公文与文件三者的关系
>
> 文书、公文和文件是我们在日常的工作中经常遇到的，但是由于这三者的概念比较接近，使用时极易出现混淆的情况。
>
> 文书是信息传递的一种重要载体和基本工具，是指在公务活动中，为了处理各种公私事务所形成和使用的体式规范、内容系统的文字材料，包括公务文书和私人文书。公务文书是处理公务所使用的应用文书，私人文书是个人在往来联系中产生的文书，如申请书、志愿书、证书、表单、书信等。
>
> 公文，即公务文书的简称。广义的公文是依法成立的社会组织在处理社会公务活动时形成并使用的具有法律效力和规范体式的书面文字材料，包括法定公文和机关应用文。狭义的公文是指《党政机关公文处理工作条例》规定的公文，包括决议、决定、命（令）、公报、公告、通告、意见、通知、通报、报告、请示、批复、议案、函、纪要15种公文。
>
> 文件是指一种特定的公文发布载体形式。文件也有口语表述和专用术语之分。口语中通常把法定公文和事务文书中政策性较强或者内容较重要的那一部分称为文件，如计划、章程、办法、细则、讲话稿、可行性研究报告等。文件作为专用术语时，是指领导机关根据自己的职责范围所制定与发布的具有法定效力并设有特定版头的公文，即按照国家标准《党政机关公文格式》（GB/T 9704—2012）中通用文件格式制发的，版头中发文机关标志后有"文件"二字的公文。
>
> 公文与文书的关系：文书的概念比公文大，公文是文书的重要组成部分。文书包括公务文书和私人文书，公务文书又可分为法定公文和机关应用文两大类。
>
> 公文与文件的关系：公文概念的外延比文件大，所以，我们可以把文件称为公文，但有的公文不一定就是文件。

实训二：公文办理

实训目标

1. 了解公文办理程序。
2. 掌握公文拟制、公文办理、公文管理的流程。

实训任务及要求

1. 查阅《党政机关公文处理工作条例》（中办发〔2012〕14号）等相关资料，了解公文办理的相关知识。
2. 完成公文拟制、公文办理、公文管理的流程。

实训考核

1. 通过模拟办公场景，能够正确办理公文事务。
2. 公文拟制、公文办理、公文管理程序正确，内容有条理，表述清楚简洁。

实训任务完成情况考核表见表4-13。

表4-13 实训任务完成情况考核表

考核点	分值	得分	评语
发文：环节完备	3		
收文：环节完备	3		
展示：符合工作场景	4		
合计	10		

理论要点

一、公文处理

公文处理工作是指公文拟制、办理、管理等一系列相互关联、衔接有序的工作。

公文处理工作应当坚持实事求是、准确规范、精简高效、安全保密的原则。

二、公文拟制

公文拟制包括公文的起草、审核、签发等程序。

（一）公文起草的要求

（1）符合国家法律法规和党的路线方针政策，完整准确体现发文机关意图，并同现行有关公文相衔接。

（2）一切从实际出发，分析问题实事求是，所提政策措施和办法切实可行。

（3）内容简洁，主题突出，观点鲜明，结构严谨，表述准确，文字精练。

（4）文种正确，格式规范。

（5）深入调查研究，充分进行论证，广泛听取意见。

（6）若公文涉及其他地区或者部门职权范围内的事项，起草单位必须征求相关地区或者部门意见，力求达成一致。

（7）机关负责人应当主持、指导重要公文起草工作。

（二）公文审核的要求

公文文稿签发前，应当由发文机关办公厅（室）进行审核。审核的重点是：

（1）行文理由是否充分，行文依据是否准确。

（2）内容是否符合国家法律法规和党的路线方针政策；是否完整准确体现发文机关意图；是否同现行有关公文相衔接；所提政策措施和办法是否切实可行。

（3）涉及有关地区或者部门职权范围内的事项是否经过充分协商并达成一致意见。

（4）文种是否正确，格式是否规范；人名、地名、时间、数字、段落顺序、引文等是否准确；文字、数字、计量单位和标点符号等用法是否规范。

（5）其他内容是否符合公文起草的有关要求。

经审核不宜发文的公文文稿，应当退回起草单位并说明理由；符合发文条件但内容需作进一步研究和修改的，由起草单位修改后重新报送。

（三）公文签发的要求

公文应当经本机关负责人审批签发。重要公文和上行文由机关主要负责人签发。党委、政府的办公厅（室）根据党委、政府授权制发的公文，由受权机关主要负责人签发或者按照有关规定签发。签发人签发公文，应当签署意见、姓名和完整日期；圈阅或者签名的，视为同意。联合发文由所有联署机关的负责人会签。

三、公文办理

公文办理包括收文办理、发文办理和整理归档。

(一)收文办理主要程序

(1)签收。对收到的公文应当逐件清点,核对无误后签字或者盖章,并注明签收时间。

(2)登记。对公文的主要信息和办理情况应当详细记载。

(3)初审。对收到的公文应当进行初审。初审的重点是:是否应当由本机关办理;是否符合行文规则,文种、格式是否符合要求,涉及其他地区或者部门职权范围内的事项是否已经协商、会签,是否符合公文起草的其他要求。经初审不符合规定的公文,应当及时退回来文单位并说明理由。

(4)承办。阅知性公文应当根据公文内容、要求和工作需要确定范围后分送。批办性公文应当提出拟办意见报本机关负责人批示或者转有关部门办理;需要两个以上部门办理的,应当明确主办部门。紧急公文应当明确办理时限,承办部门对交办的公文应当及时办理,有明确办理时限要求的应当在规定时限内办理完毕。

(5)传阅。根据领导批示和工作需要将公文及时送传阅对象阅知或者批示。办理公文传阅应当随时掌握公文去向,不得漏传、误传、延误。

(6)催办。及时了解掌握公文的办理进展情况,督促承办部门按期办结。紧急公文或者重要公文应当由专人负责催办。

(7)答复。公文的办理结果应当及时答复来文单位,并根据需要告知相关单位。

(二)发文办理主要程序

(1)复核。已经发文机关负责人签批的公文,印发前应当对公文的审批手续、内容、文种、格式等进行复核;需作实质性修改的,应当报原签批人复审。

(2)登记。对复核后的公文,应当确定发文字号、分送范围和印制份数并详细记载。

(3)印制。公文印制必须确保质量和时效。涉密公文应当在符合保密要求的场所印制。

(4)核发。公文印制完毕,应当对公文的文字、格式和印刷质量进行检查后分发。

涉密公文应当通过机要交通、邮政机要通信、城市机要文件交换站或者收发件机关机要收发人员进行传递,通过密码电报或者符合国家保密规定的计算机信息系统进行传输。

(三)整理归档

需要归档的公文及有关材料,应当根据有关档案的法律法规以及机关档案管理规定,及时收集齐全、整理归档。两个以上机关联合办理的公文,原件由主办机关归档,相关机关保存复制件。机关负责人兼任其他机关职务的,在履行所兼职务过程中形成的公文,由其兼职机关归档。

四、公文管理

各级党政机关应当建立健全本机关公文管理制度,确保管理严格规范,充分发挥公文效用。党政机关公文由文秘部门或者专人统一管理。设立党委(党组)的县级以上单位应当建立机要保密室和机要阅文室,并按照有关保密规定配备工作人员和必要的安全保密设施设备。

> **拓展阅读**
>
> **公文处理的三个基本要求**
>
> 公文处理工作要做到优质、及时、高效、安全、可靠,就需认真研究探索公文处理行为和过程的规律,使之有统一的标准和行为规范;还需建立并完善必要的制度,使各项工作有章可循,要用科学的思想来指导公文处理工作的每一个环节,以提高其效率。
>
> 一、公文处理的规范化
>
> 公文处理的各个工作环节都有规范的内容和处理程序,公文撰拟的每个数据项目及其所在的位置都不能差之分毫,收文发文处理的整个程序的基本环节不能任意削减或削弱;各个环节的排列次序不能任意地颠倒和打乱;整个公文处理系统目标的实现可根据具体的组织需求或文件效用而合并、删繁就简、随机制宜。
>
> 二、公文处理的制度化
>
> 公文处理制度是指与公文处理活动有关的,各类工作人员必须共同遵守的准则、法规、规章、标准等规定性的文件。无论是公文的撰制、办理还是管理,都对制度具有广泛的依赖性。各种组织各类人员共同参与此项活动,既分工又协作,就需建立高度稳定的秩序,把制度当作管理工具,使责任权力分明。在具体的公文处理实践中,人们逐步摸索出了一些有效的方法,建立了一些行之有效的制度,比如拟办和批办制度、催办制度、审核制度、立卷制度、归档制度等。审核制度根据新的形势的发展要求强调三级审核制度:一是部门领导审核,二是专职秘书审核,三是签发领导审核,以达到层层把关的目的。此外,公文处理的制度应具有高度的统一性、可操作性和相对稳定性,以避免沟通的障碍和不必要的转换加工环节。具有可操作性是说制度必须精细具体,要分解工作流程,并予以清晰的指导和界定,使人们能一目了然,以便照章行事。
>
> 三、公文处理的科学化
>
> 公文处理是一个动态的、环节众多的、相互影响的工作过程,公文的最终效用和质量是众人共同努力的成果。没有科学的理念指引,没有科学的管理和培训,没

有科学的安排和协作分工，没有科学的制度建立和实施，要做到公文处理的高效率、高质量是不可能的，公文处理的规范化和制度化也是很难真正实现的。

（资料来源：http://www.71.cn/2013/0227/704651.shtml，有改动。）

课后训练

学生3人一组，一人设计公文发文处理单（流程单），一人设计公文收文处理单（流程单），一人对两份表单进行点评。

任务五　党政机关公文写作

实训一：通报写作

实训情境

某职业技术学院2022级秘书学专业学生张某因旷课累计超过20学时，受到处分。请你代校学生处写一份处分通报。

实训目标

1. 了解通报。
2. 掌握通报的结构和写作方法。

实训任务及要求

1. 查阅相关资料，了解通报写作知识。
2. 独立完成通报写作。

实训考核

通报格式正确，内容有条理，表述清楚简洁。
实训任务完成情况考核表见表4-14。

表 4-14 实训任务完成情况考核表

考核点	分值	得分	评语
格式：规范、要素完备	3		
内容：逻辑清晰，事项完整	5		
语言：表达清楚，无语病	2		
合计	10		

理论要点

通报适用于表彰先进、批评错误、传达重要精神和告知重要情况。

一、通报的分类

通报一般可分为表彰性通报、批评性通报和情况性通报三种类型。

（一）表彰性通报

表彰性通报主要用于表彰先进人物、先进集体，介绍先进经验，达到激励先进、推广经验、指导工作的目的。

（二）批评性通报

批评性通报主要用于对工作中出现的影响较大的错误事件、错误的做法进行通报批评，借以告诫和教育人们吸取教训，引以为戒。

（三）情况性通报

情况性通报主要用于向干部群众传达重要精神或重要情况，使广大干部群众及时了解工作中存在的带有普遍性的问题或出现的新情况和新问题，以便统一认识，统一行动，推动工作的顺利进行。

二、通报的写作结构

通报一般包括标题和正文两大部分。

（一）标题

通报的标题大都包括发文机关、内容和文种三要素，如《教育部办公厅关于近期几起中小学生溺水事故情况的紧急通报》。

（二）正文

正文即通报的相关情况。这一部分所占篇幅相对重一些。但在写作时要注意表述准确，语言精练。

分析情况和提出要求。即针对所述情况作出恰如其分的分析，并表明态度，提出今后工作的具体意见和要求。

（三）结束语

通报结尾要根据通报的性质而定。多数情况下通报不另加结尾部分，正文写完就结束全文。有的批评性通报，习惯以"特此通报"等词语结束全文。

三、例文解析

文种：通报	写作要点解析
云南省人民政府办公厅关于 2021 年县级政府履行教育职责督导评估结果的通报	标题 发文机关＋事由＋文种
云政办函〔2022〕14 号	发文字号
各州、市、县、区人民政府，省直各委、办、厅、局：	主送机关
为认真贯彻落实党中央、国务院决策部署，坚持教育优先发展战略，推动县级政府切实履行教育职责，促进教育公平，提高教育质量，提升教育服务经济社会发展能力，按照《云南省教育督导规定》（省人民政府令第 198 号）和《云南省人民政府教育督导委员会关于印发云南省县级人民政府履行教育职责督导评估办法的通知》（云政教督〔2018〕4 号）要求，2021 年，省人民政府教育督导委员会办公室组织对永善县等 31 个县、市、区人民政府履行教育职责情况进行了督导评估，29 个县、市、区评估结果为合格以上。其中，永善县、澄江市、姚安县、屏边县、沧源县人民政府认真履行教育职责，教育事业发展成效突出，评估结果为优秀，省人民政府给予通报表扬。	正文 发文缘由 通报内容
各地各部门要坚持以习近平新时代中国特色社会主义思想为指导，深入学习贯彻习近平总书记关于教育的重要论述，认真落实教育优先发展战略，坚持教育公益性原则，切实履行教育职责，深化教育体制机制改革，认真贯彻执行《云南省"十四五"教育事业发展规划》，不断加大投入，推进各级各类教育高质量发展，努力办好人民满意的教育，为全省经济社会发展作出新的更大贡献。	提出希望和要求
云南省人民政府办公厅 2022 年 3 月 21 日	发文机关 成文日期

点评：这是一份表彰性通报。先介绍发文缘由，然后通报督导评估内容，表扬评估结果为优秀的部门，最后提出希望和要求。格式规范，表达清晰。

> **拓展阅读**

如何让公文写作提速增效

机关单位的公文写作不似普通文学创作，允许长时间的"酝酿"，它需要及时快速地完成，追求应用时效性。那么，如何提高自己的公文写作速度呢？笔者认为要把握以下三点。

一、领会意图，把握方向

公文写作通常都有一定的目的性，动笔前准确领会领导意图，可以防止所写公文脱题离纲，文不达意，这是提高公文写作速度的关键一步。

分析清楚要素。起草公文首先要考虑行文目的。分析清楚是向上级汇报还是向下级讲话，是内部交流还是公开发表。其次要明确格式和文体。弄清是上行文、平行文还是下行文，是请示还是报告，是汇报还是总结，演讲稿还是讲话稿，等等。最后要确定人称用语。公文是以第一人称写，还是以第三人称写，都要及时与领导沟通好、商定好，防止"失之毫厘，谬以千里"。

符合领导风格。公文写作要把准领导的风格，不同的领导讲同一问题有不同的见解，撰写公文的语言特点、风格自然也不相同。喜直来直去的，则要用原汁原味的口语，实实在在地去写；爱生动文雅的，则要把握形象生动、风趣幽默的行文风格；好谈古论今的，则需引经据典、文言诗词并用，越古越有味道。同时还要注意控制篇幅的长短，该长则长，该短则短，力求使所撰写的公文符合领导的"口味"、对领导的脾气。

进行换位思考。想要快速打开写作思路，一方面要从受文对象、发送范围切入，准确判断受文对象迫切想知道和急需解决的问题，想周全、写到位；另一方面要站在领导的角度上，从基本观点、解决问题入手，根据领导的工作方法、思维习惯及单位近期工作动态，认真分析全局的工作，准确判断出单位目前需解决的问题和要实现的目标。

二、积累资料，打牢基础

"九层之台，起于累土。"公文写作非一日之功，想要成为大拿不但要勤于收集资料，还要善于积累资料。

积累单位的资料。一是单位的历史资料。如单位的组建过程、名称变更、隶属关系、发展过程、组织沿革、人事变迁、重大事件等；二是单位的公文资料，如单位历年的工作总结、工作要点、会议纪要、典型材料、重点工作、中心任务及当年的工作指标、工作要点、重大事项安排等；三是单位的数据资料，如单位的编制实力、现有实力、完成指标等。

积累时事政策资料。要及时收集党和国家出台的方针、政策及法律、法规，也要收集上级单位出台的相关政策、法规；要及时收集党和国家号召学习的先进典型的事迹材料，也要收集本单位、本行业的先进典型人物事迹；要及时收集党和国家为本行业提出的发展方向，也要收集本单位超前发展的理念、层出不穷的新鲜词汇。

三、模仿范文，打造精品

古人云："熟读唐诗三百首，不会作诗也会吟。"公文写作入门都是从模仿开始的，但是模仿也需要有目标，有所选择，不能盲目地照搬照抄。

模仿固定格式的公文。大多数的公文都有自己的固有模式和特殊要求，对于这类公文的写作我们完全可以套用那些语言精练、结构严谨的现成公文来快速"移植"成文。

模仿单位"高手"的公文。这些"高手"在长期的公文写作实践中，积累了丰富的写作经验，他们笔下的公文既具有极佳的形式和模式，又透出本单位领导的特点和习惯，值得我们学习。模仿他们的公文，不仅可以快速领会公文的写作要领、技巧处理、写作要求，还可了解领导喜欢的公文风格及对公文的要求。因此，要悉心学习、仔细揣摩、借鉴掌握，消化吸收成为自己的东西，努力实现公文写作的跨越式升级。

模仿名人大家的公文。名人大家之作是必不可少的，但是也不能盲目学习，因年代、历史等原因，其在格式上不一定符合现代公文的要求，所以要在学习中取其精华去其糟粕，要多模仿他们简明质朴不枯燥，新颖生动不浮华，简洁精练的语言，以及内容充实不冗长，文章短小不空洞，严谨规范的文风。

实训二：通知写作

实训情况

国庆节即将到来，请你写一份国庆节放假通知。

实训目标

1. 了解通知。

2. 掌握通知的结构和写作方法。

实训任务及要求

1. 查阅相关资料，了解通知写作知识。
2. 独立完成通知写作。

实训考核

通知格式正确，内容有条理，表述清楚简洁。

实训任务完成情况考核表见表4-15。

表4-15 实训任务完成情况考核表

考核点	分值	得分	评语
格式：规范、要素完备	3		
内容：逻辑清晰，事项完整	5		
语言：表达清晰，无语病	2		
合计	10		

理论要点

通知适用于发布、传达要求下级机关执行和有关单位周知或者执行的事项，批转、转发公文。

一、通知的类型

根据内容通知可以分为指示性通知、发布（转发）性通知、任免人员的通知和告知性通知四类。

（一）指示性通知

指示性通知是上级机关就某些事项、某项工作，提出工作的具体原则、要求和安排，以让受文单位贯彻执行的通知。这种通知的内容多数不宜以命令或意见行文。

（二）发布（转发）性通知。

此类通知可在颁布本机关制定的行政法规与规章、决定等公文时使用，如《国务院办公厅关于印发体育强国建设纲要的通知》；也可转发公文时使用，如《国务院办公厅关于转发教育部等部门"十四五"特殊教育发展提升行动计划的通知》。

（三）任免人员的通知

任免人员的通知即告知有关单位或个人人事任免的通知。

（四）告知性通知

告知性通知即告知相关单位某项工作的进展情况或某种现状等。

二、通知的写作结构

通知一般由标题、正文、附件、落款等部分构成，但不同类型的通知在写法上又具有不同的特点。

（一）指示性通知

指示性通知是向下级机关部署工作，阐明工作活动的指导原则，要求下级机关办理或共同执行时使用的通知。其写法如下：

标题。指示性通知要求使用完全式标题，如遇特殊情况，还可在通知前加"紧急""联合""补充"等字样。如《国家能源局综合司关于加强地质灾害多发区电力生产和建设施工安全风险防范工作的紧急通知》。

正文。指示性通知的正文包括两个部分的内容：①发文缘由。主要阐述发文的目的、意义及依据，其目的是提高受文机关或单位对通知事项的重要性和必要性的认识，提高其执行的自觉性。这部分内容要简短，要有针对性。②通知的事项。这是指示性通知的主体部分，应写明指示的具体内容，并阐述执行的具体方法和要求。这部分一般采用分条列项的方法，在写作时应注意条与条、项与项之间的逻辑关系。

落款。在正文右下方署名发布指示通知的机关全称和日期。

（二）发布（转发）性通知

1. 发布性通知

发布性通知主要用于发布行政规章（规定、条例、办法、细则等），要求有关单位执行，具有行文简短、语言庄重的特点。其写法如下：

标题。发布性通知应使用完全式标题，其内容部分是由"关于发布/印发"加被发布的公文名称构成。如《国务院办公厅关于印发体育强国建设纲要的通知》。

正文。发布性通知的正文比较短，依次写清被发布的行政规章的名称、发布的目的、执行的要求和实施的日期即可。有的通知还简要地说明被发布的规章的适用范围及在执行过程中的有关事宜。

落款。在正文右下方署名发布通知的机关全称和日期。

2. 转发性通知

转发性通知是批转下级机关的公文或转发上级机关、不相隶属机关的公文时使用的一种通知。其写法如下：

标题。转发性通知的标题比较特殊，通常由转发机关名称加上"批转"或"转发"，然后加上被转发文件全称，再加上"通知"二字组成。如《××市人民政府批转××市经委关于对我市部分工业产品实行控制发展的报告的通知》。

正文。转发性通知的正文比较简短，有的通知只有一句话，即写明由谁批准或同意，转发了一份什么公文，然后对有关方面提出要求。

落款。在正文右下方署名批转或转发通知的机关全称和日期。

（三）任免人员的通知

任免通知是指国家机关中上级机关任免下级机关的人员，或者上级机关的任免事项需要下级机关知晓时所写的通知。其写法如下：

标题。通常由"关于××职务任免（任职、免职）+通知"组成，或由"任命机关+任免事项+通知"三要素组成。

正文。写清楚人员职务任职（免职）事项即可。

落款，在正文右下方署名发布任免通知的机关全称和日期。

（四）告知性通知

告知性通知是将新近决定的有关事项告知受文单位时使用的通知。这类通知的内容非常广泛，如人事调整、机构的设立和撤销、机关单位隶属关系的变更、单位更名、召开会议等。其写法如下：

标题。一般由发文单位、事由和文种构成。

正文。包括缘由和应知事项两部分。缘由要写清是什么事项，有的还要写清为什么要提出这一事项。在应知事项里，要写清应当告知的具体内容，包括时间、地点、办法和手续等。如果内容较为复杂，就得分条列项，以求醒目。

落款。在正文右下方署名发布告知通知的机关全称和日期。

三、例文解析

文种：通知	写作要点解析
国务院关于印发《中国制造2025》的通知 国发〔2015〕28号 各省、自治区、直辖市人民政府，国务院各部委、各直属机构： 　　现将《中国制造2025》印发给你们，请认真贯彻执行。 　　　　　　　　　　　　　　　　　　　　国务院 　　　　　　　　　　　　　　　　　　2015年5月8日	**标题** 发文机关＋事由＋文种 **主送机关** **正文** 发布内容 **发文机关** **成文日期**

点评： 这是一份发布性通知，能说清发布的文件即可。发布文件附后。

> **拓展阅读**

通知写作的几个问题

岳海翔

在党政机关、企事业单位所使用的公文中，通知是发文数量最多、使用频率最高的一个文种，呈现出作者的广泛性，内容的晓谕性，用途的多样性以及使用的频繁性等特性。

一、关于通知文种的行文方向问题

通知具有承接上下、联系内外等多方面的作用，在绝大多数情况下，通知适用于"发布、传达要求下级机关执行的事项"，显然是作为下行文来使用的；但有时又会发布、传达要求"有关单位周知或者执行的事项"，向不具有隶属关系的单位告知某一事项，诸如启用新的印章、成立或撤销某一机构等，也可用通知来行文。因此可见，通知既可以用于发布、传达要求下级机关执行的事项，也可以向有关机关（主要是不相隶属机关）告知相关事项，具有发布、传达和告知的作用；既可以用于批转下级机关的公文，也可以用于转发上级机关和不相隶属机关的公文，因而又具有桥梁和纽带的作用。

二、关于相近易混术语的区分问题

在通知的写作中，经常涉及"印发""发布""批转""转发"等相近易混的术语，往往容易被人们弄混。"印发"仅适用于机关或单位内部行文，例如《中共中央办公厅 国务院办公厅关于印发〈党政机关公文处理工作条例〉的通知》；"发布"则适用于对社会公开,例如《国务院关于发布〈医疗事故处理办法〉的通知》,这种印发、发布性通知也可合称公布性通知,与"公布令"类似,只是在内容的重要程度上有所区别;"批转"适用于"上对下",例如《国务院批转民政部关于进一步加强生产救灾工作的报告的通知》,被批转的下级机关的来文通常是"请示""报告""意见""方案"等文种,其中以"报告"和"意见"为最多;"转发"则适用于"下对上"或者"平对平",例如《国务院办公厅转发公安部 交通运输部关于推进机动车驾驶人培训考试制度改革意见的通知》即属于此种情形。下转上的来文文种一般是"通知",这种转发文件的特点表现为"以通知转通知"。例如《××市人民政府转发××省人民政府关于加强社会治安综合治理工作的通知》。

三、关于能否使用通知来公布法规、规章以及人事任免事项的问题

实践中有人认为,《党政机关公文处理工作条例》中没有赋予通知"发布法规、规章"以及"任免、聘用干部"的功能,因此不能使用。这属于对公文法规的机械、片面的理解,法规中没有规定的并不等于实践中绝不可用,况且《条例》本身即以通知文种来印发,就是很好的例证。相应地诸如公布有关人事任免的事项等,显然也要用通知来行文。

四、关于转文性通知标题的拟制问题

此类通知包括批转性通知和转发性通知。其中前者是用于批转下级机关的公文,后者是用于转发不相隶属机关的公文。其标题的写作有一定的难度,因为在拟写时常常要涉及对被批转或者被转发的原文标题的引用,往往容易导致标题字数过多,排列起来冗长杂乱,繁琐累赘,令人生厌。解决的办法通常是:其一,压缩介词"关于",亦即在整个标题中只使用一个介词"关于"。介词"关于"既可以出现在"批转""转发"字样的前面,也可以出现在"批转""转发"字样的后面,具体位置应视被批转、转发的对象而定,如果被批转、转发的原文标题中已经带有介词"关于",则前面就要省略;如果原文标题中不带介词"关于",则前面就要添加。一般被批转、转发的对象标题不带介词"关于"的,通常是法规、规章、工作要点、实施方案等文种。例如《××市人民政府办公厅关于转发〈党政机关公文处理工作条例〉的通知》,"条例"属于法规,其标题本身不带介词"关于",则在前面就要添加;而像《×××关于批转〈关于×××的通知〉的通知》,被批转的原文标题中已经带有介词"关于",则前面就应省略,改为《××批转关于×××的通知》。其二,省略中间环节。不要层层转发或批转,而应直转。而且中间环节无论有几个,

均应省略，以归简易。值得注意的是，省略掉的中间环节一定要在转文通知的正文部分作出交代，以免给人以突兀之感。其三，去掉书名号，但法规、规章名称除外。其四，压缩文种。例如《××关于转发〈××关于××的通知〉的通知》，此种形式的标题文种重叠，实属赘疣，应将原发文机关的文种名称删除，即写为《××转发关于××的通知》。这是被批转、转发的对象均为"通知"的情况处理办法，如果被批转、转发的对象不是通知，而是报告、请示、意见等文种，则应保留。例如《国务院批转民政部关于进一步加强生产救灾工作的报告的通知》。

五、关于不同类型通知结尾语的使用问题

通知的写作常常要在文尾处提出具体的贯彻执行的意见或要求。所提出的执行要求必须有针对性，即要结合本地区、本系统、本单位的实际情况，对所发布的通知事项以及被批转、转发文件的内容要求加以具体化，做到"有的放矢"。此类通知的"执行要求"部分通常使用的习惯用语有"请遵照执行""请认真贯彻执行""请参照执行""请认真贯彻落实"等。具体如何使用，应视所发通知的内容而定。如果通知中的意见属于探索性的，且法律程序不够完备，需要下级机关边执行边修改的，则习惯用语一般写为"请研究试行"；如果通知中的要求只是根据一定地区的特点，或是批转下级机关的报告、有参考价值的意见或建议，或是应引起注意的问题，则习惯用语一般写为"请参照执行"等。

六、要特别注意分清通知发布的载体形式

印发性、发布性通知以及转发性通知，在外在表现形式上均需采用复体行文的方式，即以通知文种作为"文件头"来载运相应的文种，诸如领导讲话、工作总结、实施方案等行文，但这种被载运的对象不是通知的附件，只是一种公文的发布形式。因此，以往那种以"通知"作为主件，以其后的"总结""讲话""方案""意见"等作为附件构成"主件—附件"的结构模式是错误的，系对公文格式国家标准的误解。采用复体行文方式，用来作为"文件头"的文种，上行文通常是"报告"，下行文则往往使用"命令（令）"或者"通知"。例如《××关于印发2015年工作总结的通知》，由于被载运的对象，即《2015年工作总结》不属于通知的附件，因此，在通知正文结尾处不能标注"附件：××2015年工作总结"，应当直接将总结附在"文件头"（通知）之后，并与通知一起装订，构成一个整体。

（资料来源：《新闻与写作》，2016年第4期，有改动。）

实训三：请示与批复写作

实训情境

某职业技术学院拟建一间秘书专业综合实训室，请你向学校教务处写一份请示。

学校教务处收到请示后，经研究，同意学院建实训室，请写一份批复。

实训目标

1. 了解请示与批复。
2. 掌握请示与批复的结构和写作方法。

实训任务及要求

1. 查阅相关资料，了解请示与批复写作知识。
2. 结合所在学校或学院情况，起草请示和批复。

实训考核

1. 请示与批复符合实际，有针对性。
2. 请示与批复格式正确，内容有条理，表述清楚简洁。

实训任务完成情况考核表见表4-16。

表4-16 实训任务完成情况考核表

考核点	分值	得分	评语
格式：规范、要素完备	3		
内容：逻辑清晰，事项完整	5		
语言：表达清楚，无语病	2		
合计	10		

理论要点

一、请示

请示适用于向上级机关请求指示、批准。有请示就一定要有批复。

请示一般由标题、主送机关和正文构成。

标题。标题有两种写法：

（1）发文机关+事由+文种。如《安宁市人民政府关于在安宁市规划建设职业教育基地的请示》。

（2）事由+文种。如《关于中国公民自费出国旅游管理暂行办法的请示》。

主送机关。主送机关应为上级机关，即负责受理请示的机关。

正文。正文的构成是：背景缘由+请示事项+结束语。

背景缘由。背景缘由是请示正文的开头，是请示事项的基础。它要说明请示的缘由、目的、依据，有时还需要说明背景。

请示事项。请示的事项是请示正文的核心，即请求上级机关指示、批准的内容。请示的事项应具有可行性、可操作性，对需要上级机关审批的事项进行具体的说明，为了有利于审批，还可以进一步提出切实可行的办法、措施与建议。

结束语。结束语常用"当否，请批示"等结尾。

二、批复

批复适用于答复下级机关请示事项。

批复一般由标题、主送机关和正文构成。

标题。批复的标题比较复杂，有的批复标题比较长。通常有三种写法：

（1）发文机关+事由+文种。如《国务院关于国家公园空间布局方案的批复》。

（2）上级机关态度+事由+文种。如《关于同意人文社科系举办秘书训练班的批复》。

（3）发文机关+请示标题+文种。如《××市人民政府对市国资局关于将××的资产作为××教育投资有限公司实物出资请求的批复》。

主送机关。主送机关为直属下级机关，即主送向本机关发出请示的机关。

正文。正文由事由和答复事项组成。

事由指批复的原因和根据，一般只用一句话说明请示的日期、标题和发文字号以及收文情况，可写成"你处《关于××的请示》（××〔2021〕×号）收悉，经研究答复如下："。上级有关的文件和规定是答复请示的政策和理论依据。可表述为："根据××关于××的规定，现作如下答复"。

答复事项指批复的具体内容。批复事项必须紧扣请示事项，逐条批复。

结束语一般用"此复""特此批复"等。

三、例文解析

文种：请示	写作要点解析
关于招聘管理人员的请示 枞政服〔2014〕11 号 县政府： 　　县政务服务中心（以下简称中心）搬迁到新的服务大厅后，窗口前台和后台服务人员 150 人左右。中心现有行编人员 5 人，管理人员严重不足。根据省、市标准化建设要求和中心管理需要，拟招聘管理人员，现请示如下。 　　一、招聘计划：请求通过购买社会服务方式，公开招聘中心管理人员 5 人，其中机房和网络系统管理人员各 1 人，信息化和标准化管理人员各 1 人，总服务台人员 1 人。 　　二、工资待遇：考虑网络系统管理工作技术性强，为了稳定招聘人员，建议机房和网络系统被聘人员月工资 2 500 元 / 人，信息化和标准化管理、总服务台被聘人员月工资 1 800 元 / 人。同时办理"五险"（养老、医疗、失业、工伤、生育）。 　　三、资金来源：请求机房和网络系统管理人员每人每年按 35 000 元、其他人员每人每年按 28 000 元列入财政预算。 　　妥否，请批示。 　　　　　　　　　　　　枞阳县人民政府政务服务中心 　　　　　　　　　　　　　　　2014 年 6 月 3 日 　　　　　　　　　　　　　　　　　　（有改动）	标题　事由 + 文种 发文字号 主送机关 正文 请示缘由 请示事项 结尾惯用语 发文机关 成文日期

点评：这是一份请批性请示。开头介绍请示缘由，然后具体说明请示事项。结尾用惯用语。

文种：批复	写作要点解析
贵州省人民政府关于同意红花岗区部分行政区划调整的批复 黔府函〔2015〕295 号 遵义市人民政府： 　　你市《关于对红花岗区部分镇行政区划调整的请示》（遵府呈〔2015〕69 号）收悉。经研究，现批复如下： 　　一、同意撤销忠庄镇、南关镇、长征镇、新蒲镇建制，设置有关街道。 　　二、有关街道办事处的设置，请你市按照《中华人民共和国地方各级人民代表大会和地方各级人民政府组织法》规定审核批准，并报送省民政厅备案。 　　三、请认真做好行政区划调整相关工作，加大区域资源整合力度，促进当地经济社会全面、健康、快速发展。 　　　　　　　　　　　　　　　　　贵州省人民政府 　　　　　　　　　　　　　　　2015 年 12 月 8 日	标题　发文机关 + 事由 + 文种 发文字号 主送机关 正文 批复开头惯用语 批复内容 发文机关 成文日期

点评：批复事项态度明确，表达简洁，格式规范。

> ### 相关链接
>
> **请示写作注意事项**
>
> 1. 一文一事。请示一般只写一个主送机关，如需同时送其他机关的，应当用抄送形式，但不得抄送其下级机关；如本单位属于双重领导，也要根据请示内容的性质，主送一个上级机关，抄送另一个上级机关。
>
> 2. 只能主送上级机关，不能送领导个人。请示主送的是一个主管的上级机关，不多头主送，不送领导个人。
>
> 3. 不得越级请示。请示一般按隶属关系逐级请示，一般不得越级请示。
>
> 4. 事前行文。请示应该在问题发生或处理前行文，不可先斩后奏。
>
> **批复写作注意事项**
>
> 批复的意见要明确。批复意见在批复中是核心内容，所以要特别注重其表达是否全面、准确地反映了领导、机关的意图。根据批复的内容来分，批复意见主要有以下三种类型：①同意请求批准的事项；②不同意请求批准的事项；③部分同意请求批准的事项。
>
> 在表达批复意见时应简要、明确地表明上级领导的意见，如"同意……"或"不同意……"，态度要十分鲜明，对于同意的事项通常应补充一些简短而必要的要求性语句。在不同意下级请示事项的批复中，则需用恳切的语词，简要讲明道理。对下级的请求意见部分同意或部分不同意的批复，则更需要明确具体地讲清同意事项和不同意事项，并分别讲清理由，提出相应要求，同时还应讲清需要修改、补充、调整、说明的内容。对尚不十分明确的问题，要尽量给予态度鲜明的答复，不能含糊其词、模棱两可。

实训四：函写作

实训情境

某职业技术学院拟组织2022级秘书学专业学生到市博物馆参观，请写一份函给市博物馆。

实训目标

1. 了解函。
2. 掌握函的结构和写作方法。

实训任务及要求

1. 查阅相关资料，了解函写作知识。
2. 独立完成函写作。

实训考核

函格式正确，内容有条理，表述清楚简洁。

实训任务完成情况考核表见表 4-17。

表 4-17 实训任务完成情况考核表

考核点	分值	得分	评语
格式：规范、要素完备	3		
内容：逻辑清晰，事项完整	5		
语言：表达清晰，无语病	2		
合计	10		

理论要点

一、函

函适用于不相隶属机关之间商洽工作、询问和答复问题、请求批准和答复审批事项。

函是最典型的平行文，其使用范围极广，使用频率极高，主要包括四个方面：

（1）平级机关或不相隶属机关单位之间的公务联系、往来。

（2）向无隶属关系的业务主管部门请求批准有关事项。

（3）业务主管部门答复审批无上下级隶属关系的机关请求批准的事项。

（4）机关单位对个人的事务联系，如回复群众来信等。

二、函的写作结构

函一般由标题、主送机关、正文和落款构成。

（一）标题

使用国家行政机关公文的正式标题。即由制发机关名称、事由、文种组成。如《商务部关于印发国家服务业扩大开放综合试点示范建设最佳实践案例的函》。

（二）主送机关

主送机关应为受函的机关单位。

（三）正文

正文要开门见山，直接说明行文意图。函的正文一般有开头、主体和结尾。

1. 开头

开头应阐明行函的原因、目的或依据。例如，商洽、询问和请示批准函要写明为什么提出商洽、询问或请求批准，即阐明行此函的目的。答复函则应先写明来函（名称和文号）已收悉，然后写明答复的依据。答复的依据可以是有关政策、法规，也可是对对方来函内容的阐述。如"××××年×月×日关于××××（××字〔××××〕××号）的来函收悉……"，而后再写答复的内容。

2. 主体

主体应阐明行函的事项，即商洽、询问、请求批准或答复的事项。如事项较多，可采用分条列项的方式撰写。

3. 结尾

结尾常用"特此函告""特此函达""望函复"等。

（四）落款

在正文右下方署名行函的机关全称和日期。

三、例文解析

文种：函	写作要点解析
教育部关于同意郑州华信学院更名为 郑州工业应用技术学院的函 教发函〔2014〕149号	标题 发文机关+事由+文种 发文字号
河南省人民政府：	主送机关
《河南省人民政府关于郑州华信学院更名为郑州工业应用技术	正文

（续表）

文种：函	写作要点解析
学院的函》（豫政函〔2013〕128号）和《河南省教育厅关于郑州华信学院更名为郑州工业应用技术学院的报告》（教发规〔2014〕334号）收悉，经研究，同意郑州华信学院更名为郑州工业应用技术学院。 　　特此函告。 　　　　　　　　　　　　　　　　　　　　教育部 　　　　　　　　　　　　　　　　　　2014年6月6日	函复开头惯用语 答复内容 结尾惯用语 **发文机关** **成文日期**

点评：这是一份批答函。函复事项态度明确，表达简洁，格式规范。

相关链接

公文的信函格式

　　公文的信函格式是被广泛采用的一种特殊格式。信函格式相对简单，易操作，在各级行政机关的公文中广泛应用，常用于通知、批复、函等文种的公文中。

　　信函格式公文首页不显示页码，由第2页开始标注。只有2页的信函式公文，第2页可以不显示页码。

　　信函格式公文的版记中不加印发机关、印发日期及分隔线。

课后训练

　　登录所在地的政府网站，查阅相关公文，分析公文中存在的问题。

项目五　秘书办会能力

召开会议是党和国家机关、企事业单位实行集体领导的基本方法之一，也是各级党政机关、企事业单位日常工作的一种重要方式。举办会议在宣传、贯彻、执行党和国家的路线、方针、政策，统一思想，提高认识，进行决策，布置工作，调查研究，交流经验，统筹协调，纠正失误，解决问题等方面都有重要的作用。

通过本项目的学习实践，你将熟悉组织会议的基本流程，掌握会前、会中、会后的工作环节和方法，具备组织一场高效率的会议的能力。

任务一　认知会议

实训情境

大华公司最近新进了一批员工，经理张立让行政秘书王玲负责新进员工的培训工作。明天的培训主题是"会议及会议组织"，主讲人是王玲。请你替王玲秘书准备好培训课件。

实训目标

1. 了解会议知识。
2. 熟悉会议流程。

实训任务及要求

1. 搜集会议知识，根据任务制作会议知识讲解教案。
2. 制作演示文稿，课上讲解会议知识。

3. 学生分组完成该任务，4人一组，合作完成，提交电子文档作业。

实训考核

1. 小组考核（表5-1）。

表5-1　实训任务完成情况考核表（学生用）

考核点	分值	评分人1	评分人2	评分人3	平均分
培训课件内容完整、丰富	5				
会议知识完整、正确	2				
教案和演示文稿格式规范，内容合理；文字简要，逻辑合理	3				
合计	10				

2. 教师考核（表5-2）。

表5-2　实训任务完成情况考核表（教师用）

考核点	分值	得分	评语
任务按时完成	2		
团队分工合理，成员团结合作	4		
任务完成质量好、效率高，展示效果好	4		
合计	10		

理论要点

一、会议的概念

《现代汉语词典》(第7版)对"会议"的解释是：有组织有领导地商议事情的集会。从字义上讲，"会"是聚会、见面的意思，"议"是商议、讨论的意思。因此，"会议"应包含聚会及商议两层意思。

在现实生活中，会议有多种形式：有的是聚会并商议，如各种代表大会、办公会、论证会、评审会等；有的是聚会集会，而"议"则用沟通信息取代了，如报告会、传达会、记者招待会、新闻发布会等；有的只是为表达某种意愿，如誓师会、庆祝会、团拜会、联谊会、欢迎会等。

综合来看，会议指的是有组织、有目的地召集人们商议事情、沟通信息、表达意愿的行为过程。

二、会议的特点

（一）会议是群体性的活动

人们在生产生活中，经常会遇到以个人的能力无法完成的目标或难以解决的问题。这时，人们通过集体讨论商议，集中群体智慧，想出办法，解决问题或困难。会议正是为了满足人们的这种社会需要而产生的，并且随着社会需要的发展而发展。孙中山在《民权初步》中谈到："凡研究事理而为之解决，一人谓之独思，二人谓之对话，三人以上而循有一定规则者，则谓之会议。"

（二）会议是有目的性的活动

人们召开会议，都是为了解决一定的问题或困难，因而明确会议的目的是非常重要的。会议自身的目的一般是通过会议议题、议程和会议结果来实现的，它既体现了会议组织者的愿望，也反映了全体与会人员的共同期盼。

（三）会议是组织有序的活动

任何会议，即使是群众集会，也必须按一定的组织原则聚集众人，并遵守相关的法律法规，不能自由行事。会议的组织有序性还要通过制定会议的议事规则、建立领导机构和工作机构、确定会议议程和会务程序等体现，重大的会议活动还应事先拟订会议活动的书面预案。

简言之，会议需要三人以上共同参与，以一定的方式聚合在一起，目的是议事、解决各种问题。这种行为和过程是有组织、有目标、有规则、有秩序、有领导的。

三、会议的目的

（一）交流信息（经验）

现代社会是信息高度发达的社会，人们召开会议或者参加会议，其最基本的目的就是传递信息（经验）或者获取信息（经验）。借助开会汇集资源，互相交流帮助，共同进步。

（二）解决问题

在日常工作中，每个单位、部门都会碰到很多问题需要解决。通过召开会议，集思广益，调和矛盾，常常能解决问题，推动工作。

（三）发扬民主

会议是上下交流、沟通的有效方式，能起到上情下达、民意上传，集合群体意愿的作用。同时，会议制度也保证了开会时平等民主的和谐气氛。

（四）检查督促

上级的决策、安排的工作是否落到了实处，各部门工作进展如何，这些都可以通过召开会议进行检查，进而督促部门员工做好工作。

此外，召开会议还具有发布信息、激励士气、树立权威等目的。

四、会议的类型

（一）按会议规模分

小型——百人以内。日常工作中召开的会议基本都属于此类，如座谈会、办公会、现场会等。

中型——百人以上，千人以内。这种会议规模难以保证双向交流沟通，主要表现为一方讲话，参会者倾听，如报告会、庆功会、经验交流会等。

大型——千人以上。如政治和群团组织的全国性大会、庆祝大会、纪念大会等。

特大型——万人以上。如在露天广场举行的数以万计的人参加的庆典活动、焰火晚会，特大型工程的奠基、开工及竣工典礼等。

对于秘书和秘书部门来说，大、中型会议的会务组织工作环节较多，难度较大，需要精心准备；小型会议虽属日常工作范围，但也有些关键环节，需要认真安排。至于特大型会议，则不是秘书部门能独立承担的，应由秘书部门会同相关部门专门组建会务工作班子来负责组织。

（二）按会议性质分

法定性会议——指依法必须召开的具有法律效力的会议，如各级人民代表大会。

决策性会议——包括各级政府的常务会议，如省、市、县长的办公会议；企业中的厂长、经理办公会等。

专业性会议——这类会议具有较强的专业性，多以各部门名义召开，如教育工作会议、金融工作会议、人事工作会议等。

动员性会议——这类会议以宣传动员群众、提高群众认识为目的，如征兵动员会。

纪念性会议——纪念重大事件或重要人物的会议，如纪念辛亥革命90周年大会。

外事性会议——指与外宾会谈，与外商谈判的会议等。

综合性会议——这类会议多以各级办公室名义召开，讨论和研究各种问题。

（三）按时间分

常规型定期会议——如学会年会、机关办公例会。

非常规型不定期会议——视需要临时召开的会议或为处理紧急突发事件而临时召开的会议，如防汛紧急会、抗震救灾紧急会等。

（四）按会议采用的媒介分

电话会议——通过公共通信系统或专用通信系统提供的电话会议功能，使多个会场实现异地语音交流的会议形式。20世纪中期至末期，这种会议形式在沟通交流重要情况、传达布置紧急任务方面被普遍采用。

电视会议——运用远程数字传输系统，声音和图像在不同地区的多个会场之间联通，使相隔千里的各分会场如同在同一会场内，很方便地传输文字、图像和语音信息的会议形式。

线上会议——计算机和数字传输设备在网络支持下可实现非常灵活的网上多方对话，这种网络多方对话也是计算机网络技术支持下的会议组织和管理的新形式。如腾讯会议平台、钉钉平台等。

五、会议工作流程

（一）会前工作流程

一般的会前工作流程如图5-1所示。

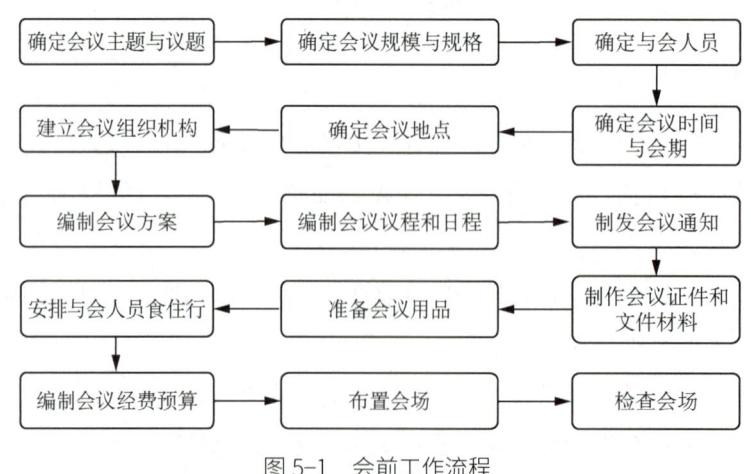

图5-1　会前工作流程

（二）会中工作流程

一般的会中工作流程如图5-2所示。

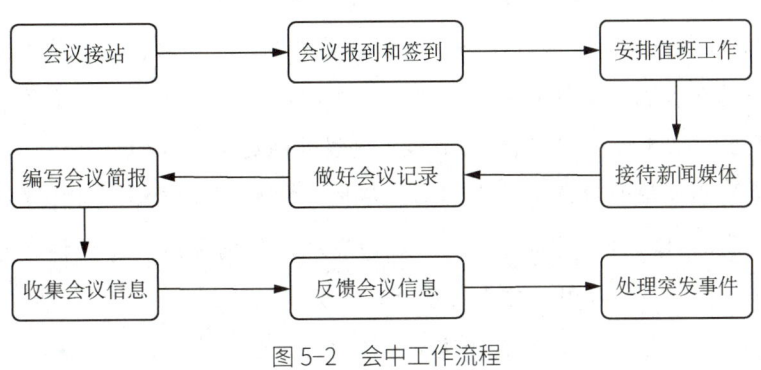

图 5-2　会中工作流程

（三）会后工作流程

一般的会后工作流程如图5-3所示。

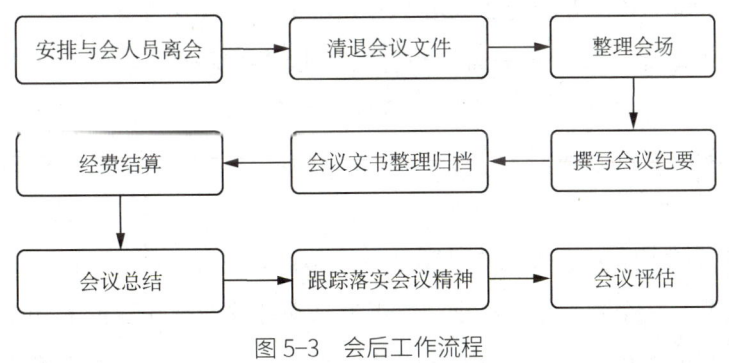

图 5-3　会后工作流程

> **拓展阅读**
>
> **《国务院关于进一步精简会议和文件的通知》**
>
> **国发〔2000〕30号**
>
> 进一步精简会议和文件，一要提高认识，转变观念，充分认识到精简会议和文件是克服官僚主义、形式主义的需要，是树立务实高效行政新风的需要，下决心把会议和文件过多的问题解决好。二要深化行政管理体制改革，进一步转变管理职能，转变工作方式和工作作风，把工作重点放在深入实际，深入群众，加强调研和督查，

集中精力研究和解决实际问题上。三要积极利用现代通信和技术手段开展工作，加快实现办公自动化的步伐，改变传统的主要依靠召开会议和印发文件来推动工作的做法。为做好精简会议和文件的工作，现将有关事项通知如下：

（一）继续大力压缩会议，能不开的会议坚决不开。今后，国务院各部门以部门名义召开要求本系统地方厅局主要负责人参加的全国性工作会议，每年一般不得超过2个，并应于每年的11月底前将第二年要召开的这类会议的计划经国务院机关事务管理局（事业单位经财政部）会签后，送国务院办公厅审批。因特殊原因必须超过2个的，要说明理由，逐个报批。各部门要从严控制部门内设机构召开全国性的工作会议和业务会议，确因工作需要召开这类会议的，须经部门领导集体研究同意，并于每年12月底以前将第二年召开这类会议的计划送国务院办公厅备案。

（二）严格限制邀请地方政府及其厅局负责人和中央管理的企业的负责人参加会议。确需邀请省、自治区、直辖市人民政府主要负责人或分管负责人参加会议的，要报国务院批准。

（三）尽量压缩会期，提高会议质量。会议主题必须明确、准备要充分、要切实解决实际问题。必须召开的会议要尽量压缩会期，减少与会人员。凡以部门名义召开的全国性工作会议，除全国计划会议、全国经贸会议、全国财政会议、全国金融会议等少数会议外，会期一般不得超过3天，与会人员一般不得超过200人；部门内设机构召开的各类会议，会期一般不得超过2天，与会人员一般不得超过150人。

（四）大兴勤俭之风，反对奢侈浪费。各部门要严格执行有关规定，不得超标准使用会议经费，不得挤占其他经费，不得摊派和转嫁经费负担；不得发放会议纪念品；尽量减少在外地开会，不得到《中共中央办公厅 国务院办公厅关于严禁党政机关到风景名胜区开会的通知》（厅字〔1998〕23号）中明确的12个风景名胜区开会；不得在会议期间或会议前后组织公款旅游活动；会议场所要尽量安排使用机关内部招待所和礼堂，本部门没有内部招待所或不具备会议接待条件的，应到国管局规定的会议定点场所召开，不得租用四星级以上（含四星级）豪华宾馆和高级饭店开会。

（五）改进会议方式，提高会议效率。凡属一般部署工作、表彰先进等方面的会议要尽量利用电视电话等现代通信和技术手段召开。若条件具备，有些电视电话会议可以直接开到基层，避免层层开会，层层传达。

（六）应由各部门召开的会议，不得要求以国务院或国务院办公厅的名义召开。一般不要邀请国务院领导同志出席部门会议或为会议题词、发贺信或接见会议代表。

（资料来源：中华人民共和国中央人民政府网站，https://www.gov.cn/gongbao/content/2000/content_60548.htm，有改动。）

课后训练

调查近期学校召开的会议活动，分析其会议要素，评价其会议功能与效果。

任务二　会前准备

实训情境

2024 年全省秘书学研究峰会将于 5 月 10 日—13 日在学校举行。省内 15 所高校的相关专家、学者共计 40 余人参加会议。为组织好本次大会，请撰写大会活动方案，做好会前准备工作，以确保大赛顺利进行。

实训目标

1. 熟悉会前准备工作。
2. 能撰写会议筹备方案和会议手册，准备会议材料，布置会议场地。
3. 培养团队合作、认真负责的精神。

实训任务及要求

1. 撰写会议筹备方案和会议手册。
2. 介绍大会准备情况（如场地安排、参会人员安排、主会场布置、校园环境布置等）。
3. 学生合作完成该任务，4 人一组，提交会议筹备方案和会议手册电子文档作业。

实训考核

1. 小组考核（表 5-3）。

表 5-3　实训任务完成情况考核表（学生用）

考核点	分值	评分人 1	评分人 2	评分人 3	平均分
格式：规范、方案要素完备	3				
内容：结合实际，考虑周全	5				
语言：表达流畅，无语病	2				
合计	10				

2. 教师考核（表 5-4）。

表 5-4　实训任务完成情况考核表（教师用）

考核点	分值	得分	评语
格式：规范、方案要素完备	3		
内容：结合实际，考虑周全	5		
语言：表达流畅，无语病	2		
合计	10		

理论要点

一、会议策划的"5W1H"原则

Who："谁"是会议的参加人员；What："什么"是会议合适的类型；When："什么时间"开会合适；Where：在"什么地方"开会；Why："为什么"开会；How："怎样"处理具体的会务工作。

二、会前准备工作

（一）确定会议主题与议题

确定主题的主要方法：一是要有切实的依据；二是必须要结合本单位的实际；三是要有明确的目的。议题是对会议主题的细化。

会议名称一般由单位＋内容＋类型构成，应根据会议的议题或主题来确定。如：大华公司 2021 年度年会。

（二）确定会议规模与规格

确定会议规模与规格的依据是会议的内容或主题，同时应遵循精简效能的原则。会议的规模有大型、中型和小型。会议的规格有高档次、中档次和低档次。如全省秘书学研究峰会为中型、中档次会议。

（三）确定与会人员名单

确定出席会议和列席会议的有关人员。应根据会议的性质、议题、任务来确定与会人员。

（四）确定会议时间、会期

确定会议的最佳时间，要考虑主要领导是否能出席，确定会期的长短应与会议内容紧密联系。

（五）确定会议地点

要根据会议的规模、规格和内容等要求来确定会议地点。主要考虑：①交通便利；②会场的大小应与会议规模相符；③场地要有良好的设备配置；④场地应不受外界干扰；⑤场地应尽量有停车场所；⑥场地租借的成本必须合理。

（六）建立会议组织机构

1. 秘书组

（1）负责会议通知、会议方案、会议报告、讲话稿及其他重要文件的起草、修改、印制、发送等工作。

（2）联络各组织团体参会联络人，了解掌握各组织团体参会人员情况，进行汇总，并及时向秘书组负责人、会议总负责人报告。

（3）编发大会简报、快报、会议纪要。

（4）编制代表名册。

2. 宣传组

（1）承办新闻发布和宣传报道方面的事宜。

（2）组织、安排、协调记者的采访活动。

（3）负责音像资料的录制、管理工作。

3. 会务组

（1）承办会议活动方面的事宜，包括安排布置会场，协调会议活动等。

（2）负责大会证件的制发和文件材料的印发、清退工作。

（3）负责大会值班、联络、接待等工作。

4. 后勤组

（1）编制大会预算，负责会议财务管理。

（2）负责大会食宿、车辆、医疗及生活服务工作。

（3）组织、安排大会的其他活动。

（4）负责参会人员的迎送工作。

5. 安保组

（1）承担安全保卫事宜，包括各个会场、代表住地以及代表集体外出活动的安全保卫、警卫工作。

（2）负责会场和参会人员住地车辆疏导。

（3）协助会务组做好证件的查验工作。

（七）拟定会议方案

中型以上会议，一般都要拟定会议筹备方案，才能确保会议的顺利进行。

1. 会议筹备方案主要内容

①会议名称；②会议的主题与议题；③会议的议程和日程；④会议时间、会期；⑤会议地点、会场；⑥参会人员；⑦会议工作机构及职责分工；⑧会议活动安排；⑨会议交通餐饮安排；⑩会议经费预算；⑪应急预案。

2. 会议筹备方案制定程序

（1）组建会议筹备委员会。

（2）划分筹备机构各小组，选举或指派筹备方案编写负责人。

（3）与领导沟通，确定会议的主题与议题、名称、议程、时间和地点、所需设备和工具、文件的范围、与会代表的组成、会议经费预算以及住宿和餐饮的安排等。

（4）方案拟出后要交领导审核，再进行具体安排与部署。

（八）编制会议议程与日程

会议议程是为完成议题而作出的顺序计划，会议主持人要根据议程主持会议。会议议程通常由秘书起草，领导审核批准后，复印分发给与会者。会议议程注意事项有：①按照议题所涉各种事物的习惯性顺序及议题的轻重缓急编排先后次序；②第一项是宣布议程，再安排讨论的问题，将同类性质的问题集中排列在一起；③保密性强或者只有部分人参加的议题放在最后。

会议日程是根据各项议程逐日作出的具体安排，是会议全程各项活动开展和与会者安排个人时间的依据。拟定会议日程要明确具体、准确无误。会议日程可采用文字形式或表格形式。

（九）制发会议通知

会议通知的结构由标题、通知对象、正文、落款与日期和回执单构成。

标题：机关名称＋会议名称＋通知（用于正式的、重要的会议）。

通知对象：可特指、可泛指，也可写个人姓名。

正文：会议的目的、名称、主题；会议的时间（包括开始时间、报到时间、结束时间）、会议的地点、参加对象、其他事项。

落款与日期：主办单位的全称，发出通知的日期。

回执单：回执单是对方收到货物或者书面通知后的一种回复。

（十）制作会议证件和文件材料

会议证件的内容有会议名称、与会者单位、姓名、职务、证件号码等。有些重要证件还会贴上本人照片，加盖印章。为便于与会人员注意查看会议议程安排，也可考虑将议程安排印在参会证背面。

需要准备的会议文件资料主要有议程表和日程表、会场座位分区表和主席台及会场座次表、主题报告、领导讲话稿、其他发言材料、开幕词和闭幕词、其他会议材料等。

（十一）准备会议用品

必备用品是指各类会议都需要的用品和设备，包括文具、桌椅、茶具、扩音设备、照明设备、空调设备、投影和音像设备等。

特殊用品是指一些特殊类型的会议，如谈判会议、庆典会议、展览会议等所需的特殊用品和设备。如：除考虑以上会议必备用品和设备外，因天气因素和会后的一些团体观光活动所需，可能还需为来宾准备外出的雨伞等用品。

（十二）安排与会人员食住行

会议饮食管理应本着"卫生第一、保证营养、口味适合、方便节约"的原则，做好伙食预算和伙食搭配工作。订餐时特别需要照顾部分与会人员的饮食习惯和民族风俗。

会议住宿安排应根据实际情况，按照规定标准，尽可能地满足与会人员住宿上的要求。

安排好会议用车，为会议提供完备的交通服务。

（十三）制定会议预算方案

会议经费的主要来源包括：与会人员交费、参展商交费、联合主办单位交费、广告商与赞助商的赞助、公司资金划拨等。

会议主要的经费支出包括：文件资料费、邮电通信费、会议设备和用品费、会议场所租用费、会议办公费、会议宣传费、食宿补贴费、交通费以及不可预见的临时性开支。

对会议经费的管理要突出成本意识，加强成本控制和预算控制。

（十四）布置会场

1. 主席台

主席台的座次一般是职务最高的居第一排正中，然后按先左后右、由前至后的顺序依次排列。同一级别同一单位的，除任职文件另有规定外，按任职先后排序（图5-4）。

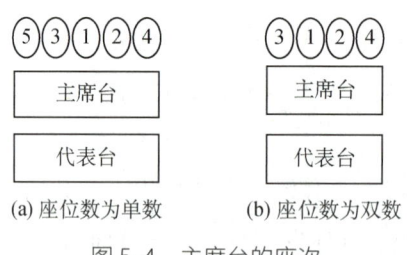

图 5-4 主席台的座次

2. 场内其他人员的座次安排

横排法：即按照会议人员名单，以姓氏笔画或单位名称笔画为序，从左至右横向依次排列。

竖排法：即将横排法中从左至右改为从前至后纵向排列。

左右排列法：即将横排法中从左至右改为以主席台为中心，向左右两边交错排列。

3. 会场内外的布置

会场气氛会直接影响与会人员的情绪，这关系到会议的效果。营造良好的会场气氛是秘书人员创造力和想象力的重要表现。

（1）会标。将会议的全称以醒目的标语形式悬挂于主席台前上方，即为会标。会标能体现会议的庄严，激发与会人员的参与积极性。

（2）会徽。即能体现或象征会议精神的图案标志，一般悬挂于会场前上方中央位置。会徽可以是组织已定徽标，如党徽、国徽等。

（3）其他。灯光：要注意灯光的亮度，一般主席台上的灯光要比台下代表席的灯光亮。色调：要注意不同色调会给与会人员不同的感官刺激，如红、粉、黄、橙亮丽明快，使人感觉热烈辉煌，适合庆典类会议；蓝、绿、紫庄重典雅，使人感觉严肃端正，适合一般工作会议。旗帜：重要的会议宜在会场内外插一些旗帜以烘托气氛。标语：简洁明快的标语口号能振奋与会者精神，强化会议主题。

（十五）会议准备情况检查

1. 方式

一种是听取会议筹备人的汇报，一种是现场检查。

2. 检查的内容

（1）文件材料的准备情况。

（2）会场布置情况。

（3）参会人员反馈情况。

（4）会议保卫工作情况。

（5）其他内容。

> **相关链接**
>
> **会前"三问""三定"，让会议有质量**
>
> 三问：问目的、问必要、问结果
>
> 1.会议的目的是什么？
>
> 目的是会议的基础，如果开会都没有目的，那就是在浪费时间。换句话说，会议应该是有"冲突"才开会，开会的目的就是解决问题。如果只是每日例会，建议进行5分钟站立会，其重点在于信息沟通，而不是解决问题。
>
> 2.如果不开会，是否有更好的解决方式？
>
> 会议需要很多人放下手头工作去参与，资源消耗大，如非必要，尽量不开。
>
> 3.会议的成功标准是什么？预期结果是什么？
>
> 达成什么结果代表会议成功了？预期结果就是让我们想清楚希望通过会议得到什么结果，当会议得到这个结果之后会议就结束，而不是无休止地开下去。
>
> 三定：定人、定事、定议程
>
> 1.人：与会人员
>
> 我们要明确会议的重要干系人以及他们的角色。比如，会议需要管理者进行决

策，需要技术工程师执行解决方案，需要市场推广人员知悉进度等。要做到该来的一个也不少，参会的一个也不闲。

2. 事：事情的来龙去脉

开会要确保每一名与会人员都了解这件事的前因后果，确保大家在同一语境中，使用同一种话语体系。即使是突发事项，我们也应该将事件背景交代清楚，以避免在会议中大家无法聚焦问题。

3. 议程：会议计划

工作中有时候会碰到有人组织开会，打来一个电话："我们在8楼开会，你过来一下吧。""开什么会？"对方："你过来就知道了，就一会儿。"

如果没有会议议程，会议组织者就没有计划，无法把控会议过程。与会人员也不知道自己在会议中的角色定位，不知道该为会议作何准备，而且无法安排自己的其他工作。

关于召开永华公司××××年度年会的通知

各分公司：

为深入查找各分公司工作不足，便于安排部署下一年度公司各项工作，经研究决定，总公司将于近期召开××××年度年会。要通过此次会议，查找工作不足、总结管理经验、强化发展共识、明确责任事项，为实现企业快速发展、科学发展、和谐发展奠定基础。

一、会议时间

××××年××月××日××时

二、会议地点

××会展中心三会议室

三、会议议程安排

……

四、参加会议人员

各分公司经理、财务总监及相关部门责任人。

五、有关要求

（一）与会人员要准时参加会议，无特殊情况不得请假。各分公司参会人员到会场签到后，必须报送工作总结计划材料一份。

（二）各分公司要高度重视此项工作，工作总结要反映客观实际，真正找到工作的不足。工作安排要站在加强自身建设、提高行政能力，特别是提高销售业绩的角度，结合各分公司优势和业务特点，创新性地确定今年的工作目标和任务。汇报中要列出主导性和创新性工作的实施步骤和时间进度。

（三）汇报材料形成后，要组织各分公司相关人员座谈讨论、认真修改、提高质量，坚决防止言之无物、以偏概全。汇报材料字数在1 500字左右，汇报时间控制在8分钟以内。

六、会务组联系方式

……

七、会议报到地点及交通路线

……

特此通知。

永华公司总公司
××××年××月××日

回执单

分公司名称：（盖章）　　　　　参会联络人：　　　　联系方式：

参会人员	性别	民族	职务	是否统一安排住宿	是否需要接站	联系方式

注：回执单请于××月××日前传真回会务组。会务组传真号码：010-×××××××，邮箱地址：××××××

课后训练

2024年1月5日，××公司在其公司的大礼堂举行2023年年度总结暨表彰大会，办公室主任安排你布置会场。

要求：

（1）4人一组，讨论会场布置。布置中需要使用的物品，要求学生课前准备或制作，如制作摆放在主席台的名牌。有些物品比较难准备，如麦克风，可以用纸制作成道具代替。

（2）完成后，由一名成员讲解会场的布置及这样布置的原因。

任务三　会中服务

2024年全省秘书学研究峰会将于5月10日在学校学生活动中心举行开幕式。请模拟演示开幕式过程。

实训目标

1. 熟悉开幕式流程。
2. 能撰写开幕式议程，布置会场，提供会议服务。
3. 培养团队合作、认真细致的精神。

实训任务及要求

1. 撰写开幕式议程，正确布置主席台。
2. 模拟演示开幕式过程。
3. 10人一组，合作完成该任务。提交开幕式议程表，布置开幕式场地，现场演示开幕式过程，做好会议记录。

实训考核

1. 小组考核（表5-5）。

表5-5　实训任务完成情况考核表（学生用）

考核点	分值	评分人1	评分人2	评分人3	平均分
文书：规范，议程合理，会议记录完整	3				
演示：场地布置热烈，主席台座次合理，演示过程规范	7				
合计	10				

2. 教师考核（表5-6）。

表5-6　实训任务完成情况考核表（教师用）

考核点	分值	得分	评语
文书：规范，议程合理，会议记录完整	3		

（续表）

考核点	分值	得分	评语
演示：场地布置热烈，主席台座次合理，演示过程规范	7		
合计	10		

理论要点

一、会议接站

大型会议由于与会人员多，且来自不同地方，对会议举办地不熟悉，组织方需做好接站工作。具体包括以下内容。

（一）接站准备

（1）通过会议回执或电话联系，掌握与会人员信息：姓名、性别、职务、单位、抵达时间、地点等。

（2）与会人员集中抵达时，可以在机场、车站安排人员等候，设立接待站。制作醒目的牌子或横幅。

（3）根据与会人员信息确定迎接规格。高规格的需准备鲜花、横幅等，举行欢迎仪式。

（4）备有足够的车辆和接待人员。

（二）接站程序

接站的主要程序为：搜集回执，编制表格→安排接站→事先通过邮件或电话告知与会人员详细路线→培训接站人员→统一指挥调度→接站。

（三）接站要求

接站要求有：掌握与会人员抵达时间；备有足够车辆；有良好的指挥调度；按时间、路线迎送。

二、会议报到和签到

（一）会议报到

会议报到是与会人员抵达会议活动所在地后办理的登记手续，主要作用是掌握实际到会人数，便于会议举办方管理。

会议报到的主要工作有：

（1）布置报到地点。会议报到处应设置在会议举办地显眼处，并设置指示标志、供与会人员休息的地方。

（2）查验与会人员证件。

（3）填写与会人员会议登记表。会议登记表的内容一般包含：报到序号、姓名、性别、职务、单位名称、通讯地址、同行人员姓名、关系、登记日期、时间等。

（4）接收与会人员所带资料。

（5）分发会议资料。

（6）安排与会人员住宿。

（二）会议签到

会议签到是会议正式流程中的第一件事，目的是及时、准确地统计到会人数。

1. 常用签到方法

（1）会议秘书代为签到。一般单位内部小型会议采用这种办法。做法：秘书事先准备好出席、列席人员名单，与会人员一到会场，秘书就在其姓名前用特定符号标示。

（2）簿式签到。适用于小型会议。与会人员在预先准备好的签到簿上签名。

（3）电子签到机签到。适用于大型会议。与会人员将自己的电子卡插入签到机插口，数据即传到会议组织中心。

签到工作结束后，工作人员应及时将与会人员到会情况报告会议主持人。

2. 会议签到工作的内容

迎宾、签到登记、分发会议资料和各种票证、安排与会人员住宿。

3. 签到工作的要求

签到用具方便、好用、充足；负责会议签到工作人员提前到岗；签到处位置要醒目，并标示清楚；签到工作耐心细致，热情周到。

（三）注意事项

报到和签到都是与会人员到达会场时应办理的手续，会期较短的会议，一般只办理签到手续；会期较长的会议，需同时办理二者。报到指与会人员在到达会议举办地时所办理的登记注册手续，但不表明其将出席会议；签到指与会人员在每次会议签到簿上签名，表明他出席了这次会议。在一些法定性会议上，签到是一种法律行为。

三、安排值班工作

会议值班就是在会议期间成立专门机构或安排专门人员处理需要临时办理的事项，满足会议领导或与会人员的临时需求。会议值班起着沟通上下、联系内外、协调左右的作用，能保证会议的顺利进行。会议值班制度（信息处理、岗位责任、交接班制度）要健全，值班人员要坚守岗位。中大型会议一般要有会务秘书坚持24小时值守，以保证会议顺利结束，并及时应对各种突发事件。

（一）会议值班工作内容

（1）值班电话记录。要记清来电时间、单位及姓名，要找何单位、何人，来电内容。

（2）值班接待记录。记清来访人的单位、姓名、来访事由，要找何单位、何人，联系电话等。

（3）值班日记。包括上下班的时间记录、工作期间的值班表现及工作进程。

（4）做好信息传递。在会议中协助搜集有关情况、文件和资料，及时将会议中的重要或紧急信息传递给有关人员。

（二）会议值班工作要求

（1）要加强与会议无关人员出入会场的控制。

（2）手边要有公司和各部门领导的联络方式，以便出了问题及时与之联络、请示。

（3）要备有一份设备维修人员、车队调度人员和食宿等后勤服务部门主管人员的电话通讯录。

（4）要坚守岗位，保证会议信息的畅通无阻。

（5）必要时，要负责督导和协助专职会议服务人员为与会人员做好各项具体的服务。

（6）做好会议期间各项活动与各种矛盾的协调工作。

（7）必要时，应建立主管领导带班制度。

四、接待新闻媒体

根据会议的性质与目的，如果需要将会议的内容或精神宣传出去，秘书在会前就应联系好新闻媒体记者，邀请他们到会报道，及时地将会议的精神宣传出去。

接待新闻媒体原则：会议新闻要实事求是，达到宣传会议精神的目的；掌握会议信息的保密度，做到内外有别；报道中的重要观点要经领导审核；对待媒体要主动积极；收集外界对会议报道的信息，为会议效果的评价提供参考。

接待新闻媒体工作内容：由会议秘书撰写新闻报道稿件，经领导审阅后发送给媒体；会议召开期间，邀请记者采访，发布消息；会议结束后，召开新闻发布会，由会议领导直接介绍会议情况，并亲自回答记者提出的问题。

五、做好会议记录

会议记录是对会议内容客观真实、原始的记录。

（一）会议记录的准备

准备纸、笔、录音笔、议程表和资料文件；了解与会人员的座位格局；安排做会议记录的地方；提前参阅其他会议记录。如需要，可安排速记人员进行会议发言记录。

（二）会议记录的内容

会议记录的内容一般分为两个部分：

（1）会议基本情况。在会议开始前写好，包括：会议名称、会议时间、会议地点、出席人员、列席人员、缺席人员、主持人、记录人。

（2）会议内容。对会议进行过程的如实记录，一般包括：会议议题、与会人员发言、会议结论。

（三）会议记录的方法

会议记录要遵循四点法则：一快、二要、三省、四代。一快，即记得快。二要，即择要而记。就记录一次会议来说，要重点记录会议议题、会议主持人和主要领导发言的中心思想、与会人员的不同意见或有争议的问题、结论性意见、决定或决议等。就记录一个人的发言来说，要记其发言要点、主要论据和结论，论证过程可以不记。就记一句话来说，要记这句话的中心词，修饰语一般可以不记。要注意上下句子的连贯性，一篇好的记录应当独立成篇。三省，即在记录中正确使用省略法。如规范使用简称、简化词语和统称。四代，即用较为简便的写法代替复杂的写法。一可用姓代替全名，二可用笔画少易写的同音字代替笔画多难写的字，三可用一些数字和国际上通用的符号代替文字，四可用汉语拼音代替生词难字，五可用外语符号代替某些词汇。

(四)会议记录的结构示例

××公司经理办公会会议记录

时间：××××年××月××日××时

地点：公司办公楼五楼大会议室

出席人：××× ××× ××× ××× ……

缺席人：××× ××× ××× ……

主持人：公司总经理

记录人：办公室主任刘××

主持人发言：（略）

与会者发言：

××× ……………………………………………………………

××× ……………………………………………………………

散会。

主持人：×××（签名）

记录人：×××（签名）

（本会议记录共 × 页）

六、编写会议简报

会议简报是反映会议活动进程和成果的内部简要报道。

（一）会议简报内容

迅速反映实际情况，交流经验，沟通信息；反映会议的新情况、新问题、新经验、新趋势等；使领导及时掌握与会人员的建议意见。

（二）会议简报结构

1. 报头

处于首页上端，约占页面的1/3，用分割线与报核分开。由简报名称、期数、编印单位和编印日期四部分组成。

2. 报核

由按语、目录、标题、正文组成。

3. 报尾

处于末页下 1/3 处，用分割线与报核分开。由抄送单位、印发份数组成。

七、收集会议信息

（一）会议信息的类型

1. 与会人员信息

收集与会人员情况信息的方法主要是汇总回执表和报名表。根据会议通知回执或报名表可以了解和掌握与会人员的职业、身份、职务、性别、年龄、民族等基本情况，并汇总统计有关信息。

2. 会议指导性、宣传性信息

指导性信息包括：有关的方针、政策、法律、规章，上级单位的工作部署性文件和有关要求。宣传性信息包括：会议纪要、会议公报、会议简报、会议消息以及配合会议宣传的广告、招贴等。

3. 会议主题、议题性信息

需要列入会议议程，进行讨论、研究并解决的问题和工作的文件信息。包括：工作规划、计划、报告、预算决算、各项决议的草案、开幕词、闭幕词、讲话稿、代表发言材料、经验介绍材料、专题报告等。

4. 会议程序性、记录性、交流性、结果性信息

如议事规则、会议议程与日程安排表，会议记录，纪要、公报、合同、协议等。

（二）收集会议信息的工作程序

1. 确定会议信息的搜集范围

凡是在会议活动中使用和形成的有参考价值的文字、图像、声音以及其他各种公开的信息记录都属于搜集范围，包括会前、会中和会后产生的所有文件材料。

2. 选择会议信息的搜集渠道

向全体与会人员搜集文件；向会议的领导人、召集人和发言人搜集文件；向有关的工作人员搜集文件，如会议的记录人员、文书起草人员；搜集各种会议记录，如主席团会议记录、主持人会议记录、分组会议记录；搜集代表的提案、发言稿和书面建议等。

3. 确定搜集会议信息的方法

主要方法有：①召集开会；②提供书面材料；③个别约见；④会议结束时及时搜集；⑤个别催退；⑥按清退目录收集；⑦限时交退。

八、反馈会议信息

（一）反馈会议信息的内容和要求

1. 反馈会议信息的内容

（1）反馈会前信息。在会议召开之前，秘书人员要及时反馈会议的策划、宣传、筹备和组织方面的信息，以便及时地掌握会议的进展情况。

（2）反馈会中的信息。在会议召开过程中，通过召开联络员会议，阅读各种会议记录和会议简报，以及与参会人员座谈交流，及时把握会议过程中的动向，使会议的目标能够如期完成。

（3）反馈会后传达落实情况。会后对会议精神的传达和落实是会议工作产生实效的关键所在。可以通过座谈会、电话和问卷等形式对会后精神的落实情况进行全面的反馈。

2. 反馈会议信息的要求

（1）会议的信息反馈要注意点面结合，正负反馈结合。

（2）会议信息反馈的目的要明确。

（3）充分重视会议的反馈信息沟通。

（二）反馈会议信息的工作程序

（1）布置会议信息收集工作。

（2）选择和建设会议信息搜集渠道。

（3）建立定期的会议信息反馈制度。

（4）做好会议信息的反馈汇报工作。

（5）抓好会议信息反馈落实工作。

九、处理会中突发事件

（一）会中突发事件的类型

一是人员问题，主要是发言人、一般与会人员、关键代表缺席或无法按时到会。二是健康与安全问题，主要是会议时突发的自然灾害、食品安全问题和会议场所的安全隐患等。三是行为问题，主要是发言人行为不当或与会代表行为不当以及会议服务人员行为问题。

（二）会中突发事件的处理方法

1. 处理人员问题

如果演讲人不能按时到会，可以考虑替代者；如果无法代替，可以修改议程；可以给每位发言人延长时间，以弥补发言人的缺席。

2. 处理健康与安全问题

例如会议时突发火灾地震等自然灾害，应立即停止会议，组织人员疏散或撤离。

3. 处理行为问题

加强对发言人和会议服务人员以往情况的审核，提前沟通。

（三）会中突发事件处理的工作程序

一般的工作程序为：向领导报告→启动会议应急方案→必要时向公共应急机构请求支援→善后工作（与媒体沟通以正视听，对与会人员进行安抚）。

> **相关链接**
>
> **会议主持词**
>
> 1. 开头
>
> 介绍会议召开的背景、会议的主要任务和目的，以说明会议的必要性和重要性。一是宣布开会。二是说明会议是经哪一级组织或领导提议、批准召开的，以强调会议的规格以及上级组织、上级领导对会议的重视程度。三是介绍在主席台就座的领导和与会人员的构成、人数，以说明会议的规模。四是介绍会议召开的背景，明确会议的主要任务和目的。介绍背景要简单明了，如"这次会议是在××情况下召开的"。五是介绍会议内容。为了使与会人员对整个会议有一个全面的了解，在会议的具体议程进行之前，主持人应首先对会议内容逐一介绍。
>
> 2. 中间
>
> 按照会议的安排，用最简练的语言依次介绍会议的每项议程，通常为"下面，请××讲话，大家欢迎""请××发言，请××做准备""下一个议程是××"等惯用语。有时在一个相对独立或比较重要的议程之后，特别是领导的重要讲话之后，主持人要作简短的、恰如其分的评价，以加深与会人员的印象，引起重视。如果会期较长，在上一个半天结束之后，应对下一个半天的会议议程作简单介绍，让与会人员清楚接下来的会议内容。

3. 结尾

对整个会议进行总结,并对如何贯彻落实会议精神提出要求,作出部署。一是宣布会议即将结束。基本上用"××会议马上就要结束了"或"为期几天的××会议就要结束了"等惯用语,主要告诉与会人员议程已完,马上就要散会。二是对会议作简要的评价。主要是肯定会议效果,如"××的讲话讲得很具体,也很重要""这次会议开得很好,很成功,达到了预期目的"等。三是从整体上对会议进行概括总结,旨在说明这次会议所取得的成果:解决了什么问题,明确了什么方向,提出了什么思想,采取了哪些措施等。总结会议不是对会议内容的简单重复,而是突出重点;概括会议不是对会议内容的泛泛而谈,而是提升会议的主旨。四是就如何落实会议精神提出要求。每次会议都有其特定的目的,为达到这个目的,会后都有一个如何落实会议精神的问题。

课后训练

××电动自行车有限公司是一家全国知名的电动车专业生产单位,其产品质量深受行内专家和消费者的好评。为争当行业内的领头羊,公司设计了一批符合市场需求和环保要求的电动车。为此,公司准备召开全国客户洽谈会暨产品发布会。请设计发布会议的议程表和日程表,并撰写产品发布会主持词。

要求:

(1) 6人一组,合作完成该任务。

(2) 设计会议议程表和日程表,撰写主持词。

(3) 模拟演示发布会过程。

任务四 会议善后

实训情境

班级线上召开了主题为"如何度过一个有意义的大学生活"的主题班会,会议结束后,你还需要思考以下问题:①会后需要做哪些工作?②如何撰写会议纪要?③如何评估会议质量？

实训目标

1. 了解会议善后内容。
2. 掌握引导与会人员会后退场的规范及方法。
3. 掌握会议记录整理的内容和方法。
4. 掌握会议评估的内容和方法。

实训任务及要求

1. 熟练引导与会人员退场。
2. 完成会议纪要、消息和会议简报的写作。
3. 6人一组，课上模拟进行会后善后工作，提交会议纪要、会议总结电子文档作业。

实训考核

1. 小组考核（表5-7）。

表5-7　实训任务完成情况考核表（学生用）

考核点	分值	评分人1	评分人2	评分人3	平均分
格式：规范	2				
会议纪要：内容完备	4				
会议组织：主持有序，熟练地引导与会人员退场	4				
合计	10				

2. 教师考核（表5-8）。

表5-8　实训任务完成情况考核表（教师用）

考核点	分值	得分	评语
格式：规范	2		
会议纪要：内容完备	4		
会议组织：主持有序，熟练地引导与会人员退场	4		
合计	10		

> 理论要点

当会议安排的所有活动都完成时，就意味着会议结束了。但对于会议秘书及工作人员来说，还有一系列的会后工作需要处理。主要包括：安排与会人员返程、整理会议文件资料、整理会议室、编写会议纪要、结算会议经费、收集反馈会议精神的落实情况、对会议进行总结和评估等。

一、安排与会人员返程

（一）提前做好与会人员返程登记预订工作

（1）应根据会期长短、外地与会人数多少等实际情况和人员的返程事宜，及早安排好外地与会人员的行程。

（2）要事先了解外地与会人员对时间安排、交通工具的要求，尊重他们的意愿。

（3）一般情况下，要按先远后近的次序安排返程机票、车票的预订事宜，要掌握交通工具的航班、车次等情况，提前预订好飞机、车船票。

（4）可编制与会人员的返程时间表，安排好送行车辆。

（二）帮助与会人员提前做好返程准备

（1）提醒与会人员及时归还向主办方或会议驻地单位借用的各种物品。

（2）提醒与会人员及时与会务组结清各种账目，开好发票收据。

（3）帮助与会人员检查、清退房间，避免遗忘各种物品。

（4）准备装资料的塑料袋和捆东西的绳子等物品，以备急需。

（5）帮助与会人员托运大件物品。

二、整理会议文件资料

（一）清退会议资料

小型内部会议可在会议结束时请与会人员将文件放在桌上，由秘书人员统一收集或由秘书人员在会议室门口收集。大中型会议可提前发出清退目录，先由与会人员个人清理，再统一交秘书处，或下发收集目录，限时交退。

（二）会议文件资料收集整理的工作程序

一般的工作程序为：登记收集的文件资料→向上级总结、汇报情况→甄别整理、分类归卷→卷内文件排列→卷内文件编号、编目→填写卷内文件的备考表→拟制案卷标题→填写案卷封面→将资料案卷移交档案室→清理、销毁不再利用的纸张。

三、整理会议室

内部会议室：整理好会议室，收齐相关的文件材料；检查关闭会议室的设备电源，清理会议室环境。

外借会议室：与租借方结算会议开支费用，归还会议所借物品并清理会场，将会场中公司自带的物品拿走，包括会标、通知牌和方向标志等。

四、编写会议纪要

会议纪要是一种记载、传达会议情况及议定事项的纪实性公文，适用于党政机关、社会团体、企事业单位召开的工作会议、座谈会、研讨会等重要会议。会议纪要通常只印发到参会单位部门，视情况抄送有关单位。为便于上级了解工作开展情况，也要抄报上级主管部门。

会议纪要一般由标题、正文和尾部三部分组成。其各部分的写作要求如下：

标题。会议纪要的标题一般由发文机关、会议名称和文种构成，如《××集团公司经理办公室会议纪要》。也可由会议名称和文种构成，如《全国城市爱国卫生现场经验交流会纪要》。成文时间可以在标题下居中位置用括号注明。

正文。会议纪要正文的结构由前言、主体和结尾三部分组成。前言概括交代会议的名称、时间、地点、主持人、主要议程、与会人员、会议形式以及会议的主要成果，然后用"现将这次会议研究的几个问题纪要如下"或"现将会议主要精神纪要如下"等语句转入下文。主体是会议纪要的核心内容，主要记录会议情况和会议结果。写作时要注意紧紧围绕中心议题，把会议的基本精神，特别是会议形成的决定、决议，准确地表达清楚。对于会议上有争议的问题和不同意见，必须如实予以反映。结尾属于选择性项目，一般是向收文单位提出希望和要求。有的则没有这部分，主体内容写完，全文即告结束。

尾部。尾部包括署名和成文时间两项内容。署名只用于办公会议纪要，应写明召开会议的机关单位名称。一般会议纪要则不需要署名，不加盖公章。至于成文时间，如果在标题下已注明，就不再写。

五、结算会议经费

会议经费的结算是办会者在会议结束后对整个经费使用情况即会议开支费用的结算。秘书人员在开会期间要准备专门账册，对会议的各项开支进行详细记录。会议结束后，会议财务工作人员、秘书人员应按照经领导审定的预算进行决算。一切会议都宜遵循勤俭节约的原则，精打细算，尽量减少不必要的开支。超过预算指标，又无正当理由的事项不予报销。

结算会议开支费用的程序如下：通知与会人员结算时间地点→清点费用支出发票→核实发票→填写报销单→将发票贴于报销单背面→请领导签字→到财务部门报销→交予相关部门及人员费用。

秘书要提醒与会人员食宿、会务等相关费用。会议一结束，应及时清点整个会议费用的实际支出，对照会前经费的实际预算，对账目进行逐笔核对；填写报销单，按报销要求将发票粘贴在报销单上；请主管领导签字即可去财务处报销，同时将经费使用情况向领导汇报。

六、会议总结

（一）会议总结的目的

会议总结的目的主要有四个：检查会议目标的实现情况；检查各个小组的分工执行情况；将员工自我总结和集体总结相结合，以积累经验，找出不足，从而明确今后做好同类型会议组织与服务工作的可借鉴之处，不断改进会议的组织服务工作；奖惩相关人员，并妥善解决会议的遗留问题。

（二）会议总结的内容

总结内容包括会议名称、时间、地点、规模、与会人员人数、主要议题，参加会议的上级领导人，会议的主持者，领导报告或讲话的要点，对会议的基本评价和贯彻要求，会议的决议情况及今后的工作任务布置等。

（三）会议总结的方法与要求

方法：座谈会、表彰会、书面总结等。

要求：

（1）要根据岗位责任和会议工作任务书的内容，逐条对照检查。

（2）要切实回顾和检查会议工作中好的方面和存在的问题，认真总结经验，不断探索办会的规律。

（3）应有理有据，实事求是，要突出重点，有所侧重。

（4）应一分为二，以激励为主。

（5）总结出简单易行的办会程序和制度，使会议工作科学化、程序化和制度化。

七、跟踪反馈落实会议精神

对于会议作出的决定和工作部署，秘书要保证各项工作得到及时贯彻落实，要及时了解各执行和配合部门各项工作的开展和贯彻落实情况，并将进度、问题、影响等信息反馈给领导，以便领导随时了解会议决定的各项工作的进展情况，及时采取下一步行动。从会议作出决定到决定付诸实施之间的工作环节，被称为会议决定事项的传达与催办。这一环节处于会议的"决"与实际的"办"之间，是中间连接环节。

工作程序为：会议决定事项的传达→会议决定事项的催办与登记制度→会议决定事项的反馈。

（一）会议决定事项的传达

会议决定事项传达的基本要求是：准确、及时、到位。要认真领会会议精神，组织传达，并提出贯彻执行的意见。

第一，传达会议决定事项必须准确，必须原原本本传达。

第二，传达会议决定事项必须及时，不能拖延。

第三，传达会议决定事项必须到位。会议决定一般都规定了传达的范围，应该直达其人。如有些会议决定属于保密事项，则应严守保密规定。

会议决定事项的传达方式有：口头传达、录音录像传达、印发文件等。其中印发文件包括会议决定、会议简报、会议纪要、催办通知单等。实际采用什么方式传达取决于会议的性质、内容和要求。

（二）会议决定事项的催办

会议决定事项是需要下级机关单位和部门贯彻执行的。为督促下级部门和人员及时贯彻执行，避免将应当及时办理的事情拖延或遗忘，需要对议定事项的贯彻及时催办。

催办、查办工作应形成一定的制度。定期催办，及时落实，直到办完为止。有的公司在办公室设有专人负责会议议定事项的催办工作，建立催办登记制度，利用催办卡片及时进行催办工作。有的还建立会议议定事项催办落实报告制度，利用催办报告定期向领导人员报告、反馈会议议定事项的落实情况。

（三）会议决定事项的反馈

秘书要对会议决定事项作及时、准确、科学的反馈。会后反馈工作分为会议决议、决定事项的监督检查和贯彻落实情况的反馈汇报两项内容。要通过各种方式和相应的渠道及时将有关情况、信息、意见和建议反馈给有关部门及领导，保证会议精神的贯彻落实。

八、会议评估

会议评估是指根据一定的目的和标准，遵循一定的原则，运用科学的方法，对会议活动各项要素及其社会经济效益等方面进行质和量的综合评价活动。由于会议评估的成本较高，所以一般的工作会议都不进行评估，只进行会议总结即可。

（一）会议评估的内容

一般从会前准备、会中服务、会后落实三方面进行评估。一个有效的会议应该具有清晰的目标、适当的时间、合适的地点、举办的必要性、顺畅紧凑的议程、准确的信息传递、周密的前期准备、精心挑选的与会人员、与会人员得当的表现、领导人员良好的控制力和合理的内容安排等。

（二）会议评估的标准

（1）是否达到目标以及目标达成与否的确切理由。

（2）会议时间性评估。是否严格按照计划时间和流程进行。

（3）与会人员参会状态与收获；对会议的满意程度与理由；提出改进的意见或建议。

（4）会议服务评估。会议服务是否到位，会务人员在会议中的合作精神如何。

（5）会议实际费用支出、会议成本评估。会议成本包括物质成本和无形成本，如会议设施、差旅费用、食宿费用、文件准备费用、会务人员工资都是会议成本。

（6）再度召开同样的会议时，应继续推进与维持的事项。

（三）注意事项

会议结束后，应注意避免以下情况：①缺少会议记录；②对决议落实不力；③不对会议的成败得失进行总结；④不解散已完成任务的委员会或工作小组；⑤与会人员对会议感到不满。

> **相关链接**
>
> **如何办好一场线上会议**
>
> 1. 准备资料，提前与与会人员沟通
>
> 做好资料的准备，是会议成功的基础。一方面是会议要用到的资料应提前收集

整理，另一方面是会议的议程应提前发布，方便与会人员自行准备相关资料。议程发布之后，大家会对议程了然于胸，对会议的安排也会有提前了解，对于自己需要准备的内容也会更清楚，便于提前考虑准备。

2. 主持会议，组织相关讨论

在主持环节，要注意以下四个方面：规则、流程、演示与研讨组织。

规则：在会议之前，主持人要先强调一些规则，例如大家在讨论时要聚焦会议的各项议题，紧扣主题；又例如限时，讨论时每个人的发言时间明确为几分钟，当超时时主持人有权利打断发言；又例如尊重，尊重他人的发言，多倾听；等等。

流程：把控好会议的流程，主题研讨式会议的一般流程是主持人讲解一部分，带领与会人员研讨某个主题，然后再讲解，再研讨，依次进行下去，最后总结。

演示：很多会议工具有演示功能，便于大家在电脑端或者手机端看到会议的一些材料。企业微信管理者需要把这些文档提前放入微盘中或者收藏夹中，以便在会议中随时调用，并且讲解过程中可以通过电子设备画一些箭头来进行指示或者强调。

研讨组织：会议中的研讨组织很常见，主持人请大家针对某个议题发言，可以按线上排位轮流发言，也可以点名来进行发言。

3. 形成会议纪要，进行会议跟踪

会议中要进行会议记录，一种方式是指定专人进行记录，另一种方式是利用企业微信的微文档进行记录。微文档可以由会议主持人进行记录，其他人进行补充，因为微文档是共享文档，所以每个人都可以进行添加与修改。如果与会人员一起动手，会议结束时，会议记录一般都会同步完成。会后要进行追踪工作，在会上，主持人应该说明第二天会把会议记录和后续跟进事项都发送出去。这样可以保证会后需要完成的事都说明清楚，并分配到具体负责人。同时明确相关人员进行后续跟进及会议复盘。

（资料来源：https://zhuanlan.zhihu.com/p/560663287，有改动。）

课后训练

2023年全省秘书学研究峰会在本校进行，经过2天，大会圆满结束。请你对本次大会作个总结，并写出会后需要做的事项。

项目六　秘书商务活动组织能力

现代企业制度的建立对秘书综合商务活动组织能力提出更高要求，秘书在商务活动中的参谋、辅助、协调、公关和服务能力越来越重要。秘书应了解各类商务活动，熟悉商务活动流程，做好各环节的协调衔接工作，确保商务活动顺利进行。

通过本项目的学习实践，你将掌握如何安排商务旅行、制订接待方案、举行签字仪式、组织庆典活动及新闻发布会等，真正提升秘书所必须具备的商务活动组织能力。

任务一　商务旅行安排

实训情景

为拓展公司软件开发业务，宏大公司刘总将与省外前程公司张经理进行洽谈，作为刘总的秘书，请你为刘总编制一份商务旅行计划和日程表。

实训目标

1. 了解商务旅行的内涵与特点，熟悉商务旅行安排流程。
2. 科学制订商务旅行计划和日程表。
3. 增强时间意识、计划意识，培养严谨、细致的职业态度。

实训任务及要求

1. 根据所学知识，确定商务旅行的目的与内容，编写商务旅行计划和日程表。
2. 5人一组，合作完成该任务，提交电子文档作业。

实训考核

1. 小组考核（表6-1）。

表6-1 实训任务完成情况考核表（学生用）

考核点	分值	评分人1	评分人2	评分人3	平均分
积极参与并承担具体任务	2				
有团队合作意识，配合工作	3				
任务完成质量好、效率高	3				
在小组合作过程中积极献策	2				
合计	10				

2. 教师考核（表6-2）。

表6-2 实训任务完成情况考核表（教师用）

考核点	分值	得分	评语
任务按时完成	2		
团队分工合理，成员团结合作	4		
任务完成质量好、效率高，展示效果好	4		
合计	10		

理论要点

一、商务旅行的含义

商务旅行是指以商务为主要目的，离开自己的常住地到外地或外国所进行的商务活动及其他活动。商务旅行活动包括谈判、会议、展览、科技文化交流活动以及住宿、餐饮、交通、游览、休闲、通信等活动。

二、商务旅行的准备工作

（1）与领导沟通协调，了解其具体需求。

（2）与对方公司协商，确定商务活动内容与时间。

（3）向公司报备，明确公司差旅费用、交通、住宿等级标准规定，预支差旅费。

（4）预订车票、机票。

（5）预订酒店房间。

（6）准备必备资料文件、随身携带证件等物品。

三、制订商务旅行计划、日程表

（一）商务旅行计划的内容

（1）出差的时间、启程及返程日期、接站安排。

（2）出差的路线、终点及途经地点和住宿安排。

（3）会见人员、地点、日期和时间。

（4）交通工具种类、飞机客舱种类及停留地的交通安排。

（5）需要携带的文件、证件及其他资料等。

（6）领导或接待人员的特别要求。

（7）旅行区域近期的天气状况、穿衣指南。

（8）行程安排，会议计划，会见人员名单、背景，会议主题等。

（9）差旅费用：现金、兑换外币（涉外）、旅行支票等。

制订好差旅计划后，要向领导报告，依据批复进行调整。

（二）商务旅行日程表的内容

商务旅行日程表是商务旅行计划的具体实施表，主要包括六项内容：日期、时间、交通工具、地点、具体事项、备注。

1. 日期

一般指某月、某日、星期几，有时可以具体到时间点。

2. 时间

一是指旅行出发、返回时间，包括因商务活动需要到两个或两个以上的国家或地区的抵离时间和中转时间；二是指旅行过程中各项活动或工作的时间；三是指旅行期间就餐、休息的时间。

3. 交通工具

一是指出发、返回使用的交通工具；二是指商务活动中使用的交通工具。

4. 地点

一是指旅行抵达的目的地（包括中转的地点），目的地的名称既可以详写，即哪个国家、哪个地区、哪个公司，也可以略写，即直接写到达的公司名称；二是指旅行过程中开展的各项活动或工作的地点；三是指食宿地点。

5．具体事项

一是指商务活动内容，如访问、洽谈、会议、宴请、娱乐活动等；二是指私人事务活动内容。

6．备注

记录提醒注意的事项，诸如休息时间，飞机起飞的时间，或需要中转时转机机场的名称、中转停留时间等。

计划制订完成后，至少打印3份，一份交给出差领导，一份由秘书留存，一份存档。

四、样例展示

商务旅行日程表见表6-3。

表6-3　商务旅行日程表

日期	具体时间	交通工具	地点	事项	备注
4月7日（星期一）	7:20—8:10	出租车	北京	从家出发到机场	×× 公司的电话：×××-××××× ×××
	9:10—12:00	民航班机×××	广州	从北京飞往广州	
	12:10	××公司车辆	广州	××公司备车接待	
	12:30—16:00	××公司车辆	广州	与××公司采购部经理会面并共进午餐	
	16:00—16:30	××公司车辆	广州	返回广州机场	
	18:00—21:00	民航班机	北京	从广州返回北京	
	21:20	出租车	北京	回家	

五、编制商务旅行计划表的注意事项

（1）要明确领导对交通工具及食宿的要求，熟悉公司对出差的有关规定。

（2）向目的地的有关服务机构或向旅游机构索取有关资料，了解当地各交通工具（航空、航海、铁路、公路）的运行情况，旅馆环境情况，目的地的货币、外汇管理规则，经商特点及有关护照、签证、健康规定等的常识。需要中转时，尽量选择衔接时间在2～4小时的班机，将因中转而导致的时间浪费情况降到最低限度。

（3）制订行程计划时，尽量利用定期航班的航线来设计旅行路线。

（4）如目的地为海外，在时间一栏中必须考虑时差的变化，买票时也应注意时差。

（5）拟定至少两个旅行方案，以及应急预备案。

> **相关链接**

护照与签证

1. 护照

中华人民共和国护照是发给中国公民,供其出入国境和在境外旅行、居留时证明其国籍和身份的证件。凡出国人员均应持有护照。我国政府现在颁发的有外交护照、公务护照和普通护照(包括因公普通护照和因私普通护照)三种。原则上,中国护照发给16周岁以上的中国公民,不满16周岁者,则随其父母或监护人合用一本护照。在必要时,也可为16周岁以下的儿童单独发相应的护照。

(1)需要的材料:申请人居民身份证及复印件(在居民身份证领取、换领、补领期间,可以提交临时居民身份证)。未满16周岁的居民携带本人户口簿(集体户口提交《常住人口登记表》)、其监护人居民身份证原件以及能证明监护关系材料的原件(如户口簿、出生证等),并由其监护人陪同前往办理。国家机关副处级以上人员,国有大中型企业中层以上领导人员及下属企业领导班子成员,区(县)级国有企业领导班子成员,国有控股参股企业中的国有股权代表,县级以上金融、保险、证券系统中层以上领导人员,厅局级以上离退休干部等登记备案人员按照干部管理权限和行政隶属关系提交单位意见;军人由其所在部队或者工作单位按照人事或干部管理权限出具意见;免冠照片一张以及填写完整的《中国公民出入境证件申请表》。

(2)办理程序:领表→照相、贴相片→交表、领回执→缴费、领收据→领证。

2. 签证

签证是一个国家主管机关在本国或外国公民所持有的护照上签注、盖印,表示准其出入本国国境。持有有效护照的我国公民,不论因公或因私出国,除了前往同我国签订互免签证协议的国家或地区外,事先均须获得前往国家或地区的签证。签证一般做在护照上,和护照同时使用。未建交国通常将签证做在单独的另一张纸上,称为另纸签证,与护照同时使用。签证的种类很多。世界各国签发给外国人的入境签证,一般可分为外交签证、公务签证和普通签证。

签证的办理程序如下:①递交有效的护照。②递交与申请事由相关的各种证件,例如有关自己出生、婚姻状况、学历、工作经历等的证明。③填写并递交签证申请表格。签证不同,表格也不同,多数要用外文填写,同时提供本人照片。④将前往国家或地区的大使馆或领事馆官员会见。有的国家规定,凡移民申请者必须面谈后才能决定；也有的国家规定，申请非移民签证也必须面谈。⑤大使馆或者领事馆将填妥的各种签证申请表格和必要的证明材料，呈报国内主管部门审查批准。有少数国家的使领馆有权直接发给签证，但仍须转报国内备案。⑥将前往国家的主管部门进行必要的审核后，将审批意见通知使领馆。如果同意，即发给签证。如果拒绝，也会通知申请者。（对于拒签，使领馆也是不退签证费的。）⑦缴纳签证费用。一般来说，递交签证申请的时候就要先缴纳费用，也有个别国家是签证申请成功的时候才收取费用。一般而言，移民签证费用略高，非移民签证费用略低。也有些国家和地区的签证是免费的。

课后训练

云南××公司黄总经理将出席北京 12 月 8 日至 9 日召开的全国会展行业发展论坛，12 月 12 日下午到广州参加企业家沙龙，12 月 14 日上午出席本公司年会。在北京期间，黄总经理有意到北京××公司和北京×××公司参观学习。请拟定可行的商务旅行计划表。

任务二　接待方案制订

实训情景

宏远公司总经理预约的客人李总即将莅临公司进行业务谈判，作为总经理的秘书，请你制订一份接待方案，做好接待工作。

实训目标

1. 掌握接待工作内容、要求，熟悉接待方案制订流程。
2. 科学、熟练制订接待方案，做好接待准备工作。
3. 培养时间意识、计划意识与严谨、细致的职业态度。

实训任务及要求

1. 根据所学知识，明确接待目的和接待要求，制订接待方案。

2. 4人一组，合作完成该任务，提交电子文档接待方案；小组在课堂模拟展示一系列接待过程。

实训考核

1. 小组考核（表6-4）。

表6-4　实训任务完成情况考核表（学生用）

考核点	分值	评分人1	评分人2	评分人3	平均分
积极参与并承担具体任务	2				
有团队协作意识，服从小组工作安排	3				
任务完成质量好、效率高	3				
在小组工作过程中积极献策	2				
合计	10				

2. 教师考核（表6-5）。

表6-5　实训任务完成情况考核表（教师用）

考核点	分值	得分	评语
任务按时完成	1		
团队分工合理，成员团结合作	3		
接待方案格式规范、表述清晰、有可行性	3		
模拟展示举止得体，效果好	3		
合计	10		

理论要点

一、接待前的准备工作

（一）心理准备

态度诚恳——让来访者感受到是受欢迎的、得到重视的；合作精神——主动配合、协助同事接待好来访者。

(二)物质准备

物质准备包括环境准备和办公用品准备。

二、接待工作的基本程序

(一)接待工作的基本原则

接待时应遵循"3S"原则：stand up，站起来；see，注视对方；smile，微笑。注意使用礼貌用语，如："您好，欢迎您！""您好，我能为您做些什么？"

(二)接待预约来访者的工作程序

1. 亲切迎客

（1）以良好的公司形象迎接来访者。

（2）提供"3S"服务；了解来访者约定见面的部门或人员。

（3）通知被访者。若被访者有时间，则引导来访者至会见处，由被访者进行接待；若被访者不能马上接待，则请来访者入座，以茶水、咖啡等款待，递送书籍、报纸、资料等以排遣时间，待离约定时间前5~10分钟，再通知被访者。按照单位要求给来访者发放宾客卡，并提醒来访者离开前返还宾客卡。

2. 热情待客

（1）收存文件。引导前，接待人员应将办公桌上的文件收拾好，重要的还须锁上，以防泄密。

（2）提示。引导时，应提示"李经理正在会议室恭候各位"或"我们现在前去李经理的办公室"，以便让对方思想上有所准备。

（3）同行。与来访者同行时，通常走在来访者的右前方，配合来访者的步伐，保持适当的距离（1米左右），并不时向左侧回身。

（4）与来访者交谈。接待人员可适当与来访者交谈，以示友好。

（5）示意走向。在走道上，遇路口或转弯，要伸出右手向来访者示意走向，并语言提示："这边请。"

（6）上楼。上楼梯时，秘书应请来访者先行，自己走在左后方。乘电梯前，须向来访者说明"在×楼"，并主动操作按键。

（7）开门。来到会客室、领导办公室等会客场所前，接待人员应该停住脚步，转身面向来访者，说明"就是这里"，然后敲门，经允许后进入。

（8）引座。把领导介绍给来访者，根据来访者的身份将其引至合适的座位，或由领导安排座位。

3. 礼貌送客

（1）和领导一起送客时，要比领导稍后一步。但在需要开门或按电梯时，秘书要紧走几步去开门或按电梯按钮。

（2）一般情况下，由来访者先伸手。秘书可边与之握手边说"请走好""再见""欢迎下次再来"等。

（3）主动为来访者取衣帽等物，并扫视一下桌面，看是否有东西被遗忘，再为来访者开门。如果来访者有重物，秘书应帮来访者提，但来访者的公文包和随身的小包不要抢着代拿。

（4）如是重要的客人，秘书应将其送到大门口或轿车旁，不要急于返回，应挥手致意，待其离开视线后，再返身离开。需要时可协助来访者预定出租车。

（三）接待未预约来访者的工作程序

接待未预约来访者的工作程序如图6-1所示。

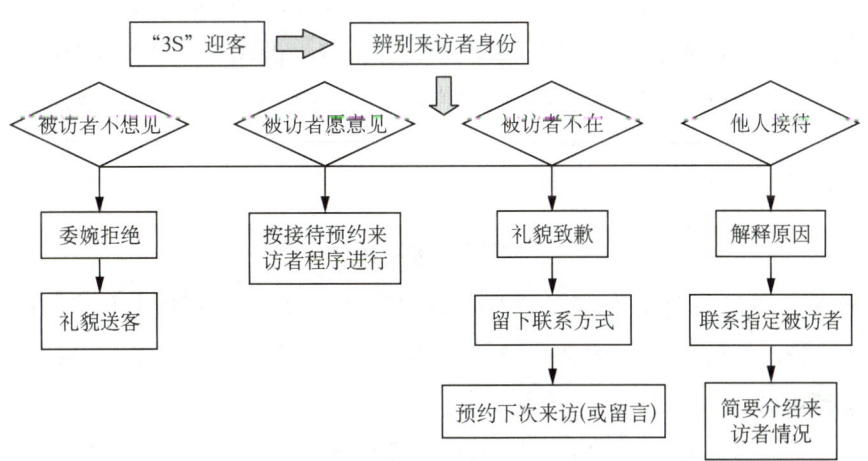

图 6-1 接待未预约来访者的工作程序

三、接待规格与接待方案

（一）确定接待规格

接待的规格一般分为高格接待、对等接待和低格接待三种：

高格接待：主要陪同人员比主要来宾的职位高。

对等接待：主要陪同人员与主要来宾的职位相当。

低格接待：主要陪同人员比主要来宾的职位低。

（二）制订接待工作方案

确定接待规格、拟定日程安排和开列接待经费。接待规格和来访意图决定了接待人员、日程安排和经费开支。涉及的具体内容有：

（1）来宾的单位、来访的目的、要求、人数、性别、身份、生活习惯、抵离日期。

（2）工作日程的安排。

（3）由哪一位管理人员负责这次接待，由谁担任专职陪同人员及接待人员。

（4）来宾的住宿地点、标准、房间数量等。

（5）会见、会谈的时间、地点和参加的人员、人数，担任主谈判的人员，其他谈判人员、翻译、后勤服务人员名单，大的项目还要有律师和会计的名单。

（6）宴请的时间、地点、规格、人数、次数。

（7）参观游览或娱乐等活动的时间、地点、人数、次数及陪同人员。

（8）接待期间的交通工具的安排。

（9）接待期间的安全保卫工作，包括饮食卫生、人身、财产安全等。

（10）接待经费主要包括住宿费、餐饮费、劳务费（讲课、作报告等费用）、交通费、工作经费（如租借会议室、打印资料、通信等费用）、考察参观费、纪念品费等。

四、样例展示

接待工作方案

××手机上海专卖分公司2022年度的经营颇有成效，因此2023年3月1日—3月4日，集团公司将派专门人员一行三人来检查工作、交流经验。因此制订以下接待计划。

一、接待规格

前来分公司的人员主要是集团公司的总经理和副总经理，因此应采取高格接待。各部门务必重视本次接待工作，不能怠慢。

二、接待日程安排

（1）2月28日上午致电宋秘书，了解李经理和项副经理的住宿、生活习惯。

（2）2月28日下午预订住宿的房间，安排接风宴的菜单以及地点。

（3）3月1日上午再次确定住宿的房间以及菜单等是否安排好。

（4）3月1日下午1点30分开车前往火车站，预计提前30分钟到达火车站，将客人接至公司会议室进行交流，交流后安排客人住宿。

（5）3月1日下午6点安排在华园宾馆水仙厅举办接风宴会，提前通知前往宴请的人员做好准备。

（6）3月2日陪同检查人员检查三家专卖店的店堂布置、促销、服务等工作。

（7）3月2日下午预订检查人员的回程火车票。

（8）3月3日上午陪同检查人员出席对三家店的销售成绩表彰大会。

（9）3月4日中午安排车辆送检查人员到车站。

三、生活安排

（1）3月2日晚上安排检查人员到附近有地方特色的饭店吃饭。

（2）3月3日中午安排检查人员到附近的旅游景点观光。

四、接待经费开支

（1）三天的住宿费1 800元。

（2）接风宴费用1 000元。

（3）日常餐费600元。

（4）旅游景点门票200元。

（5）火车费600元。

（6）其他费用500元。

合计：4 700元。

以上接待计划，请领导批示。

同意请签名_____

2023年2月26日

相关链接

接待的基本礼仪

一、见面礼仪

（一）介绍

1. 介绍他人

先让地位尊贵的人了解对方，即先向重要的人介绍对方；按照职位从高到低进行介绍。把男士介绍给女士；把年轻者介绍给年长者；把地位低者介绍给地位高者；把主人介绍给客人；把未婚者介绍给已婚者；把晚到者介绍给早到者。公务活动中以职位高低来决定介绍顺序。

2. 自我介绍

先问候，再介绍自己的姓名、身份、工作单位等。介绍时要自信，注视对方，面带微笑。

（二）握手

女士、长者、大人物先伸手；要用右手；男士应脱帽，不可戴手套；职务低者可欠身迎握，也可双手迎握，以示尊重；握手时间约为1~3秒。客人到达时，主人先伸手；客人告辞时，客人先伸手。握手时，应双眼注视对方，千万不要边握手边斜视他处，也不要边握手边拍打对方的肩膀。当来客不止一人时，可一一握手，但不要交叉握手。握手时力度适中，保持手部干净。另外，手上有汗的人，在握手前应先将手擦干。如果女士不打算与向自己问候的人握手，可以欠身微笑致意，但不能视而不见或转身就走。无端地拒绝他人友好而善意的握手是失礼且缺乏教养的行为。

（三）交换名片

（1）站立，双手拿名片，正面朝向对方，齐胸递上。

（2）地位较低者或来访者先递上名片。

（3）接受他人名片时，两手郑重接过，看上几秒。

（4）名片看过后，放入名片夹或上衣口袋。

（5）回赠对方名片。

（四）致意

原则：男士、年轻人、学生、下级先向女士、老年人、教师、上级致意。

方式：举手、点头、欠身、微笑。

二、迎送礼仪

1. 迎客

（1）看到客人进来时，第一时间做到"3S"：stand up，站起来；see，注视对方；smile，微笑。

（2）请客人就座，奉上茶水或饮品。

（3）询问客人来意，根据其合理要求做好安排。如不能，应说明原因并及时调整。

2. 引见

（1）引导：右手引导，手面朝上，五指并拢，身子侧转130度，走在客人右前方；有楼梯、转弯处，应提醒客人"小心楼梯""请向×转"。

（2）电梯：有专人看守电梯，则客人先进先出，秘书后进后出；无专人看守电梯，则秘书先进后出；按住电梯，以免夹到客人。

（3）进门：门向外开，把门拉开，按住门，让客人进；门向内开，将门推开，请客人先进；进门前，无论是否有人，先敲门。

（4）座位：安排客人在会客沙发就坐；远离门口的位置及领导右侧的位置为上位。

3. 送客

（1）客人离开时，主动替客人取衣物，并提醒其查看是否有遗忘的东西。

（2）为客人开门。

（3）如送客人到电梯时，要为客人按电梯按钮，在门关闭前道别；如送到大门口，要目送客人离去。

（4）和领导一起送客时，要比领导稍后一步。

（资料来源：https://www.docin.com/p-1572300946.html，有改动。）

课后训练

请在以下两个情境中任选其一，撰写接待计划：

情境一：作为××公司秘书，你部门接到通知，本周六上午9:00要接待来自天地公司的参观团。天地公司此行目的为参观公司新建成的生产基地，并游览该市的某景点，全部行程为期两天，周日晚上21:00离开。

情境二：作为××分公司秘书，你部门接到通知，××总公司王副总一行五人11月20日上午10:00来检查工作，为期两天，并于11月22日上午10:00返回北京。

任务三　签字仪式

实训目标

1. 掌握签字仪式工作的内容、要求，合理布置签字仪式的场所。
2. 能够按流程合理地策划组织签字仪式。

3. 培养严谨、细致、吃苦耐劳的职业态度和服务意识。

实训任务及要求

1. 模拟一次签字仪式，自定主题。
2. 5 人一组，小组分工合作完成该任务，课堂模拟演示签字仪式。

实训考核

1. 小组考核（表 6-6）。

表 6-6　实训任务完成情况考核表（学生用）

考核点	分值	评分人 1	评分人 2	评分人 3	平均分
积极参与并承担具体任务	2				
有团队协作意识，服从小组工作安排	3				
任务完成质量好、效率高	3				
在小组合作过程中积极献策	2				
合计	10				

2. 教师考核（表 6-7）。

表 6-7　实训任务完成情况考核表（教师用）

考核点	分值	得分	评语
任务按时完成	2		
团队分工合理，成员团结合作	3		
签字仪式准备要素齐全，具有可行性	2		
签字仪式模拟规范，效果好	3		
合计	10		

理论要点

一、签字仪式的含义

国家与国家之间、组织与组织之间在会谈和谈判取得成果，达成协议，缔结条约、协定或公约时，一般都要举行签字仪式。一国领导人访问他国，经双方商定发表联合公报

（或联合声明），有时也举行签字仪式。商务贸易组织之间在重要的合作和贸易活动取得进展时，也举行必要的签字仪式。

会谈中产生的正式文件一般都要举行签字仪式正式签署。签字仪式表明会谈各方对文件约束力的正式认可，体现各方对会谈结果的重视。签字仪式还具有见证和宣传作用。

二、签字仪式的准备工作

（一）文本的准备

依照商界的习惯，在正式签署合同之前，应由签字仪式的主办方负责准备待签合同的正式文本。应同有关各方指定专人，共同负责合同的定稿、校对、印刷与装订。按常规，在合同上正式签字的有关各方均应提供一份待签的合同文本。必要时，还可再向各方提供一份副本。有关人员应及早做好文本的定稿、翻译、校对、印刷、装订、盖火漆等各项工作。

签署涉外商务合同时，按照国际惯例，待签的合同文本应同时使用有关各方法定的官方语言。

待签的合同文本应以精美的白纸印制而成，按大八开的规格装订成册，并以高档质料如真皮、金属、软木等作为封面。

（二）确定主签人、助签人与其他参与人员

要事先商定好主签字人。其人选要视文件的性质来确定，可由负责人签，也可由具体部门负责人签，同时保证各方签字人的身份对等。事先还要安排好助签人员，并洽谈好签字仪式的有关细节。其他出席签字仪式的基本上是各方参加会谈的人员，人数应大体相等。为了表示重视，可以邀请更高一层的领导人出席签字仪式。

（三）现场布置和相关用品准备

1. 签字桌

一般在签字厅内设置长条桌一张，桌面覆盖深绿色丝绒或绵麻质地台布；桌后放置数张椅子作为签字人座位，并遵循"主左客右"原则。

2. 国旗

与外商签署涉外商务合同时，还需在签字桌上插放有关各方的国旗。插放国旗时，在其位置与顺序上，必须按照礼宾序列。例如，签署双边性涉外商务合同时，有关各方的国旗需插放在该方签字人座椅的正前方。

3. 文具

在签字桌上，循例应事先安放好签字笔、吸墨器等签字时所用的文具。

4. 文本

在签字桌上，循例应事先安放好待签的合同文本。

5. 主签人和参与人员座位安排

（1）签署双边性合同。应请客方签字人在签字桌右侧就座，主方签字人则应同时就座于签字桌左侧。双方助签人应分别站立于己方签字人的外侧，以便随时向签字人提供帮助。双方其他随员可以按照一定顺序在己方签字人的正对面就座，也可依照职位的高低，依次自左至右（客方）或是自右至左（主方）列成一行，站立于己方签字人的身后；当一行站不完时，可按照以上顺序并遵照"前高后低"的惯例，排成两行、三行或四行。原则上，双方随员人数应大体相当。

（2）签署多边性合同。一般仅设一把签字椅。各方签字时，须依照有关各方事先同意的先后顺序依次上前。助签人应随之一同行动。在助签时，依"右高左低"的惯例，助签人应站立于签字人的左侧。有关各方的随员应按照一定的序列，面对签字桌就座或站立（图6-2）。

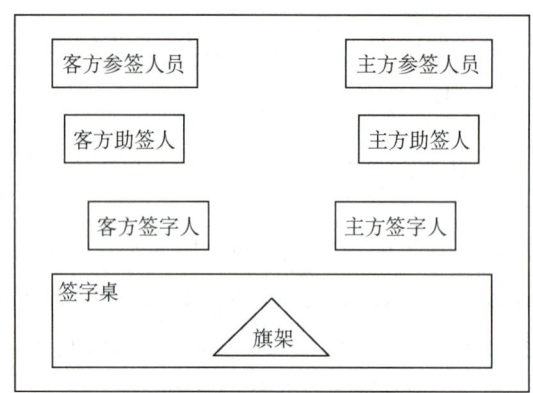

图 6-2　签字仪式座位安排

6. 香槟酒

国际上，签字结束后，签字各方共饮香槟酒，互相道贺。

7. 场地布置

签字厅需庄重大方、清净整洁、明亮；会标醒目，并能反映签字各方的名称、签约内容。

三、签字仪式的程序

1. 签字仪式正式开始

各方出席签字仪式的人员一同进入签字厅，在既定的位次上就座。签字人员落座后，其他人员分主客身份，并按身份顺序排列于各自签字人的座位后面。各方的助签人员分别站立在各自签字人的外侧，协助翻揭文本、指明签字处。

2. 签字人正式签署合同文本

通常的做法是，首先签署己方保存的合同文本，接着再签署他方保存的合同文本。商务活动规定：每个签字人在签署己方保留的合同文本时，按惯例应当名列首位。因此，每个签字人均应首先签署己方保存的合同文本，然后再交由他方签字人签字。这一做法在礼仪上称为"轮换制"。它的含义是在位次排列上，使有关各方均有机会居于首位一次，以显示机会均等，各方平等。

3. 签字人交换已正式签署的合同文本

此时，各方签字人应友好握手，互致祝贺，并相互交换各自一方刚才使用过的签字笔，以示纪念。全场人员应鼓掌表示祝贺。

4. 共饮香槟酒互相道贺

交换已签的合同文本后，有关人员，尤其是签字人当场饮一杯香槟酒，是国际上通行的用以增添喜庆色彩的做法。一般情况下，商务合同在正式签署后，应提交公证机构进行公证，此后才正式生效。

5. 签字仪式结束

签字各方应注意保存好相关文本。

> **相关链接**
>
> **签字仪式文本的准备**
>
> 1. 定稿
>
> 定稿即通过谈判和磋商确定会谈正式文件的各项具体条款及其表述的过程，这是文本准备的前提。会谈过程中，各方都可以对具体条款和表述提出修改意见。因此，谈判的过程就是定稿的过程。只有在文本定稿后，才可能举行签字仪式。
>
> 2. 确定使用的文字
>
> 如果是涉外商务会谈签字，还要确定文本选择哪国文字。如果双方使用不同的语言文字，签字文本应该使用双方的文字书写印刷，具有同等效力。
>
> 3. 确定正本和副本
>
> 正本即签字文本，签字后由各方或交专门的机构保存。有时为了方便使用，也

可以根据正本的内容与格式印制若干副本。副本的法定效力、印制数量和各方保存的份数，由签字各方根据实际需要协商确定，并在条款中加以规定。一般情况下，副本不需要签字、盖章，或者只盖章、不签字。

4.校印

校印即根据定稿校对、印制正本和副本。文本排版后，必须经过严格的校对，确认无误后，才能最后交付印刷、装订。国内合同和协议书的标印格式应当符合有关规定。涉外签字的文本印制时，还应注意优先权的问题。

5.盖章

为了保证文本在签字后立即生效，一般在举行签字仪式前，先在签字文本上盖上双方的公章，文本一经签字便具有法定效力。

（资料来源：https://www.51test.net/show/345701.html，有改动。）

课后训练

××公司与云南××大学签署校企合作协议仪式将于8月28日举行。作为秘书，请为本次签字仪式拟定筹备方案，准备相关材料并模拟签字仪式过程。

任务四　庆典活动

实训目标

1.了解庆典活动的工作内容及其特点。
2.熟悉庆典活动的基本程序，能按要求策划并组织庆典活动。
3.提高办会能力，培养细致、严谨的工作态度与勤俭的工作作风。

实训任务及要求

1.参与学校庆典活动，担任工作人员并完成调研报告。
2.5～8人一组，小组合作完成校庆活动策划及模拟活动。

实训考核

1. 小组考核（表 6-8）。

表 6-8　实训任务完成情况考核表（学生用）

考核点	分值	评分人 1	评分人 2	评分人 3	平均分
积极参与并承担具体任务	2				
有团队协作意识，服从小组工作安排	3				
任务完成质量好、效率高	3				
在小组合作过程中积极献策	2				
合计	10				

2. 教师考核（表 6-9）。

表 6-9　实训任务完成情况考核表（教师用）

考核点	分值	得分	评语
任务按时完成	2		
团队分工合理，成员团结合作	3		
活动策划格式规范、内容要点齐全、有创新性	2		
活动组织流程清晰、礼仪规范、分工明确、可行性强	3		
合计	10		

理论要点

一、庆典活动的含义

庆典活动是组织为自身或社会环境中的有关重大事件、纪念日、节日等所举办的各种仪式、庆祝会和纪念活动的总称，包括节庆活动、纪念活动、典礼仪式和其他活动。举办庆典活动不仅可以强化组织的影响力，还可以拓宽社交圈。

二、庆典活动的类型

庆典活动类型多样，常见的有节庆活动、纪念活动、典礼仪式等。

（一）节庆活动

节庆活动是为盛大节日或特殊节庆而举行的有纪念意义的庆祝活动。不同国家、不同地区有各具特色的节日。节日又有官方节日和民间传统节日之分，常见的官方节日有元旦、妇女节等，民间传统节日有春节、元宵节、中秋节等。还有些具有地方特色的节庆活动，如北京地坛庙会、湖南的龙舟节等。

（二）纪念活动

纪念活动是在社会上或本行业、本组织具有纪念意义的日期开展的公关活动。如历史上重要事件的纪念活动、本行业重大事件纪念活动、本组织的周年纪念活动、社会名流和著名人士的诞辰或逝世纪念活动。此外，逢五逢十的纪念活动更为盛大。

（三）典礼仪式

典礼仪式包括各种典礼和仪式活动，如开幕典礼、开业典礼、项目竣工典礼、毕业典礼、颁奖典礼、就职仪式、授勋仪式、签字仪式、捐赠仪式等。在实际工作中，典礼仪式的形式多样，并无统一模式。

三、庆典活动的策划与准备

（一）庆典活动策划

庆典活动策划又称庆典策划，是针对庆典活动作出的一系列专业策划，包括对庆典活动流程的详细规划、工作人员具体安排、庆典活动所需物料报价等。内容一般包括活动目的、活动事件、活动主题、活动内容与具体流程、工作人员安排、出席人员名单、物资准备、预算、注意事项等。

庆典策划应注意：①适时——在恰当的时间举办活动，活动效果更好。如企业庆典活动一般情况下要把企业时机、市场时机结合考虑，而有些典礼的时间是固定的，比如节日、纪念日，这些庆典通常只能提前。此外，还应考虑相关的领导是否能出席等因素。②适度——国家有关方面专门作出明文规定，应奉行"少花钱，多办事"的原则，结合单位、项目情况，控制典礼规模及成本。③热烈——好的活动氛围有利于鼓舞人心，扩大影响度。现场布置、形式选择、程序安排等环节均应考虑氛围因素。④好客——庆典活动的接待工作应恰当安排，设置接待室，热情、耐心接待宾客；对重要来宾，应由组织领导亲自接待。

（二）做好舆论宣传

可以利用微信公众号、微博、抖音、小红书等新媒体平台，及电台、电视台等大众媒体进行宣传，或者通过派发宣传单，设置海报、展板、宣传点等进行宣传。

（三）邀请活动来宾

拟定邀请名单并及时发出邀请。来宾要具有一定的代表性，一般应包括上级领导、社会名流、新闻记者、同行人士等。请柬应提前7～10天发放。重要来宾请柬发放后，组织者当天还应电话致意。

（四）确定主持人、致辞人

事先确定开幕词、毕幕词、致贺词、答词的人员名单，并拟好开幕词、毕幕词、贺词、答词，应言简意赅。如开幕词的内容一般包括：①对来宾表示感谢；②介绍活动背景及主要内容；③宣布典礼开始、介绍活动大概情况并感谢来宾光临。

（五）准备活动物资

除准备必备硬件设施外，还应准备好活动相关材料，如编写宣传材料和新闻通讯材料，庆典主题、背景、活动内容等相关材料，并将材料装在文件袋内发给来宾。

（六）做好应急预案

充分考虑可能会出现的各类突发事件、恶劣天气等不可抗因素的影响，保证活动的圆满成功。为了及时妥善处理可能发生的各类突发事件，应根据活动实际情况，提前制定应急预案。

（七）布置活动现场

按照座次礼仪划分会场座位，并在嘉宾席放置台签，以便通知各单位组织来宾按指定的座位就座。

（八）活动彩排演练

举办大规模庆典活动，务必事先进行活动预演，并多次检查、调试设备，以保障庆典活动正式举行时的效果。

四、庆典活动的流程

庆典的具体程序根据不同庆典类型有所差异，一般包括：

（1）签到、接待来宾。

（2）邀请来宾就座并介绍来宾。

（3）宣布庆典正式开始，全体奏唱国歌或本单位、组织的代表歌曲。

（4）邀请嘉宾致贺词。

（5）庆典负责人致答词。

（6）安排文艺演出。

（7）宣布庆典结束。

（8）安排附加活动，如邀请来宾参观、赠送礼品等。

五、样例展示

××大学全国重点建设职业教育师资培养培训基地与
职业教育师资培养培训集团揭牌仪式方案

一、揭牌时间

2023年5月21日下午14:30—15:00

二、揭牌地点

弘道楼前

三、领导嘉宾及参加人员

（1）教育部（职业教育与成人教育司）领导；

（2）××省教育厅领导、教育厅有关处室领导；

（3）××大学全国重点建设职业教育师资培养培训基地建设工作领导小组成员，学校各有关单位主管领导；

（4）××省中职名师工程学员代表，××大学职业教育师资培养培训集团代表，校友代表；

（5）新闻媒体（《光明日报》广西记者站等）；

（6）××学院全体教职工、学生代表。

四、揭牌仪式议程

主持人：××学院院长××。

（1）××校长讲话；

（2）教育部教师工作司综合处××处长讲话；

（3）教育厅××副厅长讲话；

（4）教育部（职业教育与成人教育司）领导和××大学校长××，××省教育厅领导和××大学副校长共同揭牌；

（5）揭牌仪式结束。

五、揭牌仪式准备工作

（一）揭牌场地方案

（1）主席台上设置揭牌仪式背景板；主席台地面用红地毯全部覆盖；红地毯从弘道楼前延伸到主席台前，往两旁台阶分散；

（2）左侧设司仪台（讲演台），摆放台花、话筒；

（3）××大学全国重点建设职业教育师资培养培训基地铜牌、××大学职业教育师资培养培训集团铜牌，两块牌子放到架子上用红布遮住，摆放在主席台右侧靠中间处；

（4）主席台围栏摆放高低两排盆景和鲜花；

（5）观礼席根据参加人数设座位100个左右，摆桌椅，桌面用孔雀绿桌布覆盖；

（6）主席台两侧分别安排两位礼仪人员；

（7）弘道楼大厅门口设签到席，安排礼仪人员若干；

（8）弘道楼门口设彩虹门，正面楼面垂挂合作单位祝贺条幅和两个氢气球。

（二）应急预案

遇雨则改到图书馆一楼会议室举行。备简约横幅一条，内容为揭牌仪式的主题。

六、揭牌仪式筹备工作领导小组

（一）领导小组

组长：校长办公室主任××。

副组长：弘道学院院长××、弘道学院党委书记××。

领导小组负责揭牌仪式活动方案的策划和全过程的组织协调工作。

（二）工作小组

成员：（略）

工作小组成员的具体分工如下。

1. 联络组：××、×××

负责外联，联系落实领导讲话，落实嘉宾名单并通知邀请，联系祝贺单位及赞助；座次安排；庆典氛围营造；会场有关物品准备（揭牌仪式背景板设计制作，条幅、彩虹门、氢气球、司仪台、两块铜牌、红绸、架子、盆景摆放等）。

2. 宣传材料组：（略）

负责联络媒体支持，校园宣传，草拟条幅内容，草拟领导讲话，组织领导嘉宾合影，收集资料（包括发言人发言稿、音像资料、媒体报道等）并整理成电子版。

3. 器材组：（略）

负责活动前弘道楼的环境清理，仪式用的音响、背景音乐准备及播放，摄影摄像，技术支持等。

4. 现场组：（略）

负责观礼席桌椅摆放，铺桌布与红地毯，弘道楼前走道两旁绢饰美化布置，组织师生参加观礼，秩序维护，现场气氛调节等。

5. 后勤保障组：（略）

负责礼仪安排，礼品准备及发放，会场服务，嘉宾胸花发放，接送车辆，活动后清理，餐饮招待，后续联络等。

×××学院
2023 年 5 月 10 日

相关链接

参加庆典活动的礼仪

1. 参会人员要注意仪容、仪表，准时参加典礼活动。

2. 参会人员可以在典礼活动开始之前或在典礼进行的过程中，送一些贺礼，并写上贺词。

3. 见到主办方时，参会人员要向其表示祝贺。

4. 典礼活动的过程中，参会人员应该做一些礼节性的附和，比如鼓掌、随行参观、跟写留言等。

5. 典礼结束之后，参会人员在离开的时候要与主办单位领导人握手告别，并表达谢意和祝贺。

课后训练

云南××公司将要举办成立十周年庆典活动，试拟写一份庆典活动方案。

任务五　新闻发布会

实训目标

1. 了解新闻发布会的基本工作内容及其特点。
2. 熟悉新闻发布会的工作流程,能根据新闻发布会的基本工作流程及要求组织新闻发布会。
3. 培养大局意识、责任意识与保密意识。

实训任务及要求

5～8人一组,小组合作模拟组织新闻发布会。应包括会议策划、物资准备、现场模拟等环节。

实训考核

1. 小组考核(表6-10)。

表6-10　实训任务完成情况考核表(学生用)

考核点	分值	评分人1	评分人2	评分人3	平均分
积极参与并承担具体任务	2				
有团队协作意识,服从小组工作安排	3				
任务完成质量好、效率高	3				
在小组合作过程中积极献策	2				
合计	10				

2. 教师考核(表6-11)。

表6-11　实训任务完成情况考核表(教师用)

考核点	分值	得分	评语
任务按时完成	2		
团队分工合理,成员团结合作	3		

（续表）

考核点	分值	得分	评语
策划方案要点齐全、规范，分工明确，有可操作性	2		
模拟流程合理、礼仪规范、衔接流畅	3		
合计	10		

理论要点

一、新闻发布会的含义

新闻发布会是政府或某个社会组织定期、不定期或临时举办的信息和新闻发布活动，直接向新闻界发布政府政策或组织信息，解释政府或组织的重大政策和事件。

二、新闻发布会的特点

新闻发布会、媒体报道、新闻稿发布等向来是企业产品推广、市场公关的必备手段，新闻发布会有以下特点。

（一）形式正规

档次较高，地点精心安排，邀请记者、新闻界（媒体）负责人、行业部门主管、各协作单位代表及政府官员参加。

（二）沟通活跃

双向互动，先发布新闻，后请记者提问回答。

（三）方式优越

新闻传播面广，报刊、电视、广播、网站集中发布（时间集中，人员集中，媒体集中），迅速扩散到公众。

（四）时机恰当

一般在事件发生前1～2个月举行，吸引公众注意，提高企事业单位知名度。

（五）主题合适

主题应集中、单一，不能同时发布几个不相关的信息。

三、新闻发布会的程序

（一）会前准备

1. 会议筹备策划

主要包括确立主题、选择时间、选定地点、安排人员、准备材料、编制预算等。

（1）确立主题：根据活动目的确定主题，如说明性、宣传性、解释性主题。一般一场新闻发布会只有一个主题。

（2）选择时间：一是应及时，适合召开新闻发布会的时机包括新项目开展前夕，组织人员重大调整、重大事件发生后短时间内等；二是应注意避免与重大社会活动、节假日等相冲突，尽可能将公众注意力集中在新闻发布会相关事件上。

（3）选定地点：新闻发布会地点应根据会议的主题来确定，可以选择本企业或组织所在地或事件发生所在地。一般情况下，可选用本组织单位的会议室、接待室或租用酒店会议厅等。新闻发布会的现场选择应考虑以下因素：交通，如到达会场的道路是否能够保障畅通，现场停车是否方便等；设备，会场内的采访设备是否齐全和适用，如摄影、视听、灯光、播放设备等；通信条件，通信联络是否正常，如电话、专线电话、计算机网络、电视等；会场条件，如会场大小是否适中，会场内的座位设施是否有利于记者提问和记录，会场是否安全安静等。

（4）安排人员：主要包括选定主持人、选择发言人及安排其他工作人员。主持人一般由公关部门负责人或办公室主任、秘书长等担任。主持人负责介绍主题及基本情况。发言人一般由单位决策层人物担任，应熟悉全面情况，头脑机敏，有较高文化修养，语言表达能力强。其他工作人员一般包括签到组、礼仪组、会务组、摄影摄像组、机动组等。

（5）准备材料：一般包括会议程序、发言人发言提纲、记者报道材料、活动背景资料、活动演示文稿等会场视听材料。

（6）编制预算：费用应根据所举行新闻发布会的规格和规模作出可行的经费预算。其费用项目一般有场地租赁费、材料印刷费、会场布置费、茶点费、礼品费、文具费、邮费、电话费、交通费等。

2. 邀请与会人员

（1）邀请范围：除了邀请相关领导、同行人士、客户代表等对象外，新闻记者也是新闻发布会邀请的重点对象。邀请对象及数量应根据公布事件发生的范围、影响来决定。如事件涉及全国范围，则应邀请全国性新闻单位的记者出席；如事件的影响限于本地，则应邀请当地新闻单位的记者；如事件涉及专门业务，就需邀请专业新闻单位的记者。一般说来，邀请记者的覆盖面要广，各方新闻机构都应照顾到，不仅要有报纸、杂志记者，电台和电视台的记者，还要有网络媒体的记者；不仅要有文字记者，还应有摄影记者。

（2）邀请程序：一般包括请柬或邀请函制作及发出。请柬或邀请函一般在新闻发布会前的7~10天送达邀请对象手中。请柬或邀请函可以根据需要和距离远近通过邮寄或派人送达的方式发送。

3.其他工作

如布置新闻发布会会场，应与发布主题紧密联系，并综合考虑会场大小、设计美观、灯光明亮等因素，同时合理安排座次。此外，还有会前会场检查、活动演练、礼品准备、工作人员胸卡制作等工作。

新闻发布会席位安排的基本规则如下（图6-3）：

（1）主持人一般情况下均居于主席台（发布席）正面朝前右侧位（虚左以待），发言人或嘉宾居主持人左手位一侧。

（2）单数排列：居中为上，居左为次，居右再次之。

（3）双数排列：两人时，发言人（嘉宾）居左；四人、六人时1号发言人（嘉宾）居中心右位，2号发言人（嘉宾）居中心左位。当然，重要新闻发布会上，无论主席台人数是单数还是双数，新闻发言人一般均居中心而坐。

（4）不便排序时，可采用从主持人左手位起顺排的方法。

（5）总体上体现"左为上"的中国传统习惯（国际会议则遵循"以右为尊"原则），局部综合运用顺序排序方法，多种因素统筹考虑，特殊情况灵活掌握。

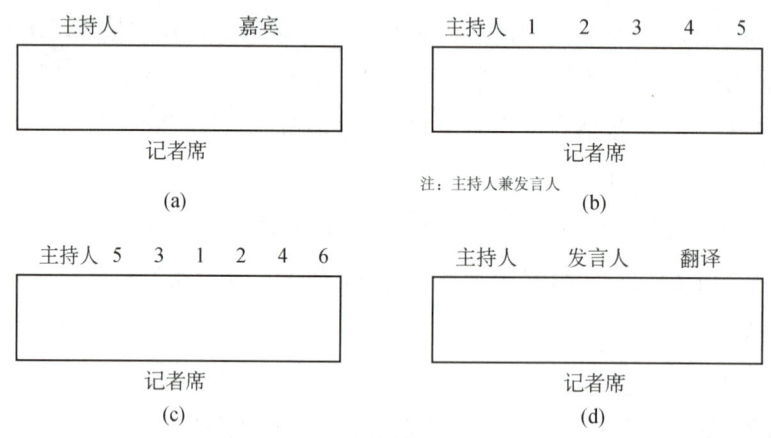

图6-3 新闻发布会座次安排

发布会其他道具、设备安排：最主要的道具是麦克风和音响设备，如需要投屏展示则还需要投影仪、笔记本电脑、数据联线、上网连接设备和投影幕布等。相关设备在发布会前要反复调试，保证不出故障。

新闻发布会现场的背景布置和外围布置需要提前安排，一般在大堂、电梯口、转弯处设置导引指示和欢迎牌。一般酒店均有此项服务。

（二）会中组织

1. 迎宾签到

一般应当安排专门的礼仪小姐接待与会人员，并事先准备签到簿记录姓名、单位、联系方式等。

2. 发放资料

工作人员将事先准备好的资料及时发放给与会人员和记者，最好为每人准备资料袋，内装新闻发布稿、必要说明资料等。

3. 宣布开始

主持人宣布新闻发布会开始，向与会人员表示欢迎和感谢，介绍召开本次新闻发布会的目的、议题、议程等，并邀请发言人出场。

4. 发布新闻

发言人按照发言提纲发布新闻或宣读新闻发布稿。

5. 记者问答

由主持人指定提问的记者，由发言人对其提出的问题予以回答。主持人应掌控问答时间和节奏。

6. 宣布结束

按照议程安排，主持人宣布发布会结束。如议程还安排参观、赠送纪念品等活动，主持人应加以提示。

（三）会后整理

1. 整理记录资料

及时整理会议记录、与会人员签到簿、物资报销发票等图文资料。

2. 核对发稿情况

根据签到簿检查到会记者是否都发了新闻稿，并核对发稿内容，出现错漏应及时联系对方进行修订。

3. 评估会议效果

根据所收集会议资料做会议总结，评估会议效果，以便为下一次新闻发布会举办提供经验。

四、样例展示

"世界情·共赏独秀桂林"活动发布会策划

一、发布会目的

（略）

二、发布会时间

2022 年 12 月 26 日 15:30—17:00

三、发布会地点

桂林市××××大酒店

四、发布会主办单位

桂林市××公司

五、发布会规模

150 人

六、发布会现场布置

（略）

七、发布会内容

（1）宣传桂林风光（桂林旅游形象大使 潘女士）。

（2）介绍当前桂林旅游经济发展状况；整合桂林旅游资源的重要性；呼吁一同参与桂林旅游业发展建设（广西壮族自治区旅游发展委员会主任 高主任）。

（3）对参与、关注本次活动的人员表示感谢；介绍目前桂林的旅游资源；阐述桂林旅游业发展新业态；展望未来（中国共产党桂林市委员会组织部部长 李部长）。

（4）介绍本次活动开展方案；感谢本次活动的开展对桂林旅游业发展的贡献；预祝本次活动取得圆满成功（桂林市旅游发展委员会副主任、活动总负责人 冯主任）。

八、发布会流程及时间安排

活动时间	主要活动	配合活动	备注
15:00—15:25	嘉宾、媒体签到	背景音乐播放	（1）嘉宾、媒体分成两个签到处（嘉宾均需佩戴胸花）；（2）签到时发放礼物、资料；（3）礼仪小姐引导就座
15:25—15:30	引导主要嘉宾到主席台入座	背景音乐播放	主席台座次从左至右：冯主任、高主任、李部长、潘女士
15:30—15:35	主持人宣布活动开始		
15:35—15:40	介绍与会领导、嘉宾、媒体	掌声	

（续表）

活动时间	主要活动	配合活动	备注
15:40—15:50	桂林市旅游形象大使发言。主题：宣传桂林旅游风光	桂林宣传视频播放	
15:50—16:00	自治区领导（自治区区旅发委高主任）致辞。主题：宏观讲述当前桂林旅游经济发展状况		
16::00—16:10	市委组织部李部长致辞。主题：目前桂林的旅游资源、桂林旅游业发展新业态		
16:10—16:30	市旅游发展委员会冯主任进行活动介绍。主题：本次活动开展方案简介、本次活动的开展对桂林旅游业发展的贡献	活动介绍演示文稿播放	提前准备发言稿
16:30—16:50	媒体记者对领导人及相关人员进行采访		主持人合理把控时间；提前与领导及相关人员沟通
16:50—17:00	领导合影留念	背景音乐播放	
17:00	主持人宣布发布会结束		

九、物料准备及工作安排

（略）

十、费用支出

（略）

十一、拟邀请嘉宾名单

（一）合作单位代表及其他企业单位嘉宾名单

部门	人数	被选人姓名	负责人
自治区旅发委	1		
市委组织部	1		

（二）新闻媒体单位名单

媒体		人数	姓名	负责人
报社	桂林日报	3		
电视台	广西电视台	2		

(续表)

媒体		人数	姓名	负责人
电台	广西人民广播电台交通台	1		
网站	广西生活网	1		
自媒体	桂林头条	1		

十二、注意事项

（一）发布会现场布置

1. 会议厅背景板布置，主席台、贵宾席设置

（1）主席台上准备3个无线麦克风；主席台用红色台布覆盖。

（2）在主席台左侧放置讲台，讲台上面应摆放雅致鲜花。

（3）记者来宾席预备2个无线麦克风，方便记者提问。

（4）背景板设计要求色彩鲜明，主色调待确定；同时，配有会议主题等文字内容（待确定）注解。

（5）现场背景音乐的选择，要求与会议主题相协调。

（6）签到本要求精致，签到台应摆放时令鲜花，配置名片盒。

2. 装饰品摆放（背景、地毯、横幅、花篮）

3. 音响等设备安装、调试

4. 临时停车位准备、引导

5. 横幅布置

（二）接待注意事项

（1）酒店大堂设导示牌，并派2名礼仪小姐做向导。

（2）会议厅电梯入口处及转角处设置指示牌。

（3）会议厅入口两侧摆放花篮，旁边设置签到台（台面绒布覆盖）及资料、礼品发放处。

（4）根据出席会议人数，签到处可设二人签到台。

（5）嘉宾签到后，由礼仪小姐引领至接待区（注：分区接待，重要嘉宾由项目主要负责人引领至贵宾休息室）。

（6）礼仪公司司仪负责为嘉宾戴花，嘉宾15:00开始入场（提前30分钟）。

（三）会议外场的布置

（1）酒店正大门摆放花篮六个，设置告示牌一块，上面书写：热烈欢迎出席"世界情·共赏独秀桂林"活动发布会的领导嘉宾。

（2）地面临时停车场应安排专人为嘉宾引导路线。

（四）应急事项预案

（1）下雨天气的应急处理。提示湿滑地带，在会场预备雨伞，注意天气预报。

（2）个别嘉宾迟到的应急处理。及时用电话联络沟通，做好行车的指引。

（3）礼仪小姐因堵车迟到的预防办法。提前2个小时沟通联络。

（4）人员满场的应急处理。预备临时座椅，以备慕名而来的记者之需。

（5）事先同媒体朋友沟通，避免问到不合适的问题，或找错提问对象。

（6）新闻报道内容偏差的预防。编写新闻通稿，统一口径。

（五）活动备忘

（1）编制被邀请的嘉宾、新闻媒体、合作单位的名单；现场跟进确认来宾的到场情况；落实实到人数的统计。

（2）及时核对签到嘉宾名单。

（3）协调和布置会议现场安保工作，设置活动现场警示标识。预防来宾物品丢失。

（4）提前一周关注会议举行时的天气预报。

（5）明确本公司与会人员的着装要求。如有必要，可安排一场内部人员礼仪培训。

（6）查询可能需要的停车场信息和交通线路。

（7）提前一天清理、布置会场；依据会议程序在节目现场进行1～2遍彩排，熟悉现场工作的每一项细节，了解并掌控每一环节的实际时长。

（8）向新闻媒体记者了解报道见报的日期。备份电子文档。

（9）向出席会议嘉宾致答谢函。跟进相关工作。

附件： 1. 主持人台词

2. 桂林市旅游大使发言稿

3. 领导讲话稿

4. 嘉宾讲话稿

5. 活动发言人讲话稿

6. 媒体采访提纲

7. 项目介绍宣传资料

8. 发布会新闻通稿

×× 公司

2022年9月6日

相关链接

新闻发布会与记者招待会

新闻发布会，也有人称记者招待会，其实二者是有区别的。

新闻发布会侧重于发布新闻，如企业作出了某项重要的决策、研制生产了某种新产品或推出了某项对社会有重要影响的革新项目。企业若想通过大众媒介把这些信息广泛传播出去，就可以举办新闻发布会。

记者招待会则有所不同，它不一定是有新闻要发布，它的主要目的是和新闻媒体、公众进行沟通。任何企业在与社会各界公众的交往中，都会遇到很多错综复杂的问题，如本单位与外单位发生了法律纠纷，企业受到了顾客的批评，受到了社会舆论的谴责，受到了新闻媒介的公开指责，受到了某一社会组织的诬告等。这些问题发生之后，企业为了挽回形象并争取舆论界的支持，就有必要召开记者招待会。

课后训练

围绕近期感兴趣的热点话题，自定选题，召开新闻发布会。要求做好分工，准备好相关材料，并完成本次新闻发布会的筹划组织工作。

项目七　秘书信息处理能力

信息化时代，秘书工作的各个环节都离不开信息的支撑。秘书部门是一个组织的信息集散中心，领导决策的下达、部门情况的上报、内外信息的沟通，都离不开秘书的协调处理。获取、分析、处理信息是秘书的重要职能，依靠信息来开展工作才能使秘书工作更具有生命力。通过本项目，你将了解信息的相关知识，掌握秘书信息处理工作的内容、程序及方法。

任务一　收集信息

实训目标

1. 了解信息收集的基本知识。
2. 能根据实际需要，从多渠道灵活运用多种方法收集信息。
3. 树立时间观念、超前意识，培养信息敏感度。

实训任务与要求

4人一组，自选一省份，利用各渠道各平台收集该省份秘书学专业的办学情况。

实训考核

1. 小组考核（表7-1）。

表7-1 实训任务完成情况考核表（学生用）

考核点	分值	评分人1	评分人2	评分人3	平均分
积极参与并承担具体任务	3				
有团队协作意识，服从小组工作安排	3				
任务完成质量好、效率高	4				
合计	10				

2.教师考核（表7-2）。

表7-2 实训任务完成情况考核表（教师用）

考核点	分值	得分	评语
调研主题的创新性、价值、可操作性	3		
问卷质量	7		
合计	10		

理论要点

一、信息的定义

信息是物质的一种存在形式，它反映物质的属性或运动状态。同时，信息必须依靠一定的物质载体进行传输与储存。

收集信息是指通过各种方式获取所需信息的过程。收集信息是信息得以利用的前提与基础，因此对后续工作有关键性作用。

二、信息收集与秘书工作的关系

秘书的主要职能是辅助领导进行决策，而决策的客观依据便是信息。只有掌握翔实有效的信息才能够进行科学决策。这就要求秘书应当尽可能收集有效信息，以便为领导拟定多种可供选择的决策方案。

三、信息收集的原则

为保证所收集信息的质量，秘书在收集信息的过程中应当遵循以下三个原则。

（一）准确性

一是所收集的信息要真实可靠，这就要求谨慎考虑信息的来源、收集渠道和内容本身。

二是所收集的信息应与所在部门的工作紧密相关，准确提供上级领导或同事需要的有效信息。

（二）全面性

只有广而全的信息才能完整地反映事件的发展全貌，从而为科学决策提供依据和保障。全面性要求秘书要兼顾正负面信息，不可偏废。正面信息的影响具有稳定性，负面信息的影响往往具有不确定性，更容易造成社会各界的差异性理解。但是作为秘书，不应该对负面消息做绝对的对抗性处理。合理的负面材料有助于反思，从而更好地从矛盾的根源寻找问题解决的对策，转负面为正面。

（三）时效性

信息本身具有时效性，只有那些被及时传递并且适合需求者的信息才能体现它原有的价值。对于秘书而言，更是要求其保持高度敏感、迅速反应、及时报告，以便帮助领导掌握决策的主动权。

四、信息源

从不同的维度可以将信息源划分成不同类型，以下将列举三个维度。

（一）根据时间顺序划分

根据信息源产生的时间顺序，可分为先导信息源、实时信息源和滞后信息源。

（1）先导信息源的产生时间先于社会活动。如天气预报、市场预测等。

（2）实时信息源的产生时间与社会活动同步。如实验记录、会议记录等。

（3）滞后信息源的产生时间在社会活动完成之后，目的是反映这一活动。如报刊等。

（二）根据传播形式划分

根据信息的传播形式，可分为口传型信息源、实物型信息源和文献型信息源。

（1）口传型信息源存在于人脑思维中，人们将思维整合且外化为口头语言，以交流、讨论、报告等方式进行交流传播。

（2）实物型信息源存在于物质性实体中，包括自然产物和人工制品，人们主要通过观察、采集、实验等方式获取信息。

（3）文献型信息源存在于文献中，人们通过阅读、收听等方式获取信息。

(三) 根据加工程度划分

根据信息源的加工程度,可分为原始信息源和加工信息源。

(1) 原始信息源又称一次信息源,它直接来源于社会活动,未经任何加工处理。如活动产生的数据。

(2) 加工信息源是对原始信息源进行分析、改编或重组等处理,进而提取出满足社会活动所需的各种信息源。

五、信息收集的范围

(1) 各级党政机关颁布的方针、政策、法规等。

(2) 上级领导机关或主管部门发布的与本机关、本单位有关的指挥性、指导性或参考性意见。

(3) 本机关、本单位所辖地区、所属单位的基本情况。

(4) 对本机关、本单位工作或产品的反馈信息。

(5) 相邻或相似地区、性质相同的单位以及国外相同行业的新进展、新做法、新经验、新产品、新技术等。

六、信息收集的步骤

(一) 明确收集目的与要求

通过与领导或相关部门的沟通,明确信息收集的目的与要求。

(二) 明确收集渠道、方式与工具

根据不同信息需求的特性寻求合适的收集途径和收集方式,选择相关工具。

(三) 制订收集计划与提纲

整合以上信息,形成收集计划与提纲,充分发挥导向作用。

(四) 展开收集

根据计划展开收集,并根据实际情况进行调整。

(五) 提供收集成果

最终的收集成果可以是调查报告、数据图表等形式,将这些信息收集成果与收集计划

进行对比，如不符合要求还需进行补充收集。

七、信息收集的渠道

（一）文献资料

载有信息的文字资料即被称为文献。通过文献资料来收集信息可以打破时空界限，收集到古今中外的有用信息。文字文献（如各类报刊书籍）、图像文献（如图片）、声音文献（如语音）、数字文献（如统计报表）等均为文献资料。

（二）口头交谈

口头交谈是获取一手信息的重要途径，相较于文献资料，口头交谈可以通过直接询问打破部分信息的不确定性。口头交谈包括面谈、电话交谈、利用微信等软件交谈等形式。

（三）网络搜索

随着计算机网络、移动互联网、智能手机、智能终端等飞速发展，人们获取信息变得越来越方便。但对于网络上的信息，收集者要具备良好的信息甄别能力。

（四）调查研究

调查研究是指在科学理论的指导下，围绕一定的主题，运用问卷、访谈、测量、观察等方法进行信息收集。这不仅是科学的研究方法，也是科学收集信息的常用渠道。

八、信息收集的方法

（一）观察法

观察法分为直接观察和间接观察。直接观察指的是不借用任何道具，直接使用人体感官进行观察；间接观察指的是借用一定的道具来进行观察，如摄像机、录音机等。

（二）阅读法

通过阅读各类报纸、书刊以及相关文件与信函等来获取信息。尤其是办公室订阅的报纸、期刊，秘书在日常应当注意留心收集信息，有备无患。

（三）询问法

根据询问方式的不同又可分为人员询问、电信询问和书面询问。人员询问即面对面交谈以获取信息；电信询问是指通过电话或其他通信设备进行交谈；书面询问要求设计问答调查表来收集信息。

（四）问卷法

收集者向被收集者发放问卷，邀请其作答，以此来收集信息。这一方法对问卷的质量、回收效度以及答卷人的答卷水平有所要求。

（五）交换法

将自己拥有的信息资源与其他单位进行交换。该方法有利于信息共享，促进合作关系的发展。但是应秉持互惠互利、保密的原则。

（六）购置法

主要购买与需求相关的数据、专利文献、影音图像资料等。

> **相关链接**
>
> **秘书收集信息的技巧**
>
> （一）把握上级领导的需求
>
> 办公室的信息工作主要是服务于上级领导的，只有准确把握上级领导的需求并以此作为导向，才能使信息收集不偏离主题航道。把握领导需求，要求我们换位思考问题，将上级领导作为思考主体。因此，我们要不断增强主动服务和超前服务的意识，紧贴领导思路，紧跟领导思维，及时把握领导的关注点和兴奋点，在办公室信息工作中努力按领导要求和工作需要处理信息，力争掌握上级领导所关心的问题，努力上报领导所需的信息。
>
> （二）建立情报信息网
>
> 单一渠道收集得到的信息往往不全面、不准确，有可能阻碍决策，尤其是对于行政管理和政府决策更是如此。因此必须从多种途径收集信息，即建立信息收集的情报网。从广义上来说，情报信息网并不仅仅指信息收集，还包含了信息筛选、加工、传递和反馈等环节构成的整个信息工作体系。
>
> （三）重视平时积累
>
> 平时注重收集积累本单位的各种信息，做到有备无患。平时主动收集信息，及时对信息进行分析处理、储存，这样比临时收集的准确度和效率都会高很多。平时主动积累信息，不仅有利于秘书工作的开展，还能够帮领导解决突如其来的问题。

> **课后训练**

以本校食堂的后勤工作为调查主题,收集相关信息。

任务二 信息分析与处理

实训一:信息的分析

实训目标

1. 熟悉信息分析的具体内容、流程和注意事项。
2. 能够根据需求,对信息进行综合分析。
3. 树立严谨、求真的工作态度。

实训任务与要求

1. 4人一组,对任务一中小组收集到的秘书学专业办学信息进行分析,提炼出不同学校、不同省份的办学特色。
2. 选择一定的形式对分析结果进行展示与交流。

实训考核

1. 小组考核(表7-3)。

表7-3 实训任务完成情况考核表(学生用)

考核点	分值	评分人1	评分人2	评分人3	平均分
积极参与并承担具体任务	3				
有团队协作意识,服从小组工作安排	3				
任务完成质量好、效率高	4				
合计	10				

2. 教师考核(表7-4)。

表 7-4　实训任务完成情况考核表（教师用）

考核点	分值	得分	评语
表达清晰、条理分明、重点突出	5		
展示形式新颖、内容丰富	5		
合计	10		

理论要点

一、信息的分类

（一）信息分类的定义

信息分类是指按照一定的依据对所收集信息进行类别划分。划分依据往往就是信息的特征，某一方面特征相同的信息可归为一类。

（二）信息分类的方法

信息分类的方法很多，主要是依据信息的不同特性，以便于管理为出发点，结合实际工作需求来选定分类方法，下面介绍三种常见的信息分类方法。

按主题分类：根据信息的内容所反映的主题，将主题相同的归为一类。

按来源分类：可以按照作者、出版刊物、文件发布单位等进行分类。

按载体分类：根据声音、影像、文字等进行分类。

以上列举的分类方法往往交叉使用。信息的分类对后续的信息储存工作具有重要意义，是信息有序储存的基础。

二、信息的筛选

（一）信息筛选的定义

当收集大量的信息时，秘书要做的就是从中整理出有价值的信息，去粗取精、去伪存真。

（二）信息筛选的方法

查重法：将所收集信息进行比较，剔除重复的内容。

时序法：在同质内容中，选留日期新近的。

类比法：对同类型信息进行比较，选留信息量更丰富、更能反映事物本质的信息。

（三）信息筛选的注意事项

一是求真，虚假信息往往会误导工作，影响决策的科学性。辨别信息的真伪，可以根据信息源和内容本身来判断。不同来源的信息，可信度有所不同。

二是求新，由于信息具有时效性，很多情况下都要求选取反映新问题、提出新观点、满足新要求的信息。尤其是单位招聘计划、招标计划、政策规定等信息。

三是求准，"准"即精准满足需求。无关信息过多会为领导决策增加额外干扰。因此，秘书人员应当选留那些与领导需求高度相关、与自身工作高度相关的信息，有的放矢，提高工作质量和效率。

三、信息的鉴别

信息的鉴别是指对所收集信息的真伪、性质等进行判断。信息鉴别的内容主要包括信息来源、传播方式和内容本身的可信度三方面。

一般来说，来源于专业研究机构的资料比一般社团或是私人渠道获得的资料可信度高；专业技术标准、技术报告、专利文献等比期刊杂志的内容可信度高；著名出版单位的出版物信息可信度高。

四、信息的提炼

（一）信息提炼的定义

信息提炼指的是根据信息的核心要素对信息进行浓缩与概括，保证信息简明扼要、畅通无误。目的是使他人花费很少时间去获得最大的信息量，减少无关信息的干扰。

（二）信息提炼的技巧

一是分层提炼。分层后能够降低信息的复杂度，每一层又有分层依据，从而更容易把握各层信息的核心内容。

二是全局性概括。提炼应当考虑信息的各个核心要素，切忌以偏概全。

> **相关链接**

MECE 分析法

一、MECE 分析法的主要内容

MECE 是 mutually exclusive collectively exhaustive 的首字母缩写,中文意思是"相互独立,完全穷尽",也就是对于一个重大的议题,能够做到不重叠、不遗漏地分类,而且能够借此有效把握问题的核心,并找到解决问题的方法。它是麦肯锡的第一位女咨询顾问芭芭拉·明托(Barbara Minto)在《金字塔原理》(*The Minto Pyramid Principle*)中提出的一个很重要的原则。所谓的不重叠、不遗漏是指在将某个整体(不论是客观存在的还是概念性的整体)划分为不同的部分时,必须保证划分后的各部分符合相互独立与完全穷尽两个要求。

该方法的重点在于帮助分析人员找到所有影响预期效益或目标的关键因素,并找到所有可能的解决办法,而且它有助于管理者进行问题或解决方案的排序、分析,并从中找到令人满意的解决方案。通常的做法分两种:一种是在确立问题时,通过类似鱼刺图的方法,在确立主要问题的基础上,再逐个往下层层分解,直至所有的疑问都找到,通过问题的层层分解,可以分析出关键问题和初步解决问题的思路;另一种方法是结合头脑风暴法找到主要问题,然后在不考虑现有资源限制的基础上,考虑解决该问题的所有可能方法,在这个过程中,要特别注意多种方法的结合有可能是个新的解决方法,然后再分析每种解决方法所需要的各种资源,并通过分析比较,从多种方案中找到目前状况下最现实、最令人满意的答案。

二、MECE 分析法的步骤

步骤一,确认问题是什么。

步骤二,寻找 MECE 的切入点。

三、MECE 分析法的适用性

我们分析事实、创建假设、证明或证伪假设的每一步,都贯穿着"MECE"的思维准则。结构化思维的本质就是逻辑,其目的在于使我们对问题的思考更完整、更有条理。但"结构"不是"解构",结构化的思维并不意味着对问题机械、简单地肢解。事实上,客户的问题多是一团相互纠缠、纵横纠结的乱麻,结构化的思维能帮助我们一个一个找到线头,理清思路,而不是否认事物之间的相互联系。

(资料来源:https://wiki.mbalib.com/wiki/MECE 分析法,有改动。)

实训二：信息的处理

实训目标

1. 熟悉信息处理的流程，能进行综合的信息处理。
2. 掌握信息处理工作的初步技能。

实训任务与要求

各小组将实训一中的信息加以整理，并形成一份可储存的材料，提交给教师。

实训考核

1. 小组考核（表 7-5）。

表 7-5　实训任务完成情况考核表（学生用）

考核点	分值	评分人1	评分人2	评分人3	平均分
积极参与并承担具体任务	3				
有团队协作意识，服从小组工作安排	3				
任务完成质量好、效率高	4				
合计	10				

2. 教师考核（表 7-6）。

表 7-6　实训任务完成情况考核表（教师用）

考核点	分值	得分	评语
信息的整理具有逻辑性，能够体现分类标准	5		
信息内容的全面性	5		
合计	10		

理论要点

一、信息的储存

（一）信息储存的定义

将已有信息有序地存放即为信息的储存。信息储存的目的是方便日后高效的信息使用，有序的信息储存便于使用时的查找。有序的信息储存需要满足两个条件：一是寻找合适的储存媒介；二是设定规则，以便日后可以按照规则进行查找。

（二）信息储存的程序

信息储存的一般程度是：分析→编码→存放。

1. 分析

通过分析才能详细了解信息的核心要素及其各方面特征。分析的目的是按照一定维度将有联系的信息归为一类，增强信息之间的联系以便形成体系。

2. 编码

将已形成体系的信息以编码的形式进行信息登记，每一份信息都有自己的独特编码，信息之间的编码呈现出一定的顺序。

3. 存放

选择合适的媒介保存信息。

（三）信息储存的媒介

1. 纸

纸是传统的信息储存媒介，纸质记录则是传统的信息储存方法。但是选择纸作为储存媒介，对储存条件有较高要求，如纸的质量、空气湿度、空间面积等。

2. 光盘

光盘能储存的信息量大，且所需空间小，成本较低。

3. 网盘

云计算的出现给互联网带来了革命性的变化，各种网盘层出不穷。利用网盘储存信息的最大便捷之处在于信息的远程传递与共享，但应当小心信息泄露，注意保护信息安全。

二、信息的传送

（一）信息传送的定义

将已经过分析处理的信息以各种形式发送给有需要的人，即为信息的传送。传送的目的是使信息的价值发挥到极致，在实际工作中发挥作用。作为秘书，在信息传送这一环节应关注的是"传送给谁"和"怎样传送"两个问题。

（二）信息的传送形式

1. 口头传递

将信息内容以口说的形式传递给接收者。口头传递的优点是方便快捷，但是容易出现内容被曲解或是由于没有录音而"口说无凭"的问题。

2. 文书传递

将信息内容以书面文字的形式传递给接收者。相比于口头传递，文书传递有信息明确、易于储存等优点。但是由于文书需要编写、印发等，较为麻烦。

3. 网络传递

将信息内容通过互联网传递给接收者。通过网络传递的信息内容具有数字化特征，信息类型也更加丰富多样。网络传递的方式具有迅捷、可复制、易储存等优点，但是应注意信息的安全保护。

（三）当代新兴传播媒介

随着网络信息技术的发展，传统的报纸杂志在当代信息传递中扮演的角色有所弱化，网络成为新兴主流媒介。下面介绍三种近年来发展迅速的主流媒介。

1. 微博

微博的最大特点是开放性，各用户能够"随时随地发现新鲜事"，也可以通过转发使得信息迅速传播。但也正是因为开放性，信息的深度和真实性难以保证，这就要求各用户应严格遵守微博的社区公约，共同创造一个文明的网络环境。

2. 抖音、快手等短视频 App

相较于语言文字，视频类的信息更能够引起人的关注，也更能够维持人的注意力。但是视频信息对创作者的要求较高，需要掌握一定的视频剪辑能力与技巧。

3. 播客

播客是一种以网络声讯节目来传播信息的形式。网友通过手机平台关注某些节目账号来收听，不必坐在电脑前，也不必实时跟进，随时随地享受收听自由。

三、信息的反馈

（一）信息反馈的定义

信息的反馈是指将所输出信息的作用结果返送回来，与预期结果进行比对，以便调整与改进再输出。由于秘书工作有上传下达、下情上报、联系左右的作用，因此，做好信息的反馈才能发挥其枢纽作用。

（二）信息反馈的形式

1. 按反馈信息的性质来分

（1）正反馈：将某一决策执行后所产生的积极影响、正面经验、良好效果等反馈给决策机构，以便成功经验得以推广。

（2）负反馈：将某一决策执行后所产生的消极影响、负面经验、不良后果等反馈给决策机构，以便决策机构调整或修改决策。

2. 按信息的传递方向来分

（1）纵向反馈：向上级或下级反映决策执行的情况与结果。

（2）横向反馈：向同级传达信息。

3. 按反馈的时间来分

（1）前反馈：信息接收者在信息未发出前所提出的期许，以求信息能够满足自身需求。

（2）后反馈：信息接收者在信息发出后所提的建议与意见等。

> **拓展阅读**
>
> **如何报送负面信息**
>
> 负面信息是指有助于领导决策和控制系统的稳定、消除错误、增强准确度、实现最优目标的信息。对于领导者来说，负面信息更有利于全面了解真实情况，有益于保持清醒头脑，启迪思维和研究对策，把问题解决在萌芽状态。那么，基层信息部门如何报送负面信息呢？
>
> 一是提高认识。党政信息与大众传播媒介信息的显著区别之一，就是党政信息具有较强的内部性、机密性、政治性，阅读范围小，阅读对象层次高。如果没有负面信息，党政信息也就无内部性可言，就失去了党政信息的生命力。党政信息部门的一个重要职责就是全面真实地反映基层情况，喜忧兼报是信息工作者必须遵守的一个基本原则，有忧不报并不等于现实社会没有问题。因此，信息工作者在思想上要充分认识报送负面信息的重要性，增强报送负面信息的自觉性和责任感，从党和人民的利益出发，讲政治，识大体，顾大局，当好参谋，做好助手，敢于、善于收集和上报各类负面信息，充分发挥信息对于领导掌握情况的重要作用。
>
> 二是创造环境。报忧的出发点是让领导了解情况更全面、考虑问题更周到、处

理问题和作出决策更正确。因此,一方面要支持信息部门和信息工作人员如实、全面、及时地反映工作中的问题和矛盾,反映群众的呼声和疾苦,并注意保护基层同志的工作积极性,对敢于报忧的人员给予表彰和奖励,尽可能地为他们报送负面信息创造一个宽松的环境,鼓励他们忠于职守,积极工作,全面准确地为上级提供信息;另一方面要坚决贯彻落实上级《关于加强紧急信息报送工作的通知》精神,建立健全有忧必报制度,严格审批把关制度,切实解决有忧不敢报、不让报问题,使负面信息能够及时予以上报,让上级领导尽快了解基层真实情况。

三是健全网络。一般负面信息的时效性较强,一旦超过时限,便如明日黄花,失去使用价值。而要迅速准确上报信息,必须有健全、畅通的网络和一支高素质的信息队伍。基层各单位要配备专职信息员,重点部门实行每天通报情况制度,保持热线联系。同时,各单位要加大资金投入,配备传真机、电脑、电话等办公通信设备,为及时报送负面信息创造必要的条件。尤其对重大事故、案件、灾情、疫情等情况必须在6小时内上报,如出现漏报、迟报、误报现象,要通报批评,追究有关人员责任,尽可能使重要信息以最快的速度上报。

四是实情实报。负面信息易被领导关注,往往会被领导批示采用,因此更要在实事求是上下功夫。要做到三点:一是务必真实。真实可靠是信息的灵魂,特别是负面信息的报送尤其要在真实上做文章,既不能夸大其辞,刻意制造轰动效应,也不能文过饰非,隐瞒实情。二是力求全面。因为事物是运动着、变化着的,是多方面相联系的,要完整地、客观地反映该事物,就必须尽可能多地获得关于这一事物的多方面信息,注意局部信息与全局信息的沟通,静态信息与动态信息的比较。如果人为地放大负面信息,过于看重工作失误,过分夸大工作中的缺陷,也容易导致决策失误。三是务求深刻。一般来说,一条负面信息并不是孤零零的,往往是有其产生问题的前因后果,所以在上报负面信息时,一定要把握住其带有本质性、规律性的东西,恰如其分地分析事物的内在联系,还要注意通过各方面的考察,找出带有普遍意义的、有价值的负面反馈信息,有的甚至还要从大量的信息中提炼出解决问题、克服困难的方法、途径,以供领导参考。

五是精心编写。一条有价值、有影响力的负面信息通常是内容与写作技巧的有机结合。在编写负面信息时,要注意以下五个方面:(1)形式上要开门见山。既不要讲套话、空话,也不要拐弯抹角,要直奔主题,直接点出问题。(2)内容上要突出重点。要围绕中心,分清主次,克服简单偏激的倾向,做到反映问题与肯定成绩相结合，客观分析原因与科学预测发展趋势相结合，反映正在解决问题的工作与提出解决问题的意见、建议相结合。（3）结尾要与开头呼应。在反映问题时，一定要把本地区、本部门将对这些问题所采取的措施反映出来，把领导所做的工作和所做的努力反映出来，把问题解决的经验和成绩反映出来，使报送的负面信息发挥出多方面的作用。（4）语言上要把握分寸。对问题的定性要准确适度，既不能过分夸大，也不能轻描淡写，更不能添油加醋。（5）结构上要严谨周密。在安排信息的主体结构时，要做到合理、严谨、有逻辑性，使编写出的信息有一定的质量和水平。

（资料来源：冀大圈，《如何报送负面信息》，《办公室业务》，2002年第5期，有改动。）

课后训练

在收集食堂后勤工作相关信息（任务一）的基础上，对这些信息展开分析与处理工作。

任务三　调查研究

实训一：开展调查

实训目标

1. 了解调查研究的基本程序、方法等。
2. 能够根据不同主题选择合适的调研方法。
3. 培养科学严谨的态度。

实训任务及要求

以小组合作的形式，自定一个适合在本班级展开调研的主题，并根据主题设计一份调查问卷。

实训考核

1. 小组考核（表 7-7）。

表 7-7 实训任务完成情况考核表（学生用）

考核点	分值	评分人 1	评分人 2	评分人 3	平均分
积极参与并承担具体任务	3				
有团队协作意识，服从小组工作安排	3				
任务完成质量好、效率高	4				
合计	10				

2. 教师考核（表 7-8）。

表 7-8 实训任务完成情况考核表（教师用）

考核点	分值	得分	评语
调研主题的创新性、价值、可操作性	3		
问卷质量	3		
任务完成质量好、效率高，展示效果好	4		
合计	10		

理论要点

一、调查研究

（一）调查研究的含义

调查研究不仅是一种科学的研究方法，也是一种科学的工作方法。"调查"侧重于资料获取的方式，是指有目的地选择合适的方法与途径来掌握客观实际情况。"研究"侧重于对调查过程中所获资料的分析。"调查研究"即为对所获取的资料进行分析以把握其本质及发展规律。

（二）调查研究的特点

调查研究具有现实性，即调研对象是一些现实存在的问题，而非虚拟构造的。

调查研究具有客观性，即调查研究以获得客观事实为调查目的，不可操纵或改变被调查对象。

二、秘书的调查研究工作

从目的来看,秘书开展调查研究的最终目的是辅助领导决策。对于决策来说,信息如同"情报",它们能够反映现状,能够反映未来趋势,是领导决策的依据。

从内容来看,秘书开展调查研究的内容是客观情况。秘书应经常主动对本单位、本组织甚至是本地区的基本情况做调查。这些基本情况包括地理、人文、历史等。

三、调查研究的程序

调查研究包括了问卷、访谈、观察等方法,在这一过程中可以选用一种方法或多种方法结合,不同方法在程序上有不同的侧重点,但总的来说都遵循以下程序。

(一)准备阶段

1.确定项目,明确目标

秘书的调研相较于其他身份的调研,由于遵循的是领导给的任务指示,因而更具有指令性。因此,确定项目及其目标时应认真领会领导的指示。

2.确定范围,选择对象

确定项目课题后,应以课题为中心去思考信息收集的范围。信息范围包括自然信息、人文信息、政策法规、市场动态、对手情况等,确定范围才能更好地了解调查对象,熟悉情况。在确定范围的基础上,选择调查对象。对象要精准,才能够切实满足调查目的。

3.拟定调查计划

调查计划不仅有利于个人后续工作的展开,还有利于多人合作的调研统一思想,明晰分工。调查计划应当能够反映如下问题:一是项目的任务安排是否紧密围绕课题中心,是否满足调查目的;二是将任务分解成若干子任务后,各个子任务之间的衔接是否合理,是否具有可操作性;三是如何制定统一的评价标准,以便后续对收集资料的筛选处理。

4.做好技术、事务和组织准备

需要组成团队的调研组应当明晰各成员安排,在调研开始前进行相关培训。同时做好前期的资料、调查器材等物质准备。

5.制订调查表、问卷、访谈提纲

为了提高调研效率,应事先准备好调查表、问卷、访谈提纲等辅助材料,有需要的还可以进行印刷。

（二）进行阶段

1. 试探性调查

通过试探性调查对调查对象有初步的、一般性的认识，再与原计划进行比较，必要时作出适当的计划调整。

2. 正式实施

根据计划正式实施调查。运用合适的方法获取资料，主要注意以下三点：一是保持客观；二是保持敏锐；三是及时整理。

（三）分析阶段

运用合适的方法对调查得来的资料、数据等进行甄别、筛选、校核等，对于不足的资料应及时补充。

（四）总结阶段

1. 撰写调查报告

调查报告的内容一般包括调查过程、调查结果和研究结果三部分。撰写调查报告应秉持实事求是的原则。

2. 经验总结

主要是对整个调研过程进行回顾与总结，为日后工作提供借鉴。

四、调查研究的方法

（一）问卷调查法

问卷调查是指以书面问题的形式，根据被调查者的作答而收集资料。

1. 问卷类型

（1）结构型：也称为封闭型问卷。只允许作答者在所限制的答案范围内作答，一般为选择题。

（2）非结构型：又称为开放型问卷。所提问题无固定答案，作答者可自由作答，一般为填空题或问答题。

（3）混合型：以封闭型问题为主，辅之以开放型问题。

2. 问题类型

从问题的回答形式来分可分为选择题、排序题、打分题、填空题、问答题、矩阵型问题等；从问题的功能来分可分为实质性问题、过滤性问题、验证性问题、补充性问题、调节性问题等。

3. 问卷的内容结构

（1）指导语：指导语的作用是使作答者明确本次问卷调查的目的及填写的注意事项，一般包括三个方面。第一，简要说明本次调查的目的与意义，以引起作答者的重视。第二，说明作答的注意事项，告知作答者如何作答。第三，对问卷的匿名性和保密性加以说明，主要是为了消除作答者的顾虑，从而客观答题。

（2）个人基本情况：这一栏目中要求填写的个人信息一般是研究中需要考虑的变量，否则可以不出现，以保持问卷的简洁。

（3）主体：即问题部分。按照问卷设计的要求来呈现。

（4）结束语：结束语部分可以是答谢语、对问卷回收方法的说明、征求意见或是提开放性的问题。

4. 问卷设计的要求

（1）从问题范围来看，设计问卷之前应明确这份问卷是小范围的典型案例调查还是大范围的统计调查；是了解情感态度的意向性调查还是了解客观情况的事实性调查。

（2）从问题的数量来看，一份问卷的作答时间以30～40分钟为宜。

（3）从问题的表述来看，应当通俗易懂，避免生僻或专业性太强的术语。对于易产生歧义的表述，应当加以注释说明。一个问题中仅能包含一个疑问。

（二）访谈调查法

访谈调查是指秘书以口头交谈的形式，根据被访者的回答而收集材料。访谈调查被广泛应用于秘书工作，既有事实的调查也有意见的征询。从形式来看，有正式访谈和非正式访谈之分，也有个体访谈和团体访谈之分。具体方式有入户采访、网络访问、街头采访、客户走访等，可选择多种方式结合。

访谈调查的技巧如下：

遵循计划好的程序，避免漫无边际的"跑题"。这就更加强调了访谈提纲的重要性，访谈提纲能够帮助采访者做到"心中有数"，对于问题的延伸、如何提问题等都有预期，在实际访谈过程中就能避免不知道问什么、怎么问、怎么接话等问题。

做好访谈过程中的心理调控。访谈者应该密切注意自己的言行举止，态度谦逊而有礼貌才能够争取被访者的最大配合。为防止被访者出现"反应效应"（人们意识到自己正在被观察或被研究时行为发生变化，从而影响实验结果的现象），可以先通过一些非正式谈话来沟通感情，取得被访者的信任。

（三）观察法

秘书亲临现场，通过感官或仪器对客观事物进行系统考察，从而获取经验事实的方法即为观察法。

观察的技巧：①多点多面，持续性地跟踪观察，辨别现场的真实性，避免被观察者的"反应效应"。②有的放矢，带着目的进行观察。避免与目的不相关的内容对观察造成干扰。

（四）文献调查法

文献调查法指的是通过查阅相关文献资料以获得所需信息。下面以国内知名数据库——中国知网为例，展开介绍文献检索的常用方法。文献检索通常分为主题检索、关键词检索和段内检索。在文献检索的过程中，各种检索的方法应交织使用，以此确保文献检索的深度和广度。

1. 主题检索

主题检索是指查找某一领域内的文献，目的是探究该领域内研究者的研究方法和研究结果。主要适用于尚未有明确的写作方向，通过阅读文献寻找写作思路，先运用主题检索归纳出该领域中的研究所存的问题与空白，为下一步的文献检索、文献阅读和写作提供方向和指引。

操作步骤：打开中国知网（CNKI）—点击页面上的小三角，选择"主题"—输入主题词（图7-1）。

图7-1　主题检索

2. 关键词检索

关键词检索是指按所需查找文献提供的关键词进行检索，目的是查找涵盖这一关键词的相关文献。主要适用于已经阅读过一些相关文献，想增加类似文献的阅读量。例如，已阅读了《高职文秘专业大学生职业素养培养的研究与探索》，需要进一步阅读"职业素养"的相关文献（图7-2），就以"职业素养"为关键词，开展检索。相较于主题检索，这是一个文献查找聚焦的过程。

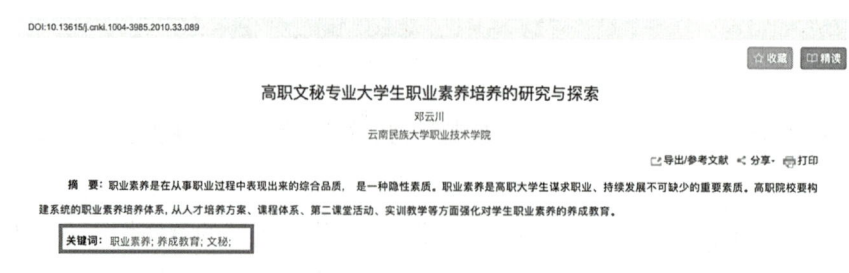

图 7-2　查看文献关键词

操作步骤：打开中国知网（CNKI）—点击页面上的小三角，选择"关键词"—输入关键词（图 7-3）。

3. 段内检索

段内检索是指在数据库中检索包含检索词的语句或段落，目的是引用相关文献作为自己文章的参考文献。主要适用于文章缺乏说服力和支撑力时，通过段内检索为文章增添新的色彩和生命力。相较于主题检索和关键词检索，段内检索的突出优势在于省时、省力、效率高，很好地弥补了人工检索的主观性和检索范围的狭窄。

操作步骤：打开中国知网（CNKI）—点击"高级检索"—点击"句子检索"（图 7-4）。

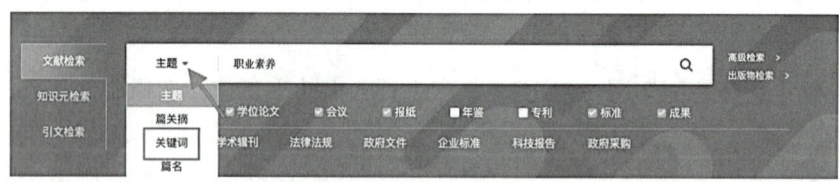

图 7-3　关键词检索

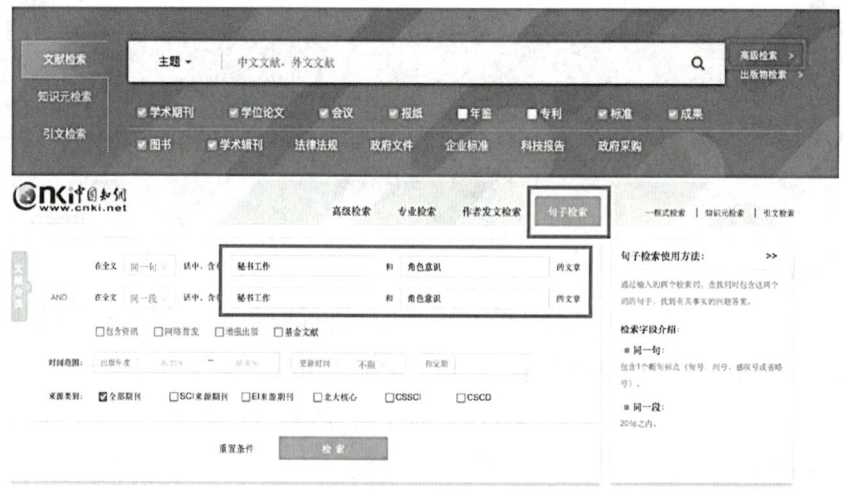

图 7-4　段内检索

> **相关链接**

在问卷调查中，常见的问卷提问与回答形式见表7-9。

表7-9 常见的问卷提问与回答形式

提问形式	回答形式	举例
问答式	在指定位置进行简答	请问您家有几口人？___
二元选择式	根据实际情况二选一	请问您是中共党员吗？ 是□ 不是□
多项单选式	给出的选择至少两个，根据实际情况选择其一	您对我部的各项服务综合体验满意吗？ A. 很满意 B. 比较满意 C. 满意 D. 不满意 E. 很不满意
排序式	按一定标准进行顺序排列	以下是当前公众普遍关注的社会问题，请您按重要性进行排序： A. 环境污染问题 B. 失业问题 C. 医疗保障问题 D. 个人所得税问题
尺度式	答案描述呈两个极端，作答者根据实际情况在相应程度位置给予标识	您对当前工作的满意度为： ___ 不满意　　　　　　　　　　　　满意
对比选择式	根据实际情况进行对比选择	对比左右选项，选择您更喜欢的饮料类型： A. □果汁型　　　　□汽水型 B. □含酒精型　　　□不含酒精型 C. □即饮型　　　　□浓缩型 D. □瓶装型　　　　□罐装型 E. □液体型　　　　□固体型
矩阵式	将若干相关的子问题集中呈现，构成一个矩阵，并指向一个大问题，答案一般为递进的程度描述	您认为下列环境问题在您所居住的城市是否严重？ （在适当位置打√） | 环境问题	严重程度			
---	---	---	---	---
	严重	不太严重	不严重	不清楚
噪声				
烟尘				
污水				
垃圾				
有害气体					

实训二：分析研究

实训目标

1. 能够对调查所得资料进行综合分析。
2. 培养实事求是的态度。

实训任务及要求

1. 使用实训一所设计的问卷在班级内进行现场调研。
2. 回收后对问卷进行分析，并撰写一篇小型调查报告。

实训考核

1. 小组考核（表7-10）。

表7-10　实训任务完成情况考核表（学生用）

考核点	分值	评分人1	评分人2	评分人3	平均分
积极参与并承担具体任务	3				
有团队协作意识，服从小组工作安排	3				
任务完成质量好、效率高	4				
合计	10				

2. 教师考核（表7-11）。

表7-11　实训任务完成情况考核表（教师用）

考核点	分值	得分	评语
资料分析的科学性	3		
调研报告内容的完整性	3		
调研报告内容的深度	4		
合计	10		

理论要点

一、资料分析的方法

（一）定性分析

定性分析立足于对资料的整体分析，由此产生一个完整的透视。定性分析具有整体性、综合性、反思性等特征。

定性分析的对象主要是描述性资料，这些资料通常以文字或图片形式表现，而非数据形式。

定性分析的具体思维方法主要有以下三种：①归纳，将陈列出来的事实材料加以归类，并从中概括出它们的共同属性或特征。②比较，将两个及以上的事实材料放在一起进行比较，从中寻求各自特征或共同特征。③综合，将零散的事实材料横向组合或纵向串联，使其成为一个有序的整体。该方法又称为系统分析法。

（二）定量分析

定量分析通过对材料进行算术或逻辑运算，推导出能够反映特定问题的数据，经过解释赋予此数据一定的意义，进而得出研究结论。

定量分析的对象是具有数量关系的资料，主要是数字。

定量分析的具体方法主要是统计分析法，一般需要借助专门的统计分析软件，快速地对大量资料进行统计分析，如 Microsoft Office Excel（微软公司的电子表格软件）和 SPSS（社会科学统计软件包）等。

二、调研报告的撰写

通常来说，调研报告的结构包括标题、导言、调查结果和研究结果四部分。

（一）标题

①陈述式：直接陈述调查主题，如《关于××产品顾客满意度的调查》。

②结论式：以结论性的语言作为标题，如《家庭养老面临多种挑战》。

③问题式：以发问的形式作为标题，如《斜杠青年在追求什么？》。

④双标题式：由主副标题构成，如《他们有爱的权利——××市老年人婚姻调查》。

（二）导言

①直述式：将调查目的、内容、范围、主要结论等一一列出。

② 悬念式：先引出现象或问题，再对引发原因、产生的影响等进行发问，最后介绍调查的基本情况。

③ 结论式：在描述调研对象的同时呈现结论。

（三）调查结果

主要包括重要的事实情况、资料、数据等。

写作逻辑主要有以下三种：一是按照时间顺序来组织，描述某一问题或现象在不同时期的差异，体现其变化或发展。二是按材料内容的性质进行叙述。这需要将材料从问题本身、原因、影响、措施等方面进行分析。三是用观点来串联材料，观点需要通过对材料的分析进行总结归纳。

（四）研究结果

主要包括原因、影响、解决办法与建议等内容，要求语言精练，简明扼要。

> **拓展阅读**
>
> **调研报告如何提高深度**
>
> 写调研报告，要避免空谈意义形势、轻描淡写谈问题，要深刻剖析问题原因、坚持用事实或数据说话，并根据问题本质安排报告结构、选择材料。
>
> 调研报告是为领导决策提供咨询服务的。要实现这一目标，就要坚持问题导向，敢于触及实质问题和深层次问题；就要避免泛泛而谈，深刻剖析原因，讲清事实、讲透道理；就要避免对策治标不治本，发现并掌握运用客观规律，提出具有很强针对性、可操作性、标本兼治的对策建议，提高调研报告的深度。
>
> 调研报告要有深度，一个重要条件就是要讲有用、新鲜的东西，而不能只讲或少讲众所周知、没有实际意义的事情。这里要注意做到"两个避免"。一个是避免无谓谈工作意义。当某项工作处于开始阶段，或者某问题较严重，但还没引起领导足够重视，谈工作意义是为了引起领导重视；而当某项工作领导已经相当重视，再谈工作意义则毫无必要。比如，对于优化营商环境的重要性，现在各级领导干部的认识普遍比较深刻到位，无需多谈。又如，领导已部署开展某项工作，调研报告再大谈特谈该项工作的重要性和紧迫性，不免有些荒唐可笑。另一个是避免无谓谈趋势或形势。当某项工作面临新的形势，而领导可能认识不深刻、不清楚的时候，调研

报告可深入分析形势，研判发展趋势；而当领导对形势和趋势认识比较清醒、深刻，就完全可以不再谈形势和趋势。比如，对于工业和互联网融合发展的趋势，目前相关领导干部了解较多、较到位，除非调研报告对发展趋势分析得更深刻、更全面，或分析有独到之处，否则，长篇累牍分析形势趋势意义不大。

客观反映事物，就要坚持辩证思维，既充分反映成就，也如实揭露问题。对问题遮遮掩掩，既不符合事物的本来面貌，也不利于问题解决、工作推动。这里要注意避免两种不良倾向：一种不良倾向是对问题避而不谈。一些工作建议类调研报告大篇幅总结经验做法，展示工作亮点，然后直接提出对策建议。在这种情况下，领导从报告中很难了解具体存在哪些问题，更无法确定相关建议是否有效管用。不谈问题，可能是为了避免打有关部门小报告，或者担心领导看了问题不高兴，但不谈问题却是对领导隐瞒实情。另一种不良倾向是谈问题三言两语。一些调研报告成绩、建议部分篇幅大，而问题部分或只言片语，或篇幅很短，就像头大、身子细短、腿粗长的怪人。对工作中存在的问题，领导往往粗略掌握，迫切需要客观全面地深入了解。否则，领导对有关工作就谈不上"知其然"，就会影响科学决策。可以说，谈问题、详尽谈问题既是对领导负责，也是对工作负责。

推动工作不能止于发现问题，还要探究问题发生的原因，要"知其所以然"。分析透了原因，实际上就掌握了事物产生发展的内在规律。只有找准影响事物发展的主要制约因素，才能对症下药、提供真正管用的对策，领导才能判断调研报告提出的对策建议是否可行。调研报告只谈问题不讲原因，相当于只说病症而不讲病因，这显然无法开出治病良方。一些调研报告满足于指出问题，却没有查明原因、找准病根，导致相关问题年年存在，始终没有解决，工作多年没有起色。在分析原因时，既要分析客观原因，也要分析主观原因、政策原因，以达到对事物本质的深刻把握。比如，在分析当地工业研发投入相对较低的问题时，既要研究分析当地的工业结构，分析研发经费投入高的行业企业占比，也要分析政策在鼓励支持工业企业研发方面的不足。又如，在分析研究新旧动能转换问题时，既要看到引进高科技大项目的数量情况，也要查找本地在培育发展新产业新业态方面的不足，还要查找推动传统产业转型升级方面的政策短板。总之，只有客观、全面、深刻地分析原因，才能找出更有针对性的措施，才能推动工作，否则难以根本解决问题。

无论是揭示问题，还是分析原因，都需要有说服力的论据。事实或数据则是很有力的证据。一些调研报告通篇都是结论性语言，缺乏有力的事实或数据，说服力不强。对于许多工作，领导通常了解基本情况，掌握宏观层面内容，对于微观层面内容特别是各方面具体数据、事实，则了解不多。缺乏事实、数据的调研报告，往往与领导原本掌握的内容重合，决策服务作用甚微。需要指出的是，调研报告要有数据或事实支撑，并不意味着只要有了数据或事实支撑，就有了深度。比如，有的调研报告尽管有数据有图表，但相关数据跟报告的相关观点关联度不大，很大程度上成为摆设。又如，有的调研报告没有深刻揭露问题，对原因分析肤浅，相关数据也就难以反映事物本质。可以说，只有紧密结合问题揭露、原因分析，数据或事实才具有更强说服力。

  一篇有深度的调研报告，还需要有充分表达主题思想的框架结构和管用的材料。首先，要明确能反映事物本质的框架结构就是好的框架结构。调研报告的深度主要体现在思想上，体现在对事物的分析研究上，而非语言上的铿锵有力、气势上的恢宏大气，没有必要将大量精力放在结构的求新求异上，放在遣词造句、语言修饰上。其次，要明确调研报告框架结构是为了更充分地反映事物状况，揭示事物发展运行规律，而不是对领导歌功颂德，或鼓舞领导干劲、增强领导信心。哪种结构最能反映事物本质，就采用哪种结构。最后，要加强对事物规律的研究。没有对事物的深刻把握，就很难列出合理的框架结构，也很难选择表达思想的有力材料。这就需要深入调研，甚至长期关注，用心感悟。

  （资料来源：田珍都，《调研报告如何提高深度》，《秘书工作》，2021年第5期，第43—44页，有改动。）

课后训练

  对任务二中已分析和处理的信息进行深入的调查研究，形成一份本校食堂后勤工作的调研报告。

项目八　秘书办公设备使用能力

现代办公环境离不开各类办公设备的使用，熟练掌握办公设备的操作，可以使秘书的工作更加得心应手，提高工作效率。各种品牌型号的办公设备构造与功能各不相同，需要在了解其基本原理的前提下，熟悉其构造与功能，再进行操作与使用。

请带着这些问题开展实训：不同的设备是基于什么原理运行的？各种设备有哪些基本的构造与功能？设备如何与计算机连接，并由哪个应用程序驱动运行？设备具体使用的操作步骤有哪些？一些常见故障如何排除？

任务一　打印机使用与管理

实训目标

1. 认识打印机的结构、功能，熟练使用打印机。
2. 掌握打印机的简单维护知识。

实训任务及要求

1. 开启计算机与打印机，确认打印机的连接方式与连接状态。
2. 准备待打印文档（任课教师指定），向打印机纸盒中添加纸张。
3. 在文档处理软件的打印页面进行打印设置（双面打印、指定页面打印等）。
4. 出现不能打印的情况时进行故障判断，并在教师指导下尝试排除。
5. 文档打印完成后，按顺序关闭打印机和计算机。
6. 在打印机断电的情况下，进行各种耗材的更换操作（硒鼓、墨盒、墨水、色带等）。

实训考核

实训任务完成情况考核表见表 8-1。

表 8-1　实训任务完成情况考核表

考核点	分值	得分	评语
说明打印机的各部件功能与按键作用	3		
完成打印机与计算机的连接与打印测试	3		
完成文档的打印，工作效率高	4		
合计	10		

理论要点

一、打印机的管理

（一）数据线的连接

打印机的摆放位置要合理，不要使数据线及电源线处于绷紧状态，线路长时间处于绷紧状态会造成线路的接触不良和断路现象。

（二）电源要求

电子设备对电压的稳定性有较高的要求，不稳定的电压会影响设备的正常运行和使用寿命。若电源环境不符合要求，需要采取外接不间断（VPS）电源等措施。

（三）开机次序

使用打印机时，先打开计算机，后打开打印机；关机时，可先关打印机后关计算机，这样更能保证打印机的正常使用。

二、三类打印机的应用技巧及注意事项

（一）激光打印机

激光打印机的使用环境要注意通风，避免阳光直射，防磁、防尘；更换硒鼓或感光鼓时避免触碰到表面的感光材料，以免造成损伤，影响打印效果；激光打印机内部的光学组

件附着灰尘或纸屑后会影响打印效果,因此需要定期清洁,清洁时要使用脱脂棉和专用的清洁剂,不要改变部件的位置;静电去除器的所在位置与转印电极丝的位置相近,清洁时需用打印机所带的小刷除去静电并去除四周的纸屑和墨粉(清洁此处可减少卡纸现象);维护清洁定影组件要在打印机关机散热 10 分钟之后再进行,避免被烫伤。

(二)喷墨打印机

喷墨打印机需安装于灰尘较少的环境;打印机不要搁置在阳光直射和磁场附近的位置;打印机应放在水平的工作台上,严防激烈撞击、震动;第一次使用打印机前应清洗打印头;保证稳定电压供电,防止打印机功能不稳定;为防止过分磨损,保证打印质量,应保持打印机的清洁,常用脱脂棉擦拭打印机内部,清理灰尘、墨滴和纸屑。

(三)针式打印机

针式打印机应安装在清洁、无腐化、无酸碱、无震动、远离热源的地方;防止阳光直射,环境温度应保持正常室温;保证用电输入,使用有接地功能的三相电源插座;防止手动进纸以及打印时手动调整纸的行距,进而造成走纸电机、电机控制驱动电路、打印针等方面的故障;当打印机打印不清楚时可通过调整杆调整打印头与胶辊的距离,若仍打印不清楚,要适时更换色带,防止打印头断针。

> **拓展阅读**
>
> **佳能激光打印机常见故障维修案例**
>
> **维修案例一**
>
> 佳能激光打印机开机进入自检/预热状态时,"Read / Wait"指示灯出现时好时坏现象。
>
> (一)故障现象
>
> 激光打印机开机后,进入自检/预热状态,电源指示灯亮,而"Read / Wait"指示灯不亮,打印机不能工作,而有时"Read / Wait"指示灯又能亮,打印机正常工作。
>
> (二)故障分析
>
> (1)纸盒、硒鼓都安装到位,因此应排除因它们引起的此类故障。
>
> (2)"Read / Wait"指示灯时好时坏,打印机有时工作有时不工作,可以排除控

制主板的故障。

（3）初步判定打印机预热过程可能有问题。

（4）打印机的预热过程是在定影部位，只有达到一定的温度才能使打印机正常工作，因此故障可能出现在定影器组件上。把定影器组件从打印机中取出，去掉两侧的塑料盖，打开前面的挡板，发现热敏电容和电阻上都有很多纸屑、灰尘和烤焦的杂物，原来是这些东西妨碍了热敏部件的温控作用。

（三）故障排除

用棉花蘸少许酒精，轻轻把测温元件上的杂物擦掉，再用棉花擦干净，按原样装回定影器组件上，然后将定影器组件安装在打印机上，试机，发现"Read／Wait"指示灯正常，打印机自检过程没有发现异常现象，打印机工作正常，故障已排除。

从以上故障的原因可以发现，搞好打印机使用环境的卫生，保持打印机的清洁，经常擦洗打印机的定影部件，是保证打印机正常使用的先决条件。

维修案例二

佳能激光打印机正常打印时，纸上无字。

（一）故障现象

激光打印机在正常打印时，进纸正常，但纸上没有排版信息，发排主机没有异常现象。

（二）故障分析

（1）发排主机没有异常现象，打印机正常打印，应排除主机的故障，可初步判断是激光打印机有问题。

（2）检查打印机粉盒，发现粉盒安装到位，接触良好，没有异常。

（3）检查打印机硒鼓，发现硒鼓表面上有排版信息的墨粉痕迹，确定打印机显影阶段没有故障，初步判定问题出在排版信息从感光鼓向纸转移阶段。

（4）检查转印电极组件上的电极丝，发现电极丝并未断开，但在电极丝的前后左右有大量的漏粉，判断出现此故障的原因是大量的带电漏粉致使电极丝无法发生正常的电晕放电，或发生的电晕放电电压过低，无法把带负电的显影墨粉吸到纸上，造成纸上无排版信息。

（三）故障排除

用棉花蘸少量甲基乙基酮，在关机状态下轻轻擦除转印电极组件上电极丝周围的碳粉，再用棉花蘸少量酒精重新擦拭一遍，等酒精挥发干净后再开机使用，发现打印机正常使用，故障排除。

维修案例三

佳能激光打印机开机后不能正常打印。

（一）故障现象

佳能激光打印机出现加热灯不亮的故障，开机后只有一个电源灯亮，机器不能正常工作。

（二）故障分析

打印机的电源灯正常，可以判断打印机的电源部件没有异常。加热灯不亮，可以判断是打印机的加热定影部件出了问题。

（三）故障排除

通过检查发现，不是定影器的问题，也不是电源、小型继电器的问题，而是电源盒旁边的一个小盒里管加热的一个 102 J 小电阻和线路板接触不好。因为是两面线路板，要两面焊接，用电铬铁焊好后故障排除。这个故障在 ST 激光打印机中很普遍，但有时加热灯不亮是电源控制部分单向可控硅故障。定影灯管、热敏电阻、热保护器的故障也较为常见。如果检测出定影灯管烧坏，热敏电阻性能不好，要更换热保护器开路。

维修案例四

佳能激光打印机打印的图像异常。

（一）故障现象

佳能激光打印机打印的图像明显一边黑、一边白。在更换硒鼓，清洁全部部件以后故障仍然存在。

（二）故障分析

激光打印机打印出的图像不正常，从打印的原理分析，可以初步判断问题出在光学部件和定影部件。

（三）故障排除

通过保养激光打印机的光学部分，故障得到解决。打开激光打印机的外壳，拆开黑色塑料盒，用干净的镜头纸认真擦拭多棱镜的几个反光面，再把几个光学镜头擦干净，把拆下的塑料盒还原，注意把接线卡、接插件装好。再开机后，印出的字迹就很清晰饱满。

维修案例五

佳能激光打印机输出图像异常。

（一）故障现象

佳能激光打印机输出图像颜色浅，看不清字迹。

（二）故障分析

激光打印机打印输出的图像颜色浅，原因可能是光学部件异常、碳粉量少或定影部件异常。

（三）故障排除

尝试将对比度旋钮调至最大档，输出的样张字迹仍看不清。考虑镜面脏污，用酒精棉球将反射镜及聚焦透镜擦拭干净，故障依旧。检查转印电极丝是否正常，未见异常，把电极丝清洁干净，故障仍未排除。检查粉盒充电电极丝，完好正常，检查高压及高压接点亦无问题，说明故障与电极丝无关。

进一步检查，发现激光驱动电路的灵敏传感开关的一个弹簧片断裂，致使打印机工作时未能闭合而造成上述故障。更换新的弹簧片之后，故障排除。

维修案例六

佳能激光打印机的加热灯有时亮，有时不亮。

（一）故障现象

佳能激光打印机的电源灯开机后正常，加热灯时亮时灭。

（二）故障分析

佳能激光打印机的加热灯不正常，原因可能是加热灯电路虚接、加热部件或热敏传感器出现故障。

（三）故障排除

用万用表检查 2 根灯管的连接线是否断开，还有 7 根细电线是否断开，因为 BXⅡ及 KT 激光打印机定影部分和主机连接是活动的，几根电线经常拆装容易拆断。如果经常出现加热灯不亮，但经过很长时间的冷却后能正常使用，这便是热敏电阻出了问题，更换新的热敏电阻，故障就可得到解决。

（资料来源：http://www.baixiu.org/example/example-11788.html，有改动。）

课后训练

思考以下问题：

1. 文件打印效果与预览不一样可能是什么原因？

2. 选择打印后打印机无反应是什么原因？故障如何排除？

任务二　复印机使用与管理

实训目标

1. 掌握复印机的使用流程。
2. 认识复印机的部件与功能，熟练操作复印机。
3. 掌握复印机的简单维护知识。

实训任务及要求

1. 提前阅读教材中复印机相关知识，准备好待复印文件。
2. 观察复印机，阅读复印机的使用说明，做好实训的准备。
3. 熟悉按键功能与操作步骤。
4. 开机、加纸、测试。
5. 使用复印机复印教师指定的文档资料。
6. 完成简单的故障分析与排除。

实训考核

实训任务完成情况考核表见表 8-2。

表 8-2　实训任务完成情况考核表

考核点	分值	得分	评语
能独立操作复印机	2		
熟悉各部件的功能与操作流程	4		
完成文档的打印，工作效率高	4		
合计	10		

> 理论要点

一、复印机操作注意事项

操作复印机时,我们首先要熟悉复印机的各个构成部件,如图8-1所示。操作时,要注意以下事项:

(1)不要用手触碰复印机的玻璃扫描台板,避免污损影响复印效果。

(2)不要把复印机放置在阳光直射的地方。

(3)应使复印机避免接触灰尘、酒精、稀释剂等。

(4)在复印操作过程中注意通风。

(5)应把复印机放置在稳固的平面上。

(6)不要将复印机放置在温度快速变化的地方,否则会导致复印机内部发生冷凝。

(7)复印机的放置位置不宜离工作人员的座位太近。

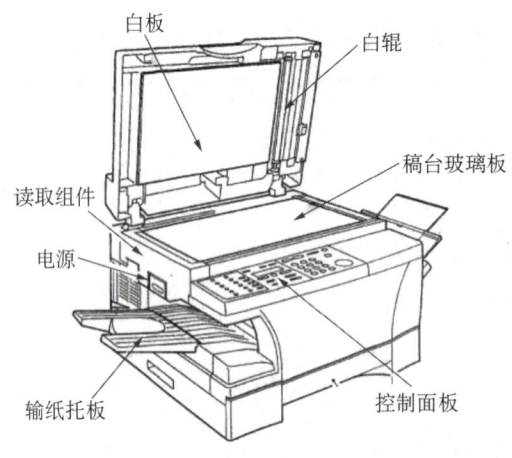

图8-1 复印机的部件与名称

二、复印操作步骤

(1)打开电源,检查复印机面板有无报错信息,墨水(碳粉)情况是否正常,是否已添加纸张。

(2)检查复印稿是否正常,有无污损、褶皱。

(3)把要复印的稿件字面向下放在复印机玻璃板上,按纸张型号、方向对齐刻度。

(4)在控制面板设定份数,利用复印份数键将设定的复印份数显示出来,若设置有误,还可用清除键清除设定后重新设置。

（5）待预热指示灯熄灭，复印指示灯亮时，按下复印键，开始复印。

（6）一次复印结束后，从出纸口取出复印稿，进行整理和装订，并将原稿从稿台上取下整理好，放回原处。如复印机使用次数较多，在每次复印完成后不用切断电源，使其保持待印状态，这样可缩短后续的预热时间。

课后训练

思考以下问题：

1. 电源已经接通，但不可以进行复印操作，可能是什么原因？要如何解决？
2. 复印件表面模糊不清，可能是什么原因？要如何解决？
3. 加粉指示灯闪动，要如何操作？

任务三　传真机使用与管理

实训目标

1. 掌握传真机的基本工作原理。
2. 熟练使用操作传真机。
3. 掌握传真机的简单维护知识。

实训任务及要求

1. 提前阅读教材中传真机相关知识。
2. 观察传真机，阅读传真机的使用说明，做好实训的准备。
3. 熟悉按键功能与操作步骤，检查传真机的电话线是否已连接，是否可以正常工作。
4. 利用传真机完成收发传真件的操作。
5. 完成简单的故障分析与排除。

实训考核

实训任务完成情况考核表见表8-3。

表8-3 实训任务完成情况考核表

考核点	分值	得分	评语
说明传真机的各部件功能与按键作用	2		
完成传真机的检查与测试	4		
完成文件的传真，任务完成质量好、效率高	4		
合计	10		

> 理论要点

一、传真机操作注意事项

操作传真机时，我们首先要熟悉传真机的各个构成部件，如图8-2所示。操作时，要注意以下事项：

（1）不要将传真机作为复印机来使用。

（2）如果传真机输出是热敏打印方式，输出的文档不适宜作长期存档使用，因为纸张上的内容会逐渐消退。

（3）操作时注意稿件的纸张质量，是否符合要求，不要用太厚、太薄、皱折、卷曲、湿润或尺寸不规范的纸张。

（4）注意将文件上的曲别针、订书钉、胶带等在发送前取掉，避免损坏机器。

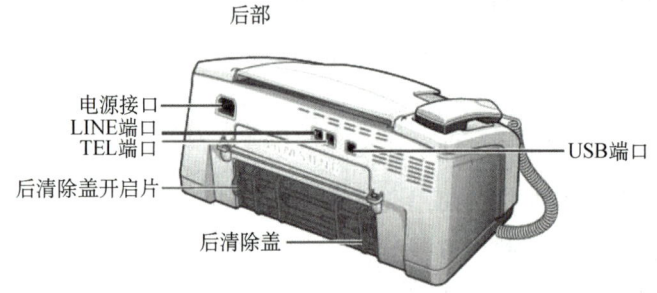

图8-2 传真机后部接口

二、传真机操作步骤

（1）接通传真机的电源。

（2）设置发送参数（扫描线密度、对照度等）。

（3）将要传真的文档放入传真机的进纸口，传真文档的文字面向下。

（4）拿起电话听筒或按下免提，拨号，拨通后要求对方给出传真信号，传真信号"滴——"声响起后，按下"传真/开始"按钮开始传送（若对方设置为自动接收传真，同样等传真信号响起后按下"传真/开始"按钮）。

（5）挂掉听筒，传真自动传送。

（6）等传真机将传真文档从出纸口输出，传真结束。

课后训练

思考以下问题：

1. 传真机的图像采集部件、图像输出部件、操作面板各属于哪种办公设备？
2. 如何设置自动接收传真和无人值守功能？

任务四　数码相机使用与管理

实训目标

1. 了解和掌握数码相机的使用流程和方法。
2. 掌握数码相机的简单维护与保养知识。

实训任务及要求

1. 提前阅读教材中数码相机相关知识。
2. 阅读数码相机的使用说明，做好实训的准备。
3. 熟悉相机的结构功能与按键，掌握将照片导入计算机的操作步骤。
4. 在学校内利用数码相机拍摄照片，内容分为人像、运动照片和不同光线条件下的同一景物。
5. 将拍摄的照片导入计算机中进行后期处理与编辑。

实训考核

实训任务完成情况考核表见表8-4。

表8-4 实训任务完成情况考核表

考核点	分值	得分	评语
说明数码相机的各部件功能与按键作用	3		
完成数码相机的检查与测试	3		
完成拍摄与相片的保存，任务完成质量好、效率高	4		
合计	10		

理论要点

一、相机保管注意事项

操作相机时，我们首先要熟悉相机的各个构成部件，如图8-3和图8-4所示。保管相机要注意以下事项：

（1）相机的存放注意防尘、避湿，避开过热过冷的环境。远离电、磁场，防止震动。

（2）镜头的保护。定期用专用工具清洁镜头，不使用时盖好镜头盖。

（3）液晶显示屏的保护。要防止液晶显示屏受重物挤压，定期用软布清洁。

（4）电池的保护。正确对电池充电，妥善放置电池，将其放置在干燥、阴凉的地方，不与金属物品放在一起。

（5）储藏卡的保护。装载或取出储藏卡要在数码相机关机的状态下进行，防止阳光直射，不可以重压、弯压，要防止储存卡掉落或遭到撞击，避开静电、磁场等环境。

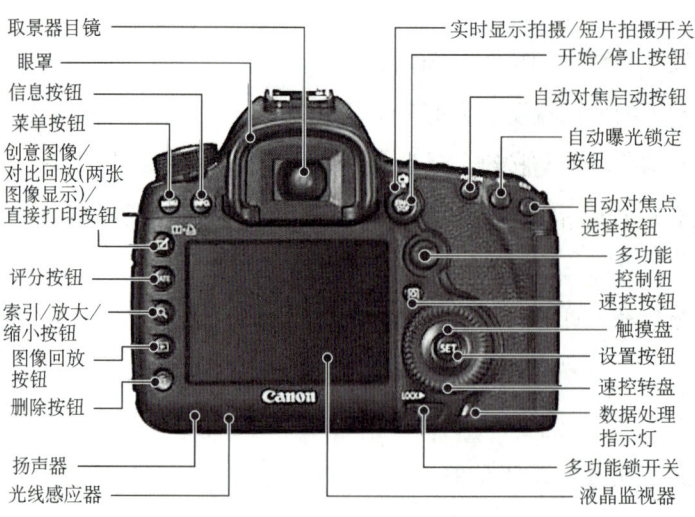

图8-3 单反数码相机背面部件

图 8-4 单反数码相机正面部件

二、数码相机的操作使用

(一)数码相机的拍摄模式

数码相机可以通过转动右上方的转盘来切换拍摄模式,常用的模式有:AUTO——全自动模式;P——自动曝光模式;S 或 Tv——快门优先模式;A——光圈优先模式;M——手动模式(图 8-5)。

图 8-5 数码相机模式切换转盘

(二)拍摄流程

拍摄前:检查数码相机的电池状态,存储卡是否有存储空间;检查数码相机的各组件(机身、镜头、UV 镜等)是否正常。

拍摄中:打开电源;根据拍摄的需要设置拍摄模式、照片的分辨率;选择自动或手动对焦，构图；拍照；检查已拍摄的照片；关闭电源。

拍摄后：取出存储卡，把拍摄好的照片拷贝到计算机，用图片处理软件进行处理。

课后训练

思考以下问题：

1. 数码相机拍摄的照片无法保存，有可能是什么原因？如何解决？
2. 拍摄出的照片不清楚，有可能是什么原因？如何解决？

任务五　扫描仪使用与管理

实训目标

1. 了解和掌握扫描仪的使用流程和方法。
2. 熟练使用文字识别软件。
3. 掌握扫描仪的简单维护知识。

实训任务及要求

1. 提前阅读教材中扫描仪相关知识。
2. 阅读扫描仪的使用说明，做好实训的准备。
3. 安装与调试扫描仪硬件。
4. 安装扫描软件与文字识别软件（OCR）。
5. 扫描本教材内容。
6. 将扫描的图片识别转换为文档。
7. 将识别好的文档选择好存储路径，储存在计算机中。

实训考核

实训任务完成情况考核表见表8-5。

表 8-5　实训任务完成情况考核表

考核点	分值	得分	评语
说明扫描仪的各部件功能与按键作用	3		
完成扫描仪的检查与测试	3		
完成稿件的扫描与文字的识别转换，任务完成质量好、效率高	4		
合计	10		

理论要点

一、扫描仪操作注意事项

操作扫描仪时，我们首先要熟悉扫描仪的大致外观，如图 8-6 所示。操作扫描仪要注意以下事项：

（1）保持优良的工作环境，防止扫描仪处于过冷、过热、污染等外界环境中。

（2）定期做好清洁工作，对扫描仪的镜头组件、机械部分进行清洁、保护。

（3）保护好光学成像组件。

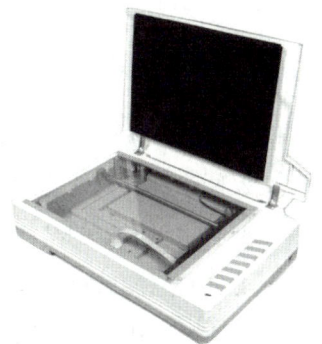

图 8-6　扫描仪外观

（4）注意检查扫描文稿，不要有异物。

（5）大多数扫描仪没有散热功能，如果噪声过大需要暂停使用，关机散热。

二、扫描稿件操作流程

（1）旋转原稿（注意纸张的扫描面与纸张的大小、位置）。

（2）启动扫描软件，设置各项参数（颜色、分辨率、保存格式等）。

（3）扫描图像，保存图像。

（4）对扫描好的稿件图片进行编排与校订。

（5）打开文字识别软件，选择校订好的稿件扫描图，单击"识别"功能按钮，对图片中的文字进行自动识别。

课后训练

思考以下问题：

1.扫描出的画面模糊，有可能是什么原因？如何解决？

2. 输出的图像与原稿色差较大，有可能是什么原因？如何解决？
3. 通过文字识别软件变换后文字的字体与原稿字体不一样，如何解决？

任务六　投影仪使用与管理

实训目标

1. 了解和掌握投影仪的使用流程和方法。
2. 掌握投影仪的简单维护知识。

实训任务及要求

1. 提前阅读教材中投影仪相关知识。
2. 阅读投影仪的使用说明，做好实训的准备。
3. 熟悉投影仪的结构功能与按键。
4. 安装与调试投影仪。
5. 将计算机信号投影到屏幕。

实训考核

实训任务完成情况考核表见表8-6。

表8-6　实训任务完成情况考核表

考核点	分值	得分	评语
说明扫描仪的各部件功能与按键作用	3		
完成投影仪的检查与测试	3		
完成计算机影像的投影，任务完成质量好、效率高	4		
合计	10		

> 理论要点

一、投影仪使用注意事项

操作投影仪时,我们首先要熟悉投影仪的各个构成部件,如图 8-7、图 8-8 所示。操作投影仪要注意以下事项:

(1)注意防尘,并按指示定期清洗投影仪的滤尘网。

(2)严防激烈的撞击、挤压与震动。

(3)停止使用后不能立刻断开电源,要让机器充分散热后自动停机。

(4)投影仪工作时,要有良好的散热环境,保证散热窗口可以顺利通风,散热风扇工作正常。

(5)投影仪在使用的过程中不要移动或翻转。

(6)投影仪的灯泡寿命以使用的小时数计算,完成使用应立即关机,避免不必要的损耗。

图 8-7 投影仪的正面

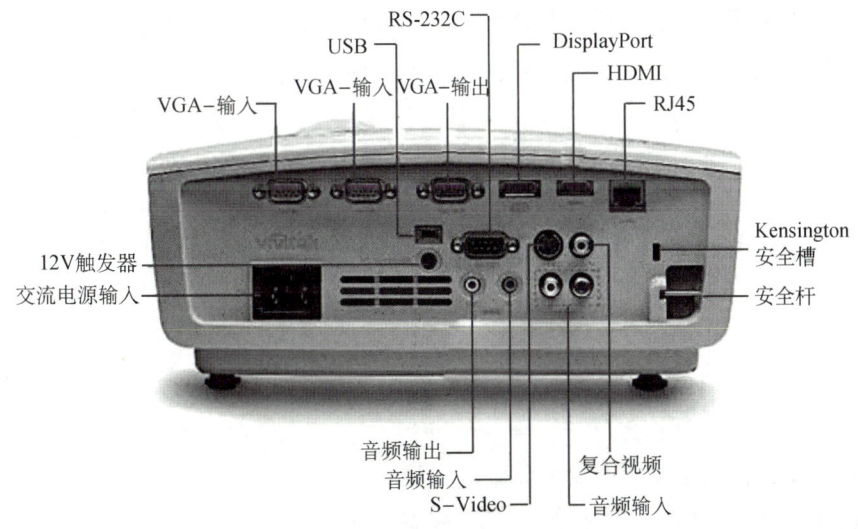

图 8-8 投影仪的背面接口

二、投影仪的操作步骤

(1)摆放投影仪。一定摆放在水平牢固的地方,依据屏幕的地点或需要输出的地点调整投影机脚的水平,将投影仪调到需要的高度,一般让投影仪的地点和屏幕最下端保持水平,而后让镜头的中心对准屏幕的中心,并尽量保证投影仪和屏幕相垂直。

(2)连接投影仪与计算机。投影仪的数据线两端的 VGA 接口分别连接投影仪的输出端口和计算机的显卡端口。

（3）连接投影仪与视频设施。

（4）连接电源。

（5）调试放映距离。使用投影仪前，要根据场所的大小、人数的多少和投影图片的面积调整投影仪与屏幕的距离。

（6）变焦调试。投影仪全部连接就绪后，连接电源，按下主电源开关，电源指示灯随即亮起，再按下控制面板上的"ON"按钮，投影仪的投影灯泡点亮，光柱投射到屏幕上，出现投影影像。之后调整投影镜头的焦距，直至图像最清晰，微调投影形状，使屏幕上的投影形状为正方形或矩形光幅。

（7）在计算机端切换投影的信号源与投影模式，投射出计算机输出的画面。

课后训练

思考以下问题：

1. 投影仪不能显示计算机输入的图像，有可能是什么原因？如何解决？

2. 投影图像模糊不清，有可能是什么原因？如何解决？

3. 投影图像出现偏色，有可能是什么原因？如何解决？

任务七　视频会议

实训目标

1. 了解和掌握视频会议所需要的软硬件设施。
2. 掌握摄像头、音箱、麦克风等设备的使用与维护。

实训任务及要求

1. 在计算机上安装调试视频会议需要的软件，保证网络通畅。

2. 调试摄像头、音箱、麦克风等设备，测试是否正常。

3. 每组不少于3人，打开视频会议软件，举办会议的小组创建会议室，其他组申请加入会议室。

4. 多方分别发言，并记录会议内容。

5. 结束会议，退出并关闭视频会议软件。

实训考核

1. 小组考核（表 8-7）。

表 8-7　实训任务完成情况考核表（学生用）

考核点	分值	评分人1	评分人2	评分人3	平均分
视频会议软件的安装与调试	3				
摄像头、音箱、麦克风的检查与测试	3				
完成视频会议，任务完成质量好、效率高	4				
合计	10				

2. 教师考核（表 8-8）。

表 8-8　实训任务完成情况考核表（教师用）

考核点	分值	得分	评语
任务按时完成	2		
团队分工合理，成员团结合作	4		
任务完成质量好、效率高，展示效果好	4		
合计	10		

理论要点

视频会议注意事项：

（1）进行视频会议前，应先确定会议流程与发言顺序。

（2）会议进行的过程中，尽量控制会场噪声。

（3）发言时，麦克风与嘴的距离在 10～50 厘米效果最佳。

（4）麦克风与音箱不宜距离过近，避免回音。

（5）摄像头采集的图像尽量覆盖会场，多个摄像头要根据现场的需要进行切换。

课后训练

思考以下问题：

1. 摄像头测试正常，但视频会议软件采集不到图像，有可能是什么原因？

2. 不能听到对方的声音，有可能是什么原因？如何解决？

参考文献

1. 普林林. 秘书理论与实务 [M]. 北京：高等教育出版社，2012.
2. 张同钦. 秘书学概论 [M]. 3 版. 北京：中国人民大学出版社，2020.
3. 杨树森. 秘书实务 [M]. 2 版. 北京：高等教育出版社，2018.
4. 杨锋. 秘书实务 [M]. 3 版. 北京：中国人民大学出版社，2020.
5. 陈江平. 秘书综合实训 [M]. 武汉：华中科技大学出版社，2013.
6. 林静. 管理秘书实务精讲与实训 [M]. 2 版. 北京：清华大学出版社，2015.
7. 陆璐. 现代秘书工作实训项目教程 [M]. 北京：机械工业出版社，2010.
8. 谢世洋. 秘书实务与实训 [M]. 北京：清华大学出版社，2010.
9. 杨威. 办公自动化实用教程 [M]. 北京：人民邮电出版社，2015.
10. 马永涛. 现代办公自动化 [M]. 2 版. 北京：机械工业出版社，2016.